教育部人文社会科学重点研究基地重大项目"'一带一路'不同类型国家教育制度与政策研究"（课题编号：17JJD880006）

教育部国际合作与交流司"一带一路"教育国际合作2019年度专项研究课题《中国与伊朗教育国际合作的路径选择及其政策对接研究》（项目批准号：19YDYL13）阶段性成果

教育部人文社会科学重点研究基地北京师范大学国际与比较教育研究院资助出版

"一带一路"不同类型国家教育制度与政策研究 主编◎顾明远

伊朗教育制度与政策研究

王 锋 王丽莹◎著

人民出版社

总　序

2013 年 9 月和 10 月，习近平主席分别提出建设"新丝绸之路经济带"和"21 世纪海上丝绸之路"的合作倡议（简称"一带一路"倡议），强调加强沿线国家间的政策沟通、道路联通、贸易畅通、货币流通和民心相通。这一倡议是习近平"人类命运共同体"思想的具体体现。与沿线国家共创、共建、共赢，推动沿线各国经济繁荣、人民友好、和谐共处，维护世界和平；同时提升我国在世界经济体系中的地位，提高我国在国际社会、政治舞台上的话语权。要达成这些目标，单方面的物质投入是不够的，需要进一步加强人文交流，做到民心相通。而教育对于促进沿线地区和国家间的文化交流，加强彼此间的理解与认识，缓解因文化、民族等差异而引发的矛盾和冲突有着不可替代的作用。

2016 年 7 月，我国教育部牵头制订了《推进共建"一带一路"教育行动》，将开展教育互联互通合作作为首要合作重点，提出要开展"一带一路"教育法律、政策协同研究，构建沿线各国教育政策信息交流通报机制，为沿线各国政府推进教育政策互通提供决策建议，为沿线各国学校和社会力量开展教育合作交流提供政策咨询。中共中央、国务院 2019 年印发的《中国教育现代化 2035》再次提出要扎实推进"一带一路"教育行动。"一带一路"沿线国家国情不一，文化多元，要实现互联互通，首先要加强对这些国家教育制度与政策的了解。

改革开放以后，为了尽快恢复教育秩序，赶上发达国家的教育现代化步伐，我国比较教育研究的对象主要是西方发达国家。虽然 21 世纪以来我们开始关注非洲、拉丁美洲诸国的教育，但对许多"一带一路"沿线国家的教育研究得甚少，而这些基础性的研究恰恰是有效推进"一带一路"行动的必要依据。在这一背景下，我主持了教育部人文社科学重点研究基地 2017—2020 年重大项目"'一带一路'不同类型国家教育制度与政策研究"。本套丛书便是这一课题的主要研究成果。

由于各种现实条件的限制，我们难以对所有"一带一路"沿线国家开展研究。在综合考虑文明类型、地缘政治地位以及和我国的交流合作基础等因素后，我们遴选了俄罗斯、新加坡、泰国、印度、哈萨克斯坦和伊朗这六个有一定典型性和代表性的沿线国家开展国别研究，形成了本丛书。丛书着重论述了六个国家的教育文化传统、教育基本制度、最新教育政策以及对外开放形势。另外，丛书还重点分析了这六个国家与我国教育交流合作的进展、经验，以及当前面临的问题和挑战，以期为我国下一步的战略选择提供参考。

丛书由我担任主编，是多校科研团队通力合作的成果。各分册作者如下：《俄罗斯教育制度与政策研究》由北京师范大学国际与比较教育研究院肖甦、朋腾负责；《新加坡教育制度与政策研究》由北京师范大学国际与比较教育研究院丁瑞常、康云菲负责；《泰国教育制度与政策研究》由浙江大学阚阅、徐冰娜负责；《印度教育制度与政策研究》由贵州财经大学杨洪、车金恒负责；《哈斯克斯坦教育制度与政策研究》由新疆师范大学阿依提拉·阿布都热依木、北京师范大学国际与比较教育研究院朋腾负责；《伊朗教育制度与政策研究》由宁夏大学王锋、王丽莹负责。

本丛书覆盖的国别还非常有限，而且主要偏于对各国教育基本情况的介绍，研究广度和深度还有待进一步拓展。由于时间紧、任务重，丛书难免存在疏漏、错误等情况，我在此恳请读者批评指正，也诚邀学界同仁加入"一带一路"教育研究队伍中来。

是为序。

2020 年 9 月 22 日

目　录

序

　　在人类社会的交流中，认知具有丰富的含义，而且非常重要，它是人类一切活动的基础，也是人类与其他动物的最大区别。认知来自于人类的理智，而理智是人类独具的思维元素，人类凭借理性对万物产生认知并进行分析。认知是人类通向光明、获得真理的道路，是理智和知识的朋友，帮助人类远离愚昧和无知。每个人在社会上的地位和处境取决于他从理智和认知受益的程度，这是所有思想学派和宗教公认的事实，很少有人亦很少有社会会忽略认知和理智的重要性。我们必须知道，认知和知识不是与生俱来的，需要长期学习，阅读大量书籍，从实践中积累丰富的经验。教师在社会中享有很高的地位，因为他们在求知的道路中付出了很多努力，把一生中最好的年华用于刻苦学习，博览群书，学有所成后，站上讲台，教书育人，给青年一代分享自己的知识和经验，培养后代成为有知识的人。教师的一生是奉献的一生，是他们点亮了人类社会的认知明灯，是他们用知识之光照亮了人们前进的方向，他们备受人们的尊重。凡是传播知识和智慧的人都应受到尊敬，因为，他们与愚昧和无知做斗争，给社会带来了光明，为人类的发展奠定了坚实的基础。

　　是的，认知使人变得善良友爱，远离和摒弃一切非人道和愚昧。认知涉及很多方面，都值得称赞，其中一种认知就是人们普遍所说的，对世界各民族的风俗习惯、法律法规的认知和了解，了解得越多，双方的友谊就越深。因为，仇恨是由无知和不了解而产生的，人们往往与自己不了解的事物为敌。在我们这个时代，各国和各民族比以往任何时候更需要促进彼此的了解和认识。时代在发展，科技在进步，但人类面临的问题也越来越多，越来越复杂，解决这些问题需要世界各国人民加强友谊，携手共进。促进各民族之间的了解和认识，促使各国执政者加强沟通，对一些国际问题达成共识，从而使国际关系朝着正确的方向前进，共同建立充满友谊、和谐和包容的世界秩序。而这方面，教师和专家学者起着举足轻重的作用，他们肩负着提高民族认知、传播知识、弘扬友谊的重任。

中国和伊朗是亚洲的两个文明古国，两国有着 2500 年的交往史。进入新时期，两国之间的经贸往来和文化交流更加频繁，促进两国人民之间的相互了解比以往任何时候更显得重要。古老的丝绸之路将伊中两国人民紧密地联系在一起，促进了两国在各领域的发展，两国的历史见证了这一真诚而又深厚的友谊。

深入研究伊中两国关系史对巩固两国政府与人民的友好关系具有重要作用，专家学者在此方面的作用尤为突出。令人欣慰的是伊朗和中国高校开设的中国研究中心和伊朗研究中心为促进彼此的了解开辟了新的渠道。两国高校加强合作，共同培养人才，为进一步促进两国之间的友好合作关系与交流夯实了基础，两国高校的努力得到两国政府和人民的大力支持。近几年来，伊朗许多大学开设中国学研究，出版发行了许多关于中国的书籍，无论是研究中心的数量还是在中国学研究该领域发表的著作数量都是前所未有的。中国关于伊朗的研究也历史悠久，高校成立的伊朗研究中心硕果累累，从各个方面全面介绍了伊朗。

近年来，中国的伊朗学专家耕耘不辍，出版和发行了许多著作，他们应该受到称赞。王锋教授就是其中的一位，他在伊朗学领域从事多年的研究，著述颇丰，而且还培养许多年轻一代的学者。他关于伊朗研究方面的著作有《解读波斯》《走进伊朗》《波斯文明》等。王锋教授的学术成果多次获得优秀成果奖，现又完成了《伊朗教育制度与政策研究》一书，书中全面介绍了从古至今的伊朗教育体制，从伊朗文献中收集了大量关于伊朗教育制度的信息，同时详细介绍了伊朗的现代教育政策，给读者深入了解伊朗历史和现行的教育制度与政策提供了第一手较为翔实的资料，为促进两国在文化和教育领域的合作铺平了道路。我和王锋教授一样，是大学老师，现任伊朗驻华大使馆文化参赞，我也酷爱阅读写作，深知著述的艰辛。在此，对王锋教授新作《伊朗教育制度与政策研究》的问世表示诚挚的祝贺。同时作为一个伊朗人，并代表拥有古老文明和历史的伊朗人民由衷地向他表示感谢。本人受邀为此书作序，深感荣幸。

阿巴斯阿里·瓦法伊

（伊朗阿拉麦塔巴塔巴伊大学教授，

伊朗伊斯兰共和国驻华使馆文化参赞）

2020 年 9 月 15 日

导　言

　　"一带一路"是中国政府倡议共建"丝绸之路经济带"和"21世纪海上丝绸之路"的简称。"一带一路"为推动区域教育的开放、交流和融合提供了契机，教育在共建"一带一路"中发挥着基础性和先导性作用①。伊朗是"一带一路"沿线重要国家，中国与伊朗的文化、经济交往交流由来已久，随着"一带一路"倡议的实施，中国与伊朗的经济、商贸、文化等交流逐步深入，但由于历史上波斯文明和阿拉伯文明的内涵和外延有着本质的区别，往往让人们在认识上产生一定的误区，这就迫切需要理清其与波斯文明的联系与区别；需要在开放包容、互学互鉴、互利共赢中了解、研究伊朗国家的教育现状和教育政策。为此，本课题在充分了解伊朗教育制度、政策的基础上，通过实证调查、访谈，探索我国与之合作交流的最佳方式和主要途径，为我国相关部门参与"一带一路"倡议中扩大教育开放政策，提供借鉴、参考依据。

一、国内外研究现状与选题的意义

（一）国内外研究现状

　　从我国研究的历史来看，中国对波斯文明的了解始于西汉，史言

---

① 李立国：《展示"一带一路"教育发展与合作的新图景》，《比较教育研究》2018年第9期。

"于是西北国始通于汉"，曰"张骞凿空"，意即打通西域孔道。司马迁称"西域之迹，见自张骞"；班固亦言"西域以孝武时始通"。《史记》中记载了当时安息（波斯）帝国的民俗情况，自张骞出使西域，由此奠定了中国伊朗学研究的基础。中国的古代典籍记载了大量伊朗的风土人情和友好交往，当代中国与伊朗处于全方位友好交往中。新中国伊朗学研究是从翻译文学作品开始，特别是 2016 年 1 月习近平主席出访伊朗，两国元首达成多项重要共识，双方一致同意建立中伊全面战略伙伴关系，以此为中伊关系新的起点和纲领；双方同意扩大高层交往和各层级交流；双方同意推动智库、高校、青年加强交流，共同办好孔子学院，深化新闻和旅游合作，使我国的伊朗学研究由文学、历史、宗教转向经济、政治和外交等领域，而对伊朗教育的现状、发展态势，国际合作与交流政策的研究几乎没有。为此，本课题在把握伊朗基本教育制度的基础上，全面梳理伊朗教育的历史和现状，特别是伊朗最新教育政策，国际合作与交流政策，是本课题研究的核心和主轴。

从国外研究的历史来看，伊朗学一直属于"东方学"的重要组成部分。1802 年，德国东方学家格罗特芬德对古波斯文字解读，1847 年英国考古学家罗林森首次对贝希斯敦铭文成功破译，1903 年德国哥廷根大学开始设立伊朗学系，开启了西方伊朗学研究的先河。1958 年美国伊朗学研究机构的建立，则标志着伊朗学进入国际学术界视野。

（二）选题的意义

第一，教育在"一带一路"战略中被赋予了举足轻重的地位和作用，承担着重要的历史使命和责任。然而，目前我国针对伊朗的研究成果主要集中在经济和外交领域，缺乏对伊朗教育领域的整体研究，本课题则致力于弥补这一缺憾。

我国比较教育研究传统上主要集中于对发达国家和几个较大的发展中国家，而本课题将开启对"一带一路"沿线主要国家伊朗教育制度的研究，体现我国"一带一路"战略中扩大教育对外开放的全方位性。

在充分了解伊朗教育制度、政策以及教育对外现状的基础上，寻找我国与之合作的领域、方式和途径，为我国相关部门参与"一带一路"战略中扩大教育开放的政策，提供智力支撑。

第二，本课题的研究，有助于对伊朗教育国际合作全貌的认识、有助于促进国际教育学的学科建设，也是对"一带一路"沿线国家教育"史料群"的整体性补缺。

二、课题研究的主要内容

本研究以伊朗教育制度与政策问题为主要研究对象。在实证调查的基础上，运用历史学、教育学、语言学、文献学、民族学和史料学等相关学科的理论、观点和方法，探本溯源，由表及里，梳理和分析伊朗国家教育产生的历史文化渊源与特点，并侧重就伊朗学前教育、基础教育、高等教育、职业教育、师范教育制度与最新教育政策，未来教育改革的基本趋势，与中国合作的基础与前景等重点、难点问题进行客观分析。在研究内容上主要包括：

（一）伊朗教育总体运行情况调查分析和预测；

（二）伊朗教育的历史传统与当代教育制度的形成；

（三）伊朗学前教育值得关注的新变化；

（四）伊朗基础教育的特点、目标与课程设置；

（五）伊朗高等教育的类型、组织架构与运行管理方式；

（六）伊朗职业技术教育改革的重要举措及其在经济社会发展中的作用；

（七）伊朗师范教育的特点、类型与保障机制；

（八）伊朗教育改革的现状、影响因素和未来基本趋势；

（九）伊朗与中国合作的基础、经验和挑战；

（十）伊朗与中国教育合作的重点与对策建议。

本课题在突破重点和难点问题的基础上，对伊朗教育制度和政策的未来基本走向，两国进行国际教育合作的基础和前景作出了初步判断。在具体的研究过程中，本课题克服了语言与数据来源两大难题。一是伊朗官方语言为波斯语，这给深入访谈和文献翻译带来一定困难。为此，在课题进行中，对课题组成员的语言、专业提出新的要求。聘请精通波斯语言的伊朗学者开展文献翻译、访谈及访谈内容转录等工作，这不仅牵涉到经费问题，更重要的是要对不具有比较教育学背景的外语人才进行专业培训。二是伊朗虽属"一带一路"沿线地区国家之一，但由于历史的原因，伊朗教育资源数据信息化建设较为匮乏，因而难以通过网络搜集到足够的文献数据。针对这一困难，本课题通过大使馆途径和赴伊朗实地调研等方法拓宽信息来源、获取文献资料。在搜集、掌握大量伊朗教育文献资源的基础上，运用调查法、历史研究法、比较教育研究法和历史学、文献学、计算机科学与信息技术等相关的理论、观点、方法，对伊朗教育状况、学术研究意义进行科学分析，完善和深化本课题的研究。

三、成果的主要观点和对策建议

（一）"考""述"结合，以"点"带"面"，在实证调查的基础上有原创性内容

伊朗是一个信仰伊斯兰教人口众多、教派支系成分复杂，宗教信仰与国民教育紧密联系，宗教组织地区分异显著的国家。从目前伊朗教育的实际情况来看，由于受宗教、性别、年龄、文化程度、社会矛盾、社会问题、国外伊斯兰思潮和运动等因素的影响，这些因素的交互作用使得伊朗教育制度与政策呈现出明显不同的特点。与此同时，近年来在国际教育合作与交流领域，随着各种复杂问题的叠加和互动，使得各国在制定外交政策方面对国际教育的合作与交流需求不断上升，影响日趋显现。因此，研究伊朗教育制度和政策不仅有助于了解伊朗当前对外政策，还有助于了解伊朗国际教育和外交决策背后的内在机理。

为此，本成果正是抓住了这种典型性，正视它的复杂性，从伊朗教育的历史生成、现状及其特点，伊朗国际教育政策与中国进行国际教育合作交流面临的机遇和挑战等方面进行探讨。提倡用量化的指标体系来衡量新的历史条件下伊朗教育制度和政策，主张从学前教育、基础教育、职业教育、师范教育、高等教育等方面来了解伊朗最新教育政策，并以此探究伊朗未来教育改革的基本发展走向的规律性问题，结论更科学。如课题在对伊朗教育特点与宗教信仰的现实状况实证分析的基础上，对调查样本所反映的对教育重要性的认知、类型和价值取向的客观分析；对教育发展中出现的主要问题及其影响因素的理论归纳，从伊朗学前教育、基础教育、高等教育、职业教育、师范教育制度与最新教育政策，未来教育改革的基本趋势，典型个案的选取与分析。在进行每一个个案研究的同时，还注重提升其共性的分析，最突出的是在对伊朗教育基本现实状况，发展的总体特点和形成原因梳理和分析的基础上，针对性地提出伊朗与中国教育合作的机遇与前景。对伊朗未来教育改革的基本趋势，作出以下几点初步判断：

1. 由于受人口发展惯性以及年龄结构的影响，未来伊朗接受学前教育、基础教育、职业教育、师范教育、高等教育的人口比例将会继续呈上升趋势，高等教育和科技创新将是伊朗优先发展的方向。

2. 国民教育均衡发展评介指标体系将会不断完善，但城乡教育资源配置仍有较大差距，城乡教育发展的政策环境还有待于进一步提高。

3. 宗教教育依然是伊朗国民教育重要组成部分，但教育的多元化现象将会呈现出增大趋势。

4. 职业技术教育的整体水平难以满足社会经济发展需求将会进一步显现。

5. 历经 40 年的变革和坎坷发展，伊朗高等教育和科技创新能力发生了显著变化，向世界一流大学迈进已成为伊朗高等教育的重要战略追求。《2005 年—2025 年伊朗国家教育发展愿景目标》和《国家综合科学技术发展路线图》的制定，对伊朗高等教育的可持续发展起到了重要的引领作用。但面对日益严重的经济制裁和巨大的社会就业压力，伊朗高等教育还面临着创新能力、育人机制和经费投入不足等诸多挑战。

6. 从伊朗目前教育发展的政策环境来看，建立一支稳定高素质的教师队伍还存在一定的难度，现有教育质量、结构与中长期目标有较大差距。

7. 外部政策的变化将给伊朗教育发展带来不确定性，未来的伊朗宗教和教育问题将会呈现出比以往更加错综复杂的态势。

8. "一带一路"、人类命运共同体倡议和发达国家的教育理念将对伊朗的影响增大，希望到中国留学的伊朗大学生将会呈上升趋势。

（二）对当前伊朗最新教育政策新趋势、新动态进行实证调查和理论归纳，提出我国与之开展教育合作的对策建议

1. 本研究提出在"一带一路""人类命运共同体"的基线上，用量化的指标体系来衡量新的历史条件下中伊国际教育合作的未来前景，可能会更具有可操作性。

为此，建议以党的十九大精神和习近平主席 2018 年 8 月 27 日在推进"一带一路"建设工作五周年座谈会上的重要讲话为指导；以两国元首达成的"筑牢合作之基，坚持互利共赢，共享繁荣发展"，"推动智库、高校、青年加强交流，共同办好孔子学院，深化新闻和旅游合作，扩大人员往来，加深两国人民相互了解和友谊"[①] 的重要共识为依托，全面深化和加强我国与伊朗国际教育交往、交流与合作，用"一带一路""人类命运共同体"总揽两国教育合作的全局。通过全方位开放，促进两国国际教育合作水平的提高。

2. 国家有必要对两国国际教育合作交流给予特殊支持，允许根据伊朗的国情制定特殊的政策，以加快中国与伊朗在教育、科技、经济等领域决策的科学化、民主化进程。

---

① 新华社德黑兰 2016 年 1 月 23 日电（记者钱彤、李建敏、王丰丰）：《国家主席习近平在德黑兰萨德阿巴德王宫同伊朗总统鲁哈尼举行会谈》。

3. 尽快建立两国国际教育合作的常态化机制。当前，中伊双方尚未建立起国际教育合作的常态化机制，中国对伊朗教育制度与政策的研究也刚刚起步。为了进一步贯彻落实两国元首达成的共识，建立中国和伊朗国际教育间的合作常态化机制，有利于深化中伊战略合作的内涵。对中方而言应突出中国视角、国际表达，注重推出更多让伊朗读者喜爱的图书精品。以"讲好中国故事，传播好中国声音，增强在国际上的话语权"为宗旨，在图书内容上以"传统文化的当代阐释"和"中国道路的学术表达"为重点。在优秀图书品牌带动国际业务基础上，进一步与伊朗教育出版机构建立稳定的合作关系。着力推动"三进"，一是进伊朗著名高校，二是进相关研究机构，三是进汉语课堂。如将《汉语图解词典》《汉语图解小词典》引入德黑兰大学、贝赫西提大学、塔巴伊大学、菲尔多西大学汉语课堂教学。

4. 就两国共同关心的核心问题开展合作研究。伊朗学研究涵盖政治学、教育学、语言学、文学、历史学、宗教学、人类学、国际关系学、社会学和民族学等多个学科，未来中伊两国可开展合作研究，探讨基于中华文明和波斯文明的共同价值观，夯实中伊两国互信。中方可通过翻译出版经典论著，结合伊朗历史和文化背景，运用对方接受的话语进行政策阐释，减少伊朗方面对中国政策的误解和误读。同时，中方需关注伊朗对"一带一路"的看法，以及"一带一路"在伊朗推进过程中面临的政策障碍、法律制约等因素。中伊高等院校和科研机构可就两国共同关心的问题联合开展研究，以研究项目为依托，逐步开放学术资源共享。

5. 建立专家咨询机构，为两国开展国际教育合作提供参考借鉴依据。近年来两国高校之间的互访频繁，双方专家学者考察结束后会经适当渠道向决策部门呈报有关情况和提交建议。就伊朗而言，伊朗政府对中国提出的"一带一路"倡议持积极态度，但在两国对接问题上始终持谨慎和观望态度。伊朗人的教育理念决定了要弄清中国推进"一带一路"建设的真实意图，以及伊朗参与共建"一带一路"是否符合本国利益。这些问题如果仅依靠政府间的交流，渠道似嫌过窄，且存在诸多制约因素。因此，建立两国专家咨询机构，通过国际教育交流与合作，对双方增信释疑具有重要的现实意义。

6.国家应加快汉语推广地域的战略布局。由于伊朗是"一带一路"沿线的重要国家，在伊朗推广汉语，有助于促进波斯湾地区汉语的战略布局和推广。就伊朗当前而言，高等院校的教育资源主要集中在德黑兰。因此，目前的教育战略布局重点放在德黑兰，将推广汉语做得更加扎实再考虑推广到伊朗其他城市。目前国家相关部门关于孔子学院的组建政策是在同一城市不建第二所孔子学院，如果在其他城市建立孔子学院，也必须是当地最好的大学，才有资格申请成立孔子学院。但是，依据伊朗目前的现实情况而言，无论在哪个方面都缺乏将汉语推广到德黑兰以外的城市的条件。

根据我们的调查结果，伊朗民众对学习汉语的兴趣呈上升趋势。在课程设置上老师基本是按照实际情况决定课程的安排，并没有统一的课程体系。汉语专业本科课程设计虽然经过多年的发展，但伊朗相关教育部门的课程计划仍然停留在初级阶段。硕士研究生课程的设计，德黑兰大学、贝赫西提大学都处在探索阶段。学生使用的教材大都是在伊朗翻印的，中国国内还没有编译出伊朗汉语波斯语精品教材和常用工具书。尽管中国国内现有教材已经成熟，但针对零起点的学生，需要用波斯语注释，尤其是语法，因为汉语和波斯语在语言结构上差别非常大，如果以英语为中介进行教学，将为教学带来很大的困难。因此，需要通过双方教育界高层决策者和教育主管部门进一步疏通，建立长效机制，切实解决教材和辅导用书问题。

从对汉语学习者的需求调查结果来看，学习汉语的目的是为了了解中国文化和方便与中国人做生意，说明目前中资企业在伊朗具有很强的影响力，在这种情况带动下，才有了比较强劲的学习汉语需求。此外由于西方国家加紧对伊朗的经济制裁，使得伊朗人到西方国家变得更加困难，如果此时适当地进行对中国介绍和宣传，将会进一步促进伊朗人汉语学习的热情。

7.从实际出发设计汉语课程体系。根据贝赫西提大学汉语本科教学课程设置存在的问题，汉语专业的本科教学体系应从实际出发，定位为应用汉语意义大于汉语言文学。而且只有确定具体方向后，才能将课程安排细化，增强针对性。适时编辑出版波斯语版商务汉语和旅游汉语的教材和手册，有利于汉语的推广和应用。目前很多小语种国家的孔子学院已经开发出了小语种的汉语教材，比如亚美尼亚。中国开设波斯语专业的院校主要有北京大学、北京外国语大学、上海外国语大学和中国传媒大学，已经培养出很多波斯语专业人才，完全具备开发波斯语教材的能力。经过实地调查，在伊朗汉语学习的需求中波斯语版《商务汉语》和《旅游汉语》这两种教材和课程需求量最大，尤其是旅游汉语对伊朗到中国旅行者具有很强的实用性。建议国家汉办编写一些小手册，放置在德黑兰国际机场或相关高校国际合作交流处，以便更多地了解人们对该类教材的需求情况，由此为中国树立良好的文化旅游形象奠定基础。

8.进一步加强汉语教师适应能力的培训和心理测试。伊朗国情特殊，比如要求外国女性在公众场合必须按本国传统穿着服饰，因而各国女性到伊朗后明显感受到的异国文化和不适。尤其语言不通带来的沟通不便更容易产生心理上的障碍。建议在汉语教师派往伊朗之前，进行一些特殊的培训，包括对该国国情、民俗、宗教、政治、经济、文化的了解，以适应汉语老师融入当地的社会环境中，减少因环境不适应带来的心理压力

9.联合培养高端人才。当前，中伊双方从事对方国家研究的学者主要依据英语文献史料，使得研究难免受到西方话语的影响和干扰。不可否认的是，一些中伊专家学者提出的学术见解因语言障碍而导致科学性、客观性十分有限。随着中伊交往的日益密切，两国都加大了对通语言、懂国情人才的培养力度。联合培养高端人才有助于中伊双方更加快速、准确、直接地了解对方国家的发展和方针政策，双方政府也要为研究人员入驻对方开展研究、进入对方国家进行访问研究和田野调查提供必要的政策支持和经费保障。

10.以问题为导向，构建我国与伊朗国际教育合作的具体政策措施；

建立教育学术资源的供给、传播、分享与应用机制，充分发挥教育在政策沟通和公共外交方面的优势。

（1）以问题和建议为导向，构建我国与伊朗国际教育合作的政策措施。如在具体的合作研究中，除了借鉴已有的成果外，还应注重通过深入访谈等实证分析方法，确保研究成果的科学性和可操作性。通过定性研究与定量分析相结合的方法，科学地认识伊朗教育和政策的客观规律，对政策框架内的各种可能实现目标进行分析和评估，探索可以有效解决中伊两国教育合作重点、难点问题的具体方案。

（2）当前，中伊双方应充分利用学术界、媒体界的各种平台，积极开展宣传教育，通过联合举办学术研讨会、共同拍摄专题片等方式，帮助了解和熟悉对方国家的教育制度和政策，以此增进彼此间信任和政策阐释的力度，达到增信释疑的效果。

（3）进一步加强各种层次、各种方式的交流和沟通机制，定期召开多种形式的研讨会，在客观现实、内外结合、开放互补的视域中将教育智库资源建设作为两国哲学社会科学研究的重中之重。拥有学科数据库平台，就能站在学科研究的前沿。建立学术研究和学术传播的大数据库平台，有利于提升中国学、伊朗学研究的学术资源的供给、传播、分享与应用能力。

四、研究思路、研究方法、研究步骤与阶段性成果

本成果在"一带一路""人类命运共同体"的基线上，用量化的指标体系来衡量新的历史条件下中伊国际教育合作的未来前景，其可操作性值得期待。

（一）本课题的研究思路和研究方法

研究思路：本课题以党的十九大精神和习近平主席 2018 年 8 月 27 日在推进"一带一路"建设工作五周年座谈会上的重要讲话为指导；以两国

元首达成的"筑牢合作之基，坚持互利共赢，共享繁荣发展"的重要共识为依托，由此形成课题研究的主线。研究思路和路径如下图所示：

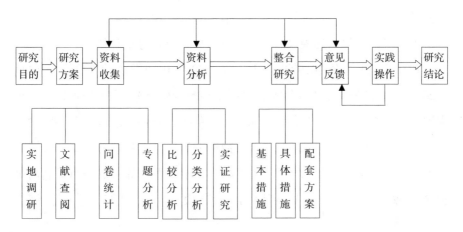

在研究方法上，本课题主要采用教育学、比较学和国别学等相关学科的理论、观点和方法，重点突出理论研究与实证分析、定性研究与定量分析、比较分析和个案分析相结合的研究方法，注重从伊朗教育基本现实状况，最新教育政策和特点中，总结和凝练出伊朗教育的未来基本发展趋势，与我国进行国际教育合作的重点和难点问题。以问题和建议为导向，提出构建我国与伊朗国际高等教育合作的政策措施。如课题进行中，除了借鉴已有的前沿成果外，更注重通过深入访谈等实证分析方法，以确保研究成果的科学性和可操作性。通过定性研究与定量分析相结合的方法，科学地认识伊朗教育和政策的客观规律，对政策框架内的各种可能实现目标进行分析和评估，探索可以有效解决中伊两国教育合作的重点和难点问题的方案。

（二）研究步骤与阶段性成果

研究步骤主要通过文献数据采集、实地调查、交流访谈、实证分析、专家讨论、研究结论几个阶段。

2017 年 9 月至 2018 年 9 月为研究准备阶段。课题启动后，召开课题组座谈会，就课题研究的总体框架、意义、路径和目标进行讨论，在确定重点内容的基础上，课题组成员明确研究分工。课题负责人先后三次赴伊朗实地调查，走访伊朗相关部门和教育界人士，对伊朗教育决策者、教育研究者、教育实践者等进行访谈。调查结束后，课题组对调查问卷进行复核检查，将调查数据集中录入到统计软件中，进行分析和研究。

2018 年 10 月至 2019 年 10 月，为研究深化和发表论文阶段。截至 2020 年 6 月前先后完成《伊朗教育制度与政策研究》（调查报告）、《关于中国与伊朗教育交流与合作的十大建议》《伊朗教育制度与政策研究》（著作），出版"十三五"国家重点出版物青少年世界文明教育文库《波斯文明》（云南大学出版社 2018 年 12 月版）学术专著 1 部，发表《伊朗高等教育的现状、特点和挑战》（《比较教育研究》2019 年第 12 期）1 篇。

第一章　自然地理环境与波斯文明

　　我在伊朗访学回到中国，亲朋好友纷纷问我伊朗之行的感受，并且想知道现在伊朗人的生活与中国人有什么不同？伊朗教育制度与政策的特征是什么？美国为什么要对伊朗进行经济制裁？带着这些问题，当我久居德黑兰，才知道伊朗原来更注重传统文化、信仰基础。伊朗诸多保存完好、至今熠熠生辉、引起全世界瞩目的名胜古迹，大多与我国许多引以为傲的古建筑的历史年代相仿。在首都德黑兰，古老的波斯伊斯兰建筑与摩天大楼相映生辉，地毯手工业作坊和现代化纺织、石油提炼、汽车装配等共存，"巴扎尔"和超级市场同样繁荣，色彩鲜明、遍布大街小巷的花园与游乐场令人流连忘返。在历史文化名城伊斯法罕、花园城市设拉兹和宗教圣城马什哈德，阳光可以随时映照一切，人走在里边就像走在费尔多西的《王书》和萨迪的《真境花园》的梦境里。人在这里不仅可以和自然对话，还可以和历史、和宗教、和圣洁的心灵对话。厄尔布士山冰雪的积层下面和广袤的伊朗高原上或许随时可以发现亚利安人的种子、居鲁士波斯帝国和萨珊王朝鼎盛时期的遗迹、波斯辉煌时期的建筑象征以及汉代张骞出使西域时馈赠的丝绸陶瓷珍品。然而，在这片神奇的大地上，那挥之不去的历史风云，总使她山雨欲来风满楼，树欲静而风不止，带着一种高深莫测的微笑，令人神往。尤其是它古老的波斯文明，独特的地缘优势，丰富的石油资源和贯通亚、欧、非的"空中门户"、陆路和海上"丝绸之路"，更彰显了它在国际战略中的地位和作用。

一、自然地理环境和人口

伊朗国土面积约 1648000 平方公里，相当于德国、法国、英国、意大利、比利时和荷兰六国面积的总和。它位于亚洲西南部，北邻亚美尼亚、阿塞拜疆、土库曼斯坦，西与土耳其和伊拉克接壤，东面与巴基斯坦和阿富汗相连，南部濒临波斯湾。它是一个高原与山地相间的国家，海拔平均在 900—1500 米之间，山地约占国土面积的 50% 以上。北部有绵延不断高耸入云的厄尔布士山脉，主峰达马达德峰海拔 5671 米，为伊朗最高峰。西部和西南部有层峦起伏的扎格罗斯山脉，东部是干燥的盆地，形成许多沙漠。中部山脉主要有德黑兰和大不里士之间的加费兰库赫山、卡尚南部的克尔科斯山、亚兹德的什尔库赫山等。北部里海和南部波斯湾、阿曼湾沿岸一带为冲积平原。主要河流有卡隆河（伊朗第一大河）、塞菲德路德河、卡尔里河等七大内河。里海是世界最大的咸水湖，属于伊朗沿岸的海域，约占里海总面积的 36%。最大的盆地为雷扎耶湖盆地，面积约 5000 平方公里。雷扎耶湖为伊朗第一大湖。伊朗中央高原及其边缘山地和南部沿海一带为亚热带干燥气候，年降水量约在 200 毫米以下。卡维尔沙漠、鲁特沙漠地带则低于 100 毫米，为全国降水量最少的山区。北部和南部山地为亚热带半干燥气候，而波斯湾和阿曼湾沿岸则属于热带干燥气候。里海沿岸和厄尔布士山脉北坡一带降水量超过 1000 毫米为全国降水量最高的地区，属亚热带湿润气候。伊朗冬季全境降雨较多，而夏季则雨量少，异常干燥，属地中海式气候。夏季除里海沿岸一带以外，绝大部分地区得不到海洋气候的调剂，气候干燥炎热，平均温度在 28℃ 以上，有的地区则更高，而冬季伊朗大部分地区处在西伯利亚寒流的影响之下，常常大雪纷飞，北风凛冽，寒气袭人。这种夏季酷热，冬天寒冷的气候属典型的大陆型气候。加之地处中东干旱地区，水资源具有生命攸关的重要意义，至今伊朗许多农村和居民点的名字都同"水"字联系在一起。石油是伊朗的经济命脉，森林是伊朗仅次于石油的第二大天然资源，面积达 1800 万公顷。伊朗水产丰富，鱼子酱举世闻名。由于南北东西地理和气候条件的差异，这里一年四季呈现多姿多彩的人文景观，人们冬季在波斯湾暖水中游泳，在西部和北部则可进行滑雪运动，而在里海南部却可观赏到山顶的白雪、山腰的黄叶和山脚下的绿茵，景色奇妙，美不胜数。玫瑰花为伊朗的国花，因其美丽芳香、典雅、高洁而被誉为"花中之王"，象征着圣洁、完美和幸福。

伊朗是一个多民族统一的国家。现有人口为 8027.7 万人[①]，其中波斯人占 66%，阿塞拜疆人占 25%，库尔德人占 5%，其余为土库曼人和阿拉伯人等。居民中 98.5% 信奉伊斯兰教，其中什叶派穆斯林占总人数的 94%，逊尼派为 5%，基督教徒占 0.5%，犹太教徒占 0.3%，琐罗亚斯德教徒占 0.1%，信奉其他宗教者 0.1%。官方语言为波斯语，伊斯兰教为国教。1935 年 3 月 21 日改波斯国名为伊朗。全国划分为 28 个省：德黑兰、马尔卡齐、古列斯坦、吉朗、马赞德兰、东阿塞拜疆、西阿塞拜疆、克尔曼肖、胡泽斯坦、法尔斯、克尔曼、霍拉桑、伊斯法罕、锡斯坦·俾路支斯坦、库尔德斯坦、哈马丹、恰哈马哈勒·巴赫蒂亚里、洛雷斯坦、伊拉姆、科吉卢耶赫·博耶尔艾哈迈德、布什尔、赞詹、塞姆南、亚兹德、霍尔木兹甘、阿尔达比勒、加兹温、库姆，195 个县，500 个区，1581 个乡。

伊朗盛产石油，石油产业是伊朗经济支柱和外汇收入的主要来源之一，石油收入占全部外汇收入的一半以上。目前伊朗天然气存储量居世界第一，石油存储量居世界第四，是中东和北非地区石油资源丰富的国家中经济收入依赖石油收入最少的国家，也是邻近国家的电力净出口国。拥有丰富的矿产资源，包括大量的铜、铅和锌储量。在基础材料领域尤其是水泥、花岗石和钢铁占有优势。名优产品开心果、藏红花、鱼子酱驰名世界。

---

① 《2016 年伊朗人口统计年鉴》，伊朗科学出版社（德黑兰）2017 年版，第 3 页。

二、波斯古文明之起源

伊朗有记载的历史和文化始于公元前 2700 年，史称波斯，我国汉史称安息。约在公元前 2000 年，有四个游牧部落和六个农耕部落从中亚草原迁至伊朗高原西南部的法尔斯地区。外来部落与当地居民混合杂居，形成了"雅利安人"，他们的国家即"雅利安人的国家"。目前大部分伊朗学专家学者均认为"伊朗"国名即由"雅利安人国家"演变而来。① 笔者在伊朗留学期间居住的光明广场花园街，途径的地方爱丽耀山（波斯语称为"雅利安人的家园"），就是一个明证。

从词源上看"雅利安人"一词，始见于公元前 10 世纪与前 9 世纪之间的史书。根据伊朗的神话传说和上古文献，伊朗人源于雅利安人。后随着语言的变化，到萨珊王朝时期巴列维语便将"伊朗"简化为"Ir"或"Er"，当用它来表示民族群体时需要加上词缀"an"，于是就变成了"Iran"或"Eran"。伊朗本土称为"伊朗沙赫尔"，② 这就是今天"伊朗"的来源。

因此，严格地讲，"伊朗"与"波斯"是不同的概念，具有不同的范畴。历史上没有"伊朗帝国"，只有"波斯帝国"。在当今国际社会中，"伊朗人"是国族，它更多的是一个社会政治范畴，而"波斯人"是族群，它主要是一个文化范畴。既然国族和族群是一种包含与被包含的关系，那么"伊朗人"就包含了"波斯人"，从上述常见的术语可以看到，"伊朗"与"波斯"的概念和范畴存在不少差异。在某些情况下，"伊朗"的概念和范畴远远大于"波斯"。③

波斯文明历来为世人所称道，我国著名的东方学家季羡林先生把"波斯、阿拉伯伊斯兰文化体系"列为世界四大文化体系之一，并将其与埃及、

---

① ［苏］米·谢·伊凡诺夫：《伊朗史纲》，李希泌等译，三联书店 1973 年版，第 7 页。

② 刑秉顺：《伊朗文化》，文化艺术出版社 2003 年版，第 3 页。

③ 冀开运：《伊朗现代化历程》，人民出版社 2015 年版，第 287—292 页。

巴比伦文化做了对比，指出埃及和巴比伦文化也是非常古老而又有影响的，但是这两种文化久已中断，而波斯文化则是世界上屈指可数的从古至今持续发展并具有世界影响的文明之一。波斯文化之能够经受住历史动乱及多次外族入侵与统治而绵延至今，其原因固然是多方面的，但高度发达的波斯文明的核心内容和特征无疑是这一文化具有强盛生命力的重要基石。

三、波斯文明的核心内容与基本特征

当我们沿着伊朗历史发展的大河溯流而上，就会发现：波斯文明是世界文明的一个重要组成部分，它对希腊文明、埃及文明、印度文明与阿拉伯伊斯兰文明均产生过重要影响。特别是对阿拉伯政治制度、科学文化的影响尤为突出。在政治制度方面，波斯人为阿拉伯帝国提供了一整套比较完善的行政机构、管理模式和人才机制，"特别是阿拔斯王朝时期，帝国行政机构就是萨珊王朝行政机构的翻版"。在科学文化方面，萨珊王朝建立的砍迪·沙普尔大学堂，为历代哈里发培养了许多著名御医，阿拉伯文学名著《卡里米与迪木乃》与《一千零一夜》就是通过波斯人用中古波斯语翻译成阿拉伯语介绍给阿拉伯人的[1]。因此"波斯帝国的重要性主要在于它导致了近东诸文化的整合，包括波斯本身、美索不达米亚、小亚细亚、叙利亚—巴勒斯坦沿海岸以及埃及的文化"。[2]波斯帝国的政治、社会、经济与文化等方面的特征不仅嵌入了此后其他王朝的统治中，也影响了其他国家的治国理念和生活方式。特别是"君主们的征服手段和管理方式成为后来开疆拓土的希腊人和罗马人效仿的榜样；他们的宗教信仰影响了其他的宗教模式；他们的铭文、纪念碑和毁坏城市给历史学家以启发，给考古学家留下了难题"[3]。

---

① 刘文鹏主编：《古代西亚北非文明》，中国社会科学出版社 1999 年版，第 470—471 页。
② 刘文鹏主编：《古代西亚北非文明》，中国社会科学出版社 1999 年版，第 470—471 页。
③ [美] 戴尔布朗主编：《波斯人：帝国的主人》，王淑芳译，华夏出版社 2002 年版，第 53 页。

四、波斯文明几个重要发展阶段

波斯的古代文明大致可以划分为三个大的发展阶段，即上古时期、古代与中古时期、波斯伊斯兰鼎盛时期。

在上古时期，波斯人所建立的波斯阿契美尼德王朝（或译为波斯帝国时期）和它的文明，影响了中亚、西亚历史六七百年；第二个阶段是古代与中古时期（即萨珊王朝时期，亦称作新波斯帝国时期），大约在公元3世纪至公元7世纪；第三阶段是波斯伊斯兰文化鼎盛时期。

（一）上古时期

上古时期是波斯文明的孕育期，它是波斯人种的形成与原始氏族部落的发展时期和波斯上古文明共性特征的初步形成时期。根据伊朗和西方考古学家在伊朗克尔曼地区的古遗址发掘的文物证明，早在距今约10万年的旧石器时代中期，便有人类居住在伊朗西部高原地区。就像中国是东亚文化的发源地一样，伊朗也是西亚地区文明的摇篮。公元前9000年至前7000年，伊朗一些部落居住在里海的南岸地区。科学家们曾推断，这里曾是世界上少有的几个避开了冰川期的地区之一。生活在这里的人们可能是人类历史上首批从事农业和动物饲养的群落，他们和其他一些部落沿着中部伊朗的扎格罗斯山脉群居，后散居到其他地区建立起最初的文明中心。这一时期，人们已由猎取食物进入农耕阶段，先民们已逐渐走出洞穴开始聚居，建造了初级的房舍，形成了村落。制陶工艺和建筑艺术已经出现，在各种陶制器皿上已经出现简单的几何图案。与此同时，在伊朗最早出现的国家是埃兰人在公元前2500年建立的爱兰王国，后于公元前639年被亚述人所灭亡。公元前9世纪以后米底人兴起，建立了米底王国①（公元前639—前550年）。

---

① 邢秉顺：《伊朗文化》，文化艺术出版社2003年版，第14页。

公元前 2 世纪，中亚雅利安人的一支南迁至伊朗高原，并逐渐与土著居民融合、同化，形成了伊朗人的主体。公元前 7 世纪中叶，米底部落击败周围其他部落，建立了伊朗历史上第一个统一的雅利安人国家（建都赫格玛塔纳，今伊朗西部的哈马丹）。公元前 6 世纪初，米底部落征服伊朗西南部的波斯部落，并灭亚述帝国，其疆域扩至现土耳其安纳托利亚东部，现伊朗西部、东部和西南部。公元前 550 年，米底国被波斯帝国居鲁士所灭。居鲁士在伊朗建立了第一个波斯大帝国阿契美尼德王朝。

阿契美尼德王朝（前 550—前 330 年）是波斯帝国第一个辉煌的历史时期。波斯部落最初居住在伊朗高原西南部，后经过数十年扩充疆土，遂在公元前 550 年建立了波斯帝国，定都苏萨（Susa，埃兰古城，今伊朗胡泽斯坦省）。波斯帝国的建立，标志着伊朗历史开始了新的纪元。自此以后，波斯无论是在文化上还是在地理上和体制上都形成了一个独立的国家民族实体。它不仅"创作了辉煌的物质文明、精神文明和制度文明，帝国境内各地区的政治、经济、文化都得到了不同程度的共同发展"。①

波斯帝国（分为古波斯帝国，即阿契美尼德王朝时期，公元前 550—前 330 年和新波斯帝国，也被称作萨珊波斯帝国，224—651 年）是人类历史上第一个世界性帝国，并成为后来许多帝国统治世界效仿的模式，波斯帝国曾影响和改变过世界历史的进程，而波斯文明则对世界文明产生过重要影响。

在国王大流士一世执政期（前 522—前 486）是波斯帝国的全盛时期，形成一个东起印度河流域，西至巴尔干半岛，北起亚美尼亚，南抵埃塞俄比亚、阿拉伯半岛的辽阔疆域。他把波斯帝国划为 23 个郡，实行相对独立的政策。当时包括 70 个民族，5000 万人口，占有近 700 万平方公里的土地，成为世界上第一个地跨亚、非、欧三大洲帝国。

为了建立中央与地方快捷的联系，波斯帝国时期修建成了纵横交错的御道，建立起快速的邮递，成为世界上最早创立邮差制度的国家。一条

---

① 于伟青：《波斯帝国》，三秦出版社 2001 年版，第 3 页。

最长的大通道从当时的波斯帝国中心苏萨直达爱琴海湾，全长2500公里，其快捷程度令后人难以置信。据载，从爱琴海边至波斯王宫只需三天时间。难怪人们传诵"波斯帝王远住巴比伦，爱琴海鲜鱼送上门"。这条通道不仅具有军事上的意义，同时也为东西方的经贸文化交流创造了条件。据史书记载，在大流士一世统治时期，他于公元前517年派兵占领了印度西北部地区，将其置为印度行省，并通过克什米尔和北印度与我国西藏地区发生联系。为了把印度洋和地中海连接起来，在红河和尼罗河之间修建了一条大运河。伊朗也是世界上最早利用马来进行交通运输的古代民族。

在大流士一世时期，波斯帝国统一了全国的货币，规定了铸造货币的制度，即中央政府有权铸造金币，地方各郡铸造银币，而郡以下地方当局铸造铜币。这是中央控制全国经济贸易的有效措施。他还整顿和健全了全国的税收制度，以货币和实物两种形式纳税。设置行省与总督，建立常备军驻守重地，修御道，置驿站。进而向外扩张，东据印度河流域，西侵西徐亚（黑海北岸）等地。在这一时期，波斯地毯、刺绣、纺织等手工艺，以及化学、矿土的利用均得到很大发展。金属工艺、建筑、雕塑等领域均已达到高超水平。如今，在中央和地方的博物馆可以看到大量属于这一时期的珍贵文物《阿维斯塔》，这部被后人称为"波斯古经"的典籍，据载是用金汁书写在12000张牛皮上，含有大量的诗歌、传说和民间故事。这是一部经不同时期数代人陆续补充、书写而成的卷帙浩繁的巨著，内容丰富，有许多富有价值的篇章。它告诫人们要掌握知识，造福社会，追求善良、真诚和纯洁，远离邪恶、虚伪和污秽。这部经典在伊朗文学史上产生了深远的影响。

阿契美尼德人利用埃兰文字、阿拉米文字创造了波斯楔形文字，留下了珍贵的典籍。他们吸收了巴比伦的天文学、医学，腓尼基的航海技术，以及乌拉尔地区民族的建筑艺术。阿契美尼德人在国家管理方面充分吸收了埃兰和阿拉米等民族的经验。尽管政权和军队的核心是由波斯人构成的，但他们对于臣属于自己的其他民族的文化采取了宽容、开明的政策，吸收、利用他们的长处，从而形成一种复合文明。这主要体现在波斯帝国不仅以其强大的军事势力闻名，而且以其繁荣的文化事业著称于世。波斯帝国的文化是在波斯人本族文化基础上，广泛吸收两河流域地区的灿烂文化而形成的。两河流域的楔形文字为阿契美尼德王朝所继承，著名的比希斯通（一译作贝希敦）岩石上的大流士记功铭文，用的即是这种楔形文字。[①] 中亚地区的各民族，如大夏人、花剌子模人、粟特人和塞种人等，在创造阿契美尼德王朝辉煌文化的过程中，都发挥了巨大的作用。巴比伦王国在农业、手工业、建筑、宗教、艺术和文字等方面的卓越成就，成为阿契美尼德王朝汲取营养的肥沃土壤。唯其如此，波斯帝国的文化才是多彩多姿和灿烂繁荣的。正如苏联学者加富罗夫所说："中亚诸民族的文化给予西伊朗诸民族以重大的影响。因此，人们通常所称的阿契美尼德时期文化，不仅是由波斯人创造的，而且是由许多民族共同创造的，其包括巴克特里亚人、粟特人、花剌子模人和塞种人。"[②] 同样，这些人的文化也是波斯帝国文化的组成部分。

波斯帝国在公元前492年希（腊）波（斯）战争后逐渐由鼎盛走向衰落。公元前334年，马其顿国王亚历山大三世东侵，征服波斯全境。波斯帝国瓦解后，波斯人先后经历亚历山大帝国、塞流西亚王国和阿萨希斯王朝（即安息、帕提亚，Parthia）的统治。

亚历山大三世在波斯积极推行"希腊化"的殖民统治。公元前323年，亚历山大三世死后，他所建的帝国分裂，其部将塞流古（马其顿人）夺得帝国东部广大地区，并于公元前312年称王。以叙利亚为中心建立塞流西王国，中国古史称之条枝。塞流西王国全盛时，疆域包括小亚细亚、叙利亚、两河流域、波斯和中亚的部分地区。至公元前247年波斯的帕尔尼部族打败塞流西王国军队，在波斯本土建立了阿萨希斯王朝，即帕提亚王朝，中国史称为安息王朝，西方史学家称为帕提亚王朝。安息王朝由于

---

① 李铁匠选译：《古代伊朗史料选辑》（上古史部分），商务印书馆1992年版，第34—49页。

② ［苏］B.r.加富罗夫：《中亚塔吉克史》，肖之兴译，中国社会科学出版社1985年版，第43页。

同罗马的长期战争和朝廷的内讧，从 1 世纪以后逐渐衰落。至 224 年，安息王朝被萨珊王朝推翻。

（二）古代与中古时期

从公元 3—7 世纪（224—651）是萨珊王朝时期（史学界称之为新波斯帝国时期）。公元 3 世纪，波斯萨珊王朝建立以后，定都泰西丰（Ctesiphon，在今伊拉克巴格达附近）。琐罗亚斯德教重新兴盛起来，再次取得国教地位。萨珊王朝诸王有的兼任教主，自称阿胡拉·玛兹达的祭祀长和灵魂的救世主，主张教会和国家产生于同一母体。这样，琐罗亚斯德教即成为新波斯帝国的精神支柱，并且影响到它的整个文化面貌。

琐罗亚斯德教的经典是《阿维斯陀》，它是由不同时代的该教经典汇集而成的。其中最古老的经文——"伽泰"（波斯文作 Gathas，意为"神歌"），见于《阿维斯陀》主集——耶斯那（赞歌和祷词集），形成于阿契美尼德王朝建立以前，用古波斯文（赞德文，或称阿维斯塔）写成，与"吠陀"所用的古印地文极为相近。晚期诸部分经文，即"温迪达特"（Vendidad，Vendidat，祭祀仪轨典籍）、"亚什特"（Yasht，赞歌、祷词）、"维斯普拉特"（Visprat，对尊长的祷词）等，用中古波斯文（巴列维文）写成。《阿维斯陀》中形成最晚的经文是"班达希什"（Bandhish），是该教创始人查拉图什特拉（即琐罗亚斯德）的生平事迹和关于世界末日的预言。①

在这一时期，波斯帝国不仅以其强大的军事势力闻名，而且以其繁荣的文化事业著称。波斯帝国的文化是在波斯人本族文化基础上，广泛吸收两河流域地区的灿烂文化而形成的，尤其以农业、手工业、建筑、宗教、艺术和文字等方面的卓越成就驰名世界。当时生产力得到空前发展和繁荣，在金属工艺、建筑、纺织业等领域均达到高超水平，精美的艺术

---

① ［苏］谢·亚·托卡列夫：《世界各民族历史上的宗教》，魏庆征译，中国社会科学出版社 1985 年版，第 370—371 页。

品、陶器、编织品远近闻名；出现了更多的文学、音乐、美术作品。萨珊
王朝还把一些被征服国家的能工巧匠、专业人士迁到波斯，以发展和提高
自己的手工艺水平。与此同时，萨珊王朝在胡齐斯坦建立了闻名于世的砍
迪·沙普尔大学。这是一所综合性的高等学府，包括哲学、文学、工程
学、医学、动植物学科。这所大学尤其重视医学，建立了一所附属医院，
供学生实习。学校还聘请了希腊、印度等国的教师任教，开展了翻译和学
术研究工作。据记载，在萨珊王朝时期，共有70种包括天文学、医学、
哲学等方面的著作翻译成希腊文和吉普蒂文。学校吸引了外国留学生前来
学习。这所大学一直延续到10世纪，在伊朗的科学教育史上写下了光辉
的一页。萨珊王朝时期还用巴列维文写成了许多经典著作和文学作品，整
理出24卷本《阿维斯塔》，丰富了波斯文明的宝库。但随着阿拉伯人入侵
设拉子以后，许多珍贵的文化典籍被扔到河里，这部波斯古经遭劫，现仅
存80000余字的版本。如今，在许多历史遗址仍能看到萨珊时代的壁画、
浮雕。

　　7世纪初，萨珊王朝随着同罗马帝国的战争，国势转衰。651年，阿
拉伯帝国第三任哈里发奥斯曼·依本·阿凡推翻萨珊王朝，占领波斯全
境。波斯被征服后，成为阿拉伯帝国的一个行省。

（三）波斯伊斯兰鼎盛时期

　　波斯被征服后，随着伊斯兰教的传入，人们的信仰和社会观念发生
了深刻变化。一方面阿拉伯人统治波斯后，随着伊斯兰教的传播，琐罗亚
斯德教在本土逐渐衰落，但在印度的波斯移民帕西族（parsiism）中仍很
盛行。该教有关世界末日、终世判决等内容均对犹太教和基督教产生了巨
大的影响。另一方面，由于新的民族压迫出现，逐渐兴起了一种反对异族
占领和统治的思潮，这种思潮上升到伊玛尼就是一种维护民族尊严、捍卫
民族独立和民族文化传统的爱国主义思潮，从而导致了两种文明、两种文
化的碰撞和融合，最终伊斯兰教取代了琐罗亚斯德教，成为伊朗人的主要
信仰。

自 661 年至 11 世纪初，阿拉伯帝国先后经历了倭马亚王朝和阿拔斯王朝，波斯成为这两个王朝的一部分。11 世纪初，塞尔柱突厥人由中亚兴起，先后征服巴格达、叙利亚、拜占庭帝国，建立起一个东起中亚，西至博斯普鲁斯海峡，包括伊朗在内的塞尔柱帝国，但帝国不久即告分裂。12 世纪末，花刺子模王国（今乌兹别克斯坦境内）夺取伊朗东北部，公元 13 世纪初占领伊朗全境。它统治的疆域还包括伊拉克、阿富汗等地区。

随着伊儿汗国的逐渐衰落，当时的伊朗又陷入地方封建王朝割据之中。西察合台汗国（今乌兹别克斯坦境内）的国王帖木儿（1336—1405）在夺取中亚地区后于 1380—1393 年征服伊朗全境，继而侵占美索不达米亚，并入侵印度。1405 年帖木儿死后，他的帝国迅速瓦解，统治范围只限于河中地区和伊朗东部。伊朗再次陷入各地方封建王朝的纷争割据之中。

这期间，萨法维王朝（1502—1722）建立后，一直向外扩张，极盛时版图包括阿富汗的坎大哈、赫拉特。萨法维王朝与奥新曼帝国曾长期进行战争。萨法维王朝是伊朗历史上第一个以什叶派伊斯兰教为国教的朝代，对什叶派在波斯的发展起了重要作用。17 世纪末萨法维王朝日渐衰落。1722 年阿富汗的吉尔扎部落在马赫默德的领导下，攻占萨法维王朝国都伊斯法罕，并自立为波斯国王。

1736 年，来自波斯霍拉桑地区的部落首领纳迪尔率军把阿富汗人逐出波斯并以马什哈德为中心建立阿夫沙尔王朝。经过数年战争，阿夫沙尔王朝版图一度东至阿富汗和印度北部，西至巴格达，北接里海，南濒波斯湾。1747 年，纳迪尔国王死后，其儿孙为争夺王位而爆发内战，各路诸侯纷纷称王，其中凯历姆汗（1749—1779 年在位）以设拉子为首都建立了曾德王朝。经过多年战争，曾德王朝占据了除霍拉桑及以东地区以外的阿夫沙尔王朝的土地。1779 年凯历姆汗死后，曾德王朝分裂。1792 年和 1796 年，曾德王朝和阿夫沙尔王朝先后被凯伽王朝所灭。

从 7 世纪至 15 世纪，是波斯科学文化发展史上继萨珊王朝之后又一个鼎盛时期，在伊朗几千年的文明史上占有重要的地位。在这一时期，科学文化领域发生了许多重大变化。在自然科学领域出现了一批杰出的数学家、天文学家和医学家，出现了伊斯兰高等学府，建立了学术馆，发展了图书馆事业。在社会科学领域，出现了一批卓越的哲学家、史学家、文学家。在200多年的发展过程中，许多种科学、技术、哲学著作从希腊文、梵文、巴列维文译成阿拉伯文，丰富了伊斯兰文明的宝库。在公元8世纪造纸术从中国传入伊朗之前，儿童主要是接受家庭教育，孩子们在石板、泥板或是兽皮上练习写字。在高级阶段主要是学习文书、法律、计算、天文、哲学、文学、神学和建筑等科目。体育也是一个重要方面，体育的主要科目有骑马、射箭、马球、游泳、狩猎、投镖等。马球后来也传入了中国，成为人们喜欢的项目之一。

在10世纪萨曼王朝时期，由于重视恢复和弘扬古代波斯文化传统，提倡波斯文学创作，因而在这一领域取得了显著的成绩，使当时的布哈拉和霍拉桑成为文人荟萃和文化氛围浓厚的文化中心。这时，达里波斯语已取代巴列维语，成为伊朗人民通用的语言。在以后的几个世纪里，出现了一批用波斯文进行创作的大诗人和作家，他们的成果享誉世界。

在13—14世纪伊尔汗王朝时期，科学文化备受重视，取得了新的发展。1254年，在大不里士建造了一个规模巨大的天文台和一个大图书馆，藏书40余万册，编纂了《伊尔汗科学宝库》，是一项有重要价值的科学成果。在这一时期，东西方在科学、文化、艺术以及商贸领域的交流呈异常活跃，大不里士成为古丝绸之路上一个繁华的都市。

在萨法维王朝阿巴斯一世统治时期（1587—1629），伊朗的绘画、建筑、音乐以及各种手工工艺均达到高超的水平，首都伊斯法罕建立了160余座清真寺，48所经学院，波斯语言成为伊斯兰世界第二大语言。

（四）波斯文明的象征：波斯波利斯

波斯波利斯（希腊语意为"波斯之都"）曾是波斯帝国的首都，位于设拉子东北约60公里处。作为伊朗第一个世界文化遗产，她之于伊朗，就如同长城之于中国。作为波斯帝国中心，波斯波利斯是阿契美尼德王朝的礼仪之都，这座雄伟的宫殿是皇帝们的夏宫，也是举行正式仪式的场所。波斯波利斯的设计虽然是历代君主分别在不同统治时期完成的，但整体建筑风格还是浑然一体，从万国门到行军道，到阿帕达纳宫和阶梯，再到百柱宫，最后到宝库都还保留了些许当年的波斯帝国的历史与建筑精华。

这座雄伟的宫殿背靠崎岖不平的山峰，矗立在能欣赏落日余晖的宽广台地上，俯视着辽阔富饶的平原地带。这里也是波斯帝王举行正式仪式的场所，从大流士大帝统治时期开始到后来的历任皇帝修建了 150 年。整体建筑的设计虽然是历代君主分别在其统治时期完成的，但建筑和风格还是浑然一体。这体现在各宫殿彼此相关联，从设计和雕刻上可以略见一斑。它与先后兴建的建筑墙面是对称的，整个台地面积长 450 米，宽 300 米，墙面均用砖建成，一部分用彩饰砖瓦贴面，台地建筑群布局讲究、建筑精美。台地下面的地下管道总长度超过 1.5 公里，其宽度足以让两人并排通行。在台地外面"万国门"前的两座翼殿则起着保护主殿和通道的作用。这里建筑与众不同的地方还在于主要宫殿的地基、台阶、窗户、门厅和柱子等均是石制的，屋顶均为木制的。即便没有发生火灾，也很难想象这么多不同建筑材料构成的宫殿是怎样完好无损地保留至今的。

走进这里，仿佛进入了波斯帝国的心脏。看到它仍以气势恢宏的姿态傲视它的波斯臣民。那巍峨的建筑遗址和精美的浮雕艺术，那巨石和高柱上承载的古代文明的印痕，虽经 2000 多年风雨琢融，依然在向后人讲述着昔日的辉煌和说不尽的典故。尤其引人注目的是在这座雄伟壮观的宫殿墙壁上刻有"八方来朝、举世欢愉"的铭文：

"我，大流士，伟大的王，诸王之王，各藩属国的王中之王，阿契美尼德族维什塔什卜之子，承神圣阿胡拉的恩典，靠波斯军队征服了这些国家。这些国家害怕我，给我送来了王冠，它们是：胡齐斯坦、米底、巴比伦、阿拉伯、亚述、埃及、亚美尼亚、卡帕杜基亚、萨尔德、希腊、萨卡提、帕尔特、扎尔卡、赫拉特、巴赫塔尔、索格特、花拉子摸、鲁赫吉、岗达尔、萨尔、马那……长期以来统治着一个辽阔无边的世界。"大流士祈求阿胡拉和诸神保佑，使这个国家、这片土地不受仇恨、敌人、谎言和干旱之害。"

在每年的努鲁兹（即伊朗新年）3 月 21 日的时候，波斯帝国的属民代表就聚集在这里向"王中之王"表示敬意及奉献贡品。如今这里已成为著名的游览胜地，1979 年被联合国教科文组织列为世界文化遗产。

五、伊朗伊斯兰共和国时期

1979 年伊朗伊斯兰革命胜利后，什叶派开始全面复兴。尤其在行政、立法、司法、教育和文化等领域，实行"全盘伊斯兰化"。1989 年 7 月通过的修改后的新宪法规定：以伊斯兰教什叶派的十二伊玛目教义为立国准则。伊斯兰信仰、伊斯兰体制、教规、共和国和最高领袖的绝对权力不容更改。宪法在总纲明确规定："只有一个真主，只承认他的统治并顺从他的意志。"宪法第一条规定了"伊朗政权形式为伊斯兰共和国，这是伊朗人民基于以《古兰经》公正治国的古老信念"。宪法还规定了民众信仰的基础："伊朗伊斯兰共和国是以宗教信仰为基础的。"并明确确立了什叶派教士阶层的统治地位："教士依据《古兰经》和安拉（真主）的传统发挥永恒的领导作用。"

国家政体（行政、立法和司法）实行三权分立制度：建立伊斯兰议会，享有立法权；设立总统，实行总统内阁制，行使行政权；建立独立的司法系统。这一套政治制度，与伊斯兰传统的政权有明显的区别：

（一）传统的伊斯兰政权实行统治集团内部的协议制度，没有议会，也不存在其他政治集团；

（二）统治者哈里发既是一位世俗国王，又是宗教领袖；

（三）司法由哈里发掌握。

伊朗伊斯兰共和国虽实行三权分立的原则，但议会、政府和法庭都必须接受宗教领袖的领导，所有的机构、教士和忠于宗教领袖的信徒占据主要岗位。伊斯兰议会完全掌握在宗教上层人士手里。根据选举法规定，只有忠诚于伊斯兰教和伊斯兰政权的人，才具有候选人的资格。

宪法明文规定，议员（非穆斯林除外）必须宣誓效忠伊斯兰教。① 即使如此，为了防止议会通过违反伊斯兰利益的决议，为了防止行政领导人（总统、议长和部长）实施违反伊斯兰原则的政策，特意在议会内设立了"宪法监护委员会"。委员会由宗教领袖指定的 6 名专家和最高司法委员会推荐的 6 名伊斯兰教法学家组成。宪法规定："议会通过的一切决议、提案必须递交监护委员会审查"，"没有监护委员会，议会就没有合法性。"（宪法第 94、95 条）监护委员会的权力还不仅限于此，而且它"有权监督共和国总统、国民议会的选举以及公民投票"。宪法规定，"法庭应遵照伊斯兰教义内容处理诉讼事件、维护公众权力，发扬和主持正义，实行真主的训示。"（宪法第 61 条）共和国的最高法院院长和检察长，不是由议会或总统任命，而是由最高宗教领袖指定，并且必须由伊斯兰教法学家担任，宪法规定，"法官有权拒绝执行政府制定的违反法律和伊斯兰教义规定的，或超出行政机构权限的决议和章程"。（第 170 条）在宪法中，还特别提到重视教育问题，政府为所有儿童和青年提供免费教育，直到中学结束，并在国家经济条件允许的限度内，以免费的形式逐步普及高等教育。

---

① 宣誓的誓词如下："我面对神圣的《古兰经》，向至高无上的真主宣誓，我以我的人格保证，一定遵守伊斯兰的法规，捍卫伊朗人民的伊斯兰革命成果和伊斯兰共和国制政体。我一定做一个公正忠实的人来保护人民交给我的职责，在履行职责中遵守诺言和忠诚。坚守国家的独立与进步，维护人民的权益和为人民大众服务。"（见伊朗宪法第67条）

第二章 伊朗教育的历史传统与
当代教育制度的形成

无论是在波斯文明时期还是在伊斯兰文明时期，伊朗都很重视教育。波斯的琐罗亚斯德教圣经中，包含了许多关于教育和受教育的理念，如"世上最神圣的礼物莫过于知识。财富和地位是可以变化的，但知识和文化是永存的"。伊朗人对古典波斯时代文学的崇拜是形成其教育理念的另一个因素。诗歌是伊朗人相互交流的一种重要方式，即便是那些不懂波斯语或不识字的人也能够想起并引用菲尔多西、哈菲兹、萨迪的诗句。"脱离现实的知识就如同无果之树，乌巢之蜂，而且无论你学到多少知识，如果不能用于实践，那么你依旧是一个文盲。"而这源于菲尔多西《列王纪》记载的一句话成为20世纪30年代伊朗教育部的至理名言。

一、古代波斯的教育

伊朗人自古就十分重视知识和科学。在《波斯古经》(《阿维斯陀》)里的《迦泰》中有记载："男士和女士，姑娘和小伙子，都要努力增加自己的学问和意识，因为学问是锐利的眼光，没有学问的人，相当于盲目人。"当时还特别关注妇女教育问题，她们除了基础教育以外，还要学习文学和音乐。锁罗亚斯德教认为"教育人类"是可以引导人进入天堂的一个途径，因为学问的力量会消除世界上的压迫和邪恶。在阿契美尼德王朝时期，为了发展工业和农业，需要大量的技术人才，因此开始在一些宗教学校里开设一些相关的课程。当时这些学校建在市场、住地或人们工作的附近，教学内容一般涉及宗教、道德、治国、理政、金融、军事、政治、工业、艺术等方面。在发展各种学科的同时，伊朗开始与希腊和印度交流，从而逐渐出现一些大学堂。最具代表性的是萨珊王朝时期（公元271年）以阿尔达希尔一世的命令所创建的功地·沙普尔大学堂。该所大学堂自建立时各学科都有外国教师和学生，因此可以说是一个国际性的综合大学，数百年之后是全世界的学术中心。这所大学的主要学科是医学。当时叙利亚医生到功地·沙普尔来，使用自己带来的医学和哲学书籍向学生传授。除此之外，这所大学里面还使用印度和中国的医学成果，也有中国和印度医生，有时中国医生也采用伊朗医学方法来治病。萨珊王朝之前，大部分的学问和教育都是一代一代口头流传。但到了萨珊王朝时期，文字和文化教育得到了空前的发展和繁荣。希腊、罗马、中国和印度的文化在伊朗国内广为流传，医学、哲学、星象学和神学得到了推广。后来随着伊朗和罗马的战争，希腊与罗马思想（包括柏拉图、新柏拉图主义和亚里士多德哲学）与佛教信仰（梵文译来的内容）以及中国文化的作品（摩尼教的借用思想出现 Gundi Shapur1 和马自达克·巴目达丹文化政治运动）影响到了伊朗本土的文化和思想。

萨珊王朝时期，伊朗对世界发达国家的科学技术和文化交流十分重视。当时的国王，对于宣传哲学和各种学科十分感兴趣。有时为了让大家能了解重要、有用的著作内容，他们向印度和中国派遣专业人员和专家，让他们去收集带回著作，翻译成巴列维语。在功地·沙普尔中心建立之后，纳西丙科学园、伊斯法罕的萨如叶学校、法尔斯的瑞沙哈尔也逐渐成为当时比较有名的学校。

在古代波斯文化教育中，值得关注的是有两种宗教在不同的历史时期对人们的思想教育和信仰产生了广泛的影响。

第一种影响与琐罗亚斯德教紧密相关，它的创立者是古波斯人琐罗亚斯德（Zoroaster，约前628—前551）。琐罗亚斯德教的经典是《阿维斯陀》(也称波斯古经),大约成书于公元前 7—前 6 世纪。相传古波斯人曾用金汁将其抄写在牛皮上,珍藏于宝库之中。公元前 4 世纪希腊马其顿的亚历山大入侵,将其焚毁。公元 3 世纪,安息国王巴拉什一世曾下令收集残经。萨珊王朝时期,国王阿尔达希尔一世(226—240 年在位)再次广泛收集整理,由琐罗亚斯德祭司编订成有 21 卷的帕拉维语《阿维斯塔》,计 345700 字。

当时,波斯人崇拜神秘的自然现象,称太阳为神眼,称光为"神子",黑暗、旱灾等则是恶神的象征。人们在寺庙里供奉"火",希望善神借明亮不熄的"火光"制服恶神。此后,波斯人的先知琐罗亚斯德在此基础上创立了琐罗亚斯德教。该教认为:宇宙世界是依循一定规律而运行,宇宙间存在着许多永恒的自然现象,宇宙间有许多不同的力量不断地冲突着——光明与黑暗、丰裕和旱灾等。这些自然现象都被赋予以神秘的法力,在民众日常生活中凸现出来的是祖先崇拜的各种仪规,举行祭祀天神及自然力量的大典。它所包含的敬畏感、所激发的想象力将人们引向宗教。有时候,当人们的祈愿和敬畏并不能使他们顺遂心愿,便会萌发一种罪孽感,由此认为神灵是在惩罚他,并且由此产生一种强烈的道德义务感。这种由罪孽感而生的道德义务感,由宗教哲学体现加以规范,在思想实体上往往被视为哲学理念。

在波斯阿契美尼德王朝时期(前 550—前 330),该教已成为国教,在帝国境内风靡流行,主导着波斯人的生活。至马其顿的亚历山大征服波斯并实行希腊化时期(前 330—前 141),逐趋甄灭。到了萨珊王朝时期(224—651),它被奉为国教,臻于全盛。但到了公元 6 世纪中叶,阿拉伯人征服波斯,在伊斯兰教主政下,该教日益式微。大约在公元 8 世纪至 10 世纪间,波斯本土不愿改宗伊斯兰教的虔诚琐罗亚斯德教徒,成批离开家园,远涉重洋,移民到印度西部海岸地区定居,继续其祖先的信仰,逐渐发展成为当地一个新的少数民族,印度人取波斯的谐音称之为帕尔西人(Parsis),称其所信仰的宗教为帕尔西教(Parsism)。

可见,琐罗亚斯德教所主张的善恶报应、灵魂转世和末日审判以及天堂地狱之说，对于基督教、伊斯兰教等后来宗教均产生过深远影响。①

二、波斯伊斯兰时期的伊朗教育

公元651年萨珊王朝灭亡，伊朗全境被阿拉伯人征服，伊斯兰教随之传入。在伍麦叶王朝统治时期（661—750），伊斯兰教仅在波斯封建上层和城市居民中传播，农村居民大多数仍信仰琐罗亚斯德教②及其《波斯古经》。③公元750年阿拉伯贵族艾布·阿巴斯建立阿巴斯王朝（750—1258）后，大批阿拉伯人随之移居伊朗，与波斯人通婚，开始在主要城市兴建清真寺和宗教学校，并由教法官和传教士主持各地的司法和教务，从而加速了伊朗伊斯兰化的进程。到12世纪时，伊斯兰教已成为伊朗占统治地位的宗教。

1502年，伊斯玛仪一世在伊朗大不里士创建萨法维王朝（1502—1736），立什叶派④为国教，奉行十二伊玛目派教义，以什叶派教法为基础，全面实行政教合一制，并以行政手段推行该派教义，建立宗教院校和清真寺，鼓励宗教研究并赋予什叶派阿亚图拉⑤以宗教特权。至此，伊朗

---

① [苏]谢·亚·托卡列夫：《世界各民族历史上的宗教》，魏庆征译，中国社会科学出版社1985年版，第381页。

② 琐罗亚斯德教是流行于古代波斯（今伊朗）及中亚等地的宗教，中国史称祆教、拜火教。公元前7—前6世纪由琐罗亚斯德在波斯东部创建，以后传播到亚洲不少地区。3—7世纪，波斯萨珊王朝曾奉为国教。后随着伊斯兰教的传入该教在本土逐渐衰落。

③ 《波斯古经》即《阿维斯陀》的音译。这部古经写在12000张牛皮上。有关波斯神话传说中的国王和朝代除了在《阿维斯陀》和费尔多西的《王书》中所述之外，还可见诸《吠陀》（波罗门教、印度教最古的经典，梵文的音译）和《摩诃婆罗多》（印度古代梵文叙事诗的音译，世界最长的史诗之一）。

④ 什叶派为伊斯兰教主要学派之一。"什叶"阿拉伯语意为"党人""派别""追随者"，以拥护先知穆罕默德的堂弟、女婿阿里及其圣裔担任穆斯林的领袖——伊玛目为其主要特征。后因内部主张分歧，又相继分化出十二伊玛目派、伊斯玛仪派、宰德派、极端派等派别和支系。目前什叶派主要分布在西亚和南亚地区的伊朗、伊拉克、黎巴嫩等国。

⑤ 阿亚图拉是伊斯兰教什叶派的高级宗教职衔，为阿拉伯语的音译。

什叶派穆斯林的生存空间逐渐从上层传教士公开传向不同阶层的人民，从城市推向乡村，在戈壁滩上、黄土路边甚至寺院土窑之中，什叶派教义就像燎原之火在整个伊朗高原迅速传播。与此同时，为了抵制逊尼派的势力，该王朝确立了什叶派的宗教节日、圣地及宗教礼仪，并完善了十二伊玛目派教义和教法，从而使马什哈德、库姆、大布里士、伊斯法罕、设拉子、图斯等城市逐渐成为什叶派的宗教及学术文化中心。

宗教教育对伊朗历史发展的影响，主要体现于清真寺在伊朗人民生活中的重要地位上。作为伊朗人民教育、政治、经济、文化和社会生活的中心，无论在历史还是在现实中，伊朗人民的生活都和清真寺紧密相连。

宗教教育对伊朗历史发展的影响，还突出地表现在民众对宗教经典著作的阅读理解上。由于《古兰经》里面有很多鼓励人们学习和研究的至理名言，人们在各种科学房、学校、清真寺等地方进行不同学科的教学和研究。学校的课程最初较为简单，后来不断发展到各个学科领域。学生在清真寺或学校学习期间没有限制，学生如果愿意的话，可以长期留在学校进行学习和研究。当时还不对学生实行考试，教师主要依据授课的内容和书籍，按照课堂讨论、学习水平和学生表现，在教过书的封面后边，记载一些有关叙述、教书、评介等内容，这就等于今日的学位证书。巴格达"智慧房"是伊斯兰时期最有名的高等教育基地之一。它是在阿巴斯王朝时按照功地·沙普尔大学堂模式建立的，该校第一代教师都是功地·沙普尔学校培养的学生。

与之颇具异曲同工之妙的是，在中国历代经典宝库中被认为是中国人圣经的《论语》中，孔子说："性，相近也；习，相远也。唯上知与下愚，不移。中人（以上），可以语上也；中人以下，不可以语上也。"从中我们可以看出，孔子将人大体分为上、中、下三等。人本来的才性，是相近的，但由于教育和环境的不同，人和人便有了不同的身份。上知和下愚只是人类中的极小部分，其余绝大部分人都是中人才质。为善、为恶，全看后天的教育和环境的影响了。基于这种观点，所以孔子特别强调学习的重要性："吾十有五而志于学，三十而立，四十而不惑，五十而知天命，六十而耳顺，七十而从心所欲，不逾矩。"曾子说："士不可以不宏毅，任重而道远。仁以为己任，不亦中乎？死而后已，不亦远乎？"这段话同样表明了人们的成圣之道："博学至诚明心以及慎独。"

纵观古代波斯、伊斯兰时期的伊朗教育，我们注意到，无论是过去的波斯，还是今天的伊朗，琐罗亚斯德教和伊斯兰教对伊朗伦理教育的发展、形成和人民的日常生活都产生着深远的影响。因此，与其说这一教育由来已久，毋宁说正是波斯悠久的历史孕育了它的影响力。

三、近代伊朗教育的革新

（一）凯加王朝时期的教育改革

凯加王朝中后期，随着伊朗与欧洲国家交往的密切，伊朗先进的知识分子认识到引进西方先进的军事工业和技术，并未能改变伊朗积贫积弱的社会现状，伊朗社会更需要一种植根于传统与开放的教育理念。为此，凯加王朝的教育改革是从派遣留学生开始的。

凯加王朝时期派往海外留学生主要经历了三个阶段：第一阶段是从1811 年到 1815 年，根据伊朗政府与英国政府达成的协议，英国政府帮助伊朗训练军队，伊朗政府派遣 7 名留学生前往伦敦学习医学、机械制造、军事、人文社会科学等专业。第二阶段从 1845 年到 1847 年，伊朗政府向法国派遣 5 名留学生，学习军事、自然科学和采矿专业；资助 3 名学生前往英国、意大利和俄罗斯学习医学、制糖和机械制图专业。第三阶段从1848 年到 1896 年，伊朗政府先后派遣 45 名学生前往法国留学，他们留学的时间从 5 年到 8 年不等，此次派遣的留学生不但规模较大，而且他们还都是伊朗高等学府技术学院的毕业生，而此前政府派往欧洲的留学生，多为青年手工艺艺人。

在 19 世纪中叶，除政府资助的留学生外，还有不少伊朗年轻人自费前往欧洲留学。由于他们大都来自于富有精英家庭，所学专业一般是政府所急需的行业和领域，或是家庭为他们以后的发展提前特意选定的专业，这些自费留学生很大特点是从小就离开伊朗，在欧洲成长的时间比较长。

从留学所学专业来看，一般由政府根据国家的需要而决定。在早期，伊朗的留学生所学专业一般集中在军事以及军事配套的专业上，如工程、机械制造和医学等专业，很少有学生学习文学或者社会科学。学习期限一般受所学专业以及国内外局势的影响。公派留学生一般在欧洲学习5—8年，自费留学生学习时间则相对较长，毕业后可以选择继续留在国外。而公派留学生在毕业后必须返回国内。从留学生留学目的地来看，早期的留学生多数被派遣到英国留学，后期则多被派往法国留学，这一现象持续到了20世纪初期。

从留学生生源情况来看，尽管这些留学生并非全部来自于国内最有实力的家族，但也几乎都有显赫和富有的家庭背景。从留学生归国后的工作来看，有两个显著特点：一是他们的职位通常比没有留学的职员提升得快；二是他们所从事的职业，通常与留学所学专业有一定的联系。从中我们可以看到那些留学生回国后获得的高级别任命，说明国家对新式教育的重视，而这又进一步激发了出国留学的热情。人们对于教育，特别是对于欧洲模式教育也逐渐重视起来，即便是上层社会家庭越来越坚信他们的子女受教育程度在很大程度上决定了其未来的发展前途。因而，最初只是为了培养人才的海外留学，现在已成为人们获取社会地位的主要途径之一。

（二）建立以"技术学院"为主体的教育模式

1851年12月28日创建的技术学院，是伊朗近代史上第一所因政治原因而不是宗教原因建立的高等学府，也是伊朗近代史上第一所教授西方科技而不是宗教知识的高等学府。因而，技术学院被看作是伊朗近代教育的开端。

该校创办的目的是为了方便伊朗上层社会的年轻人学习西方科学技术，毕业之后在军队和政府中担任要职。建校之初，教授的课程主要集中在军事领域。专业划分为火炮、步兵、骑兵、工程、医学、制图、采矿等，后来逐渐扩展到科学技术和外语上。到19世纪50年代，学校已经开

始教授英语、俄语、制图和音乐艺术等。学生的入学年龄一般在 15—17
岁。在德黑兰大学成立之前，技术学院是伊朗国内最重要的一所学校，它
奠定了伊朗现代化教育的基础，为伊朗培养了一大批了解并掌握西方科技
和语言的人才。这些毕业生在政府中身居要职，因而对推动伊朗全国范围
内的改革起到了积极的作用。同时这些毕业生通过言传身教、建立和管理
新式学校，促进了伊朗现代教育的发展。

　　1889 年至 1890 年，伊朗正式创建国家政治科学学院。该校隶属于伊
朗外交部和教育部，主要是培养外交专门人才。继政治科学学院之后，伊
朗政府又陆续成立了一些专科院校。如 1900 年成立农业学院，1910 年成
立艺术学院，1921 年成立法学院等，这些院校的成立对推动伊朗教育现
代化起到了积极作用。

（三）创办新式中小学

　　伊朗的中小学教育体系直至 19 世纪 70 年代才陆续建立起来，这些学
校的创办者大多为政治家和留学西方回国的知识分子。1873 年至 1874 年，
塞帕萨拉在德黑兰创办了伊朗第一所中学，同年，大不里士建立了一所相
同类型的学校。后来在伊斯法罕和德黑兰又陆续建立了若干所军事中学。
19 世纪 90 年代后期，米尔扎创办伊朗第一所公立小学。1897 年伊朗第一
所女子学校建立。新式教育的发展为伊朗高等教育提供了高素质的生源，
促进了伊朗近代经济社会的全面进步和发展。

　　由此可见，凯加王朝时期向国外派遣留学生，建立以技术学院为主
体的教育体系，创办新式中小学，这些教育改革措施是伊朗第一次有意识
地向西方学习，发展国民教育的一次尝试。教育改革所造就的一批受过教
育的新型阶层，他们虽然力量比较弱小，但通过不懈的努力，影响了一批
政治家和社会精英参与到伊朗的现代化改革中，为国家教育未来的发展奠
定了基础。同时，教育改革对伊朗国内接受西方科学与自由民主理念发挥
了一定作用。

（四）巴列维时期礼萨·汗教育改革

巴列维时期礼萨·汗教育改革的措施和内容主要集中在教育民族化、教育世俗化和教育西式化三个方面。具体的改革措施是：

1. 设立中央教育管理专门机构

1922 年，在中央设置最高教育委员会主管教育工作，统一制定教育政策。设置教育部，负责制定义务教育实施方案、组织管理各省教育机构、教育经费的配套落实和相关法律法规起草，推动与国外的教育交流与合作。1925 年在教育部设置公共教育司，用于监督各项教育政策的落实情况，分管初等教育、中等教育，全国公共图书馆、博物馆和皇宫的保护工作，负责教师的培养和教科书的审定，收集相关教育数据，创建孤儿学校、成人学校、寄宿制学校等。1937 年在教育部成立公共启蒙司，主要目的和职责为大众提供道德教育。其他常设机构，主要有监察司，监督管理教育各部门财政、规章、教师工资的发放执行情况，对学校宗教捐款的运行状况、教科书的使用等；设人事司，主要负责教育系统工作人员的任命、人事档案的记录和合约的签订。

在地方上为了便于管理，将全国分为九大教育区域，分别是德黑兰、阿塞拜疆、西部省、胡齐斯坦、法尔斯和波斯湾港、吉尔曼和俾路支斯坦、呼罗珊和锡斯坦、北方省、伊斯法罕和亚兹德。各省教育由中央派遣的教育公共指导和宗教局负责，中央派遣该机构位于各省的省会，并全权负责本省的教育。作为中央政府的代表，教育公共指导和宗教捐赠局负责执行教育部的各项工作，主管本省的各级各类学校，根据教育部批准的预算发放工资，负责学校人事任免、组织国家考试、监督管理宗教捐赠款项等。

2. 全国实行统一的教学大纲

20 世纪 30 年代中期，伊朗政府为各类初等、中等学校统一制定教学大纲，要求所有学校必须严格执行。同时要求全国所有的初等学校、中等学校、高等院校毕业生，参加由教育部统一安排的毕业考试。规定私立学校也必须遵照执行统一的教学大纲。1928 年一项法令规定，外国人在伊朗创办的学校必须遵照执行教育部制定的教学大纲。1937年伊朗教育部又出台新规定，外国传教士创办的初等、中等宗教学校纳入同层次的国立学校。

根据《教育基本法》要求，教育部建立了一整套的国家考试体系和授予学位的规章制度。《教育基本法》规定，获取学位是进入政府部门工作的先决条件，这一条款确立了国家对证书和学位授予的权威性。有关考试的规则由教育部向教育最高委员会提出，获得批准后向全国颁布。关于初等教育、中等教育的规则，最早开始于1930年3月18日。主考官委员会由教育部、各省教育主管部门、部落代表组成，主考官必须具备相关资质，才能主持批改试卷，公布学生考试成绩。

3.统一教科书

1928年，政府在全国各省实行统一的教科书。要求全国所有初等学校、中等学校必须使用教育部官方指定的教科书，不得使用其他教材代替。各省由教育公共指导委员会任命负责人向地方各学校提供教科书。

在教科书的内容上，更多强调的是民族教育中的传统文化因素：语言、文学、历史、地理、音乐、美术等。为了防止种族、宗教和语言的多元化现象，教科书统一使用波斯语。在课堂上要求教师用波斯语讲述，使用正确的标准发音，禁止使用地方方言。在课堂上讲授伊斯兰前期历史时，要侧重于阿契美尼德王朝时期；讲授地理课时，则让学生将伊朗视为一个统一的多民族国家，并强调各地区、各部落密不可分。

（五）初步建立了较为完善的教育体系

经过巴列维时期礼萨·汗教育现代化改革，伊朗初步建立了一套相对完整的教育体系，主要包括学前教育、初等教育、中等教育、高等教育、职业教育。

在学前教育方面，虽然过去在一些大中城市建立了一些托儿所教育机构，但当时大多数伊朗人的家庭观念中并不认同学前教育，只认为宗教教育在家庭的重要性。在政府层面上，对学前教育认识也不到位，重视程度不够。直到巴列维礼萨·汗时期，由政府倡导的学前教育得到了初步的发展。

在初等教育方面，历经巴列维礼萨·汗时期的改革，逐渐建立了初等教育学制体系。公立初等学校分为免费和收费两种。在学习时间上，学生在学校时间因地区而异。在高原地区，学生在校时间为200天；在气候较热的地区如胡齐斯坦、克尔曼和波斯湾地区，学生在校时间为170天；农村地区则规定学生只上半天学。学校开设的课程主要包括波斯语、宗教教义、算术、几何、历史、地理、教育等。考试主要分笔试和口试。考试科目和时间分别是拼写30分钟，作文90分钟，算术和几何120分钟，书法15分钟，缝纫90分钟。口试的内容主要是波斯语、历史、地理、算术、几何、体育、宗教基本知识等，规定只有在笔试通过才可以参加口试，只有考试及格才可以获取初等教育证书。

中等教育方面，规定中等教育男生学制为6年，女生学制为5年。课程安排上，每位学生前3年参加第一阶段课程学习，所学的主要科目是波斯语、宗教、阿拉伯语、外语、地理、历史、数学、科学、制图等，之后进入第二阶段课程学习。男校学生主要学习书写、科学和商业，女校学生主要的学习分为两类，即教育和一般文化课，之后还会学习农业和技术类的课程；考试形式分为笔试和口试，笔试的主要科目和时间分别是波斯语90分钟、外语短文90分钟、外语拼写30分钟、物理90分钟、化学90分钟、数学120分钟、机械制图120分钟。口语考试除了机械制图外，科目与笔试相同。

高等教育方面，在礼萨·汗之前，伊朗并没有一座真正意义上的大学，基本上都是一些规模较小的专科院校。通过礼萨·汗教育民族化、教育世俗化和教育西式化改革，1934年伊朗建立起了一座真正意义上的大学——德黑兰大学。在德黑兰大学章程中，大学委员会由校长、副校长、各院系主任以及各院系选派的代表组成。但是，包括校长在内的人事任命，教师职称、级别、薪金、教学日程，甚至教学设备的数目都是由教育部决定。最初只设立了5个学院，文、理、医、法、工科，后来将已有的神学、艺术、农业3个技术学院合并进来。除医学院以外，德黑兰大学直到1941年都没有授予博士学位的能力。医学院学制6年，工学院学制4年，其他学院仅为3年。

职业教育方面，职业教育在伊朗属于中等教育，并且是免费教育。国家的各个主要职能部门都会根据其需要建立相应的职业学校，例如农业部根据需要建立了相关的农学院以及培养农业方面的专家和人才。大多数的职业学校都隶属于教育部管理，重要的职业学校都建在德黑兰和设拉子，教师基本为德国人。例如，德黑兰的职业学校有四个部门：第一个是贸易部门，招收初等教育毕业生，学制为4年，教授的课程主要为波斯语、德语、物理以及木工或铁工技能；第二和第三部门招收中等教育以上的学生，为期7年，集中教授德语，一周在工厂和实验室学习5—10个小时；最后一个部门为期两年，主要学习机械工程和制药。只要具备初等教育证书的学生都可以申请通过考试进入职业学校学习。他们当中一部分优秀毕业生被送往德国参加为期12—18个月的学习，回国后进入铁路等部门从事技术工作。

成人教育方面，为了降低本国的文盲率，促进成人教育的发展，教育部投入大量的财政补贴，在不同城市组织成人短期培训班。国防部为了提高兵员质量，不仅每年培训大量的普通成人，而且还组织提高现役军人的阅读、写作、制图和军事能力；司法部为了宣传法律，每年组织大量的政府官员和中等学校的毕业生去成人夜校教授知识。

可以说，从凯加王朝的教育改革开始到后来巴列维时期礼萨·汗教育的现代化改革，伊朗教育呈现出从一个落后、保守、封闭，宗教色彩浓厚的传统教育，开始向民族化、世俗化和西方化转型，从中央到地方建立了比较完善的教育管理体制和教学体制，初步形成了各级、各类教育综合全面发展的培养体系。

四、当代伊朗教育制度的形成与变化情况

进入当代以来，伊朗教育的培养目标、管理方式、教学机制、课程设置、教学方法、教学评估等方面都发生了新的变化，这些变化主要体现在：

（一）制定新的教育制度与政策

在不同国家，其政治制度、组织体制不尽相同，但各国政府都毫无例外地对公共政策的制定、执行、评估、立法等产生着决定性影响。公共政策是政府组织的产物，政府组织是政策的来源。要了解当代伊朗政策的制定，就应该先弄清政府的组织、结构、职责和功能。也就是说，从伊朗政府的组织、结构、职责和功能来研究分析政策。

体制是国家组织和管理社会事务的形式、方法和制度的总称。教育政策的制定系统与制定过程与教育机构之间的相互关系是十分密切的。教育作为国家的一项重要义务和责任，政府的组织体系对教育政策的作用是全过程的，无论是政策采纳之前还是政策执行之后，这些机构不仅是教育机构，也包括其他政府机构，始终在发生着影响。主要是因为：

1. 政府赋予政策合法性。政府推行的政策经过了合法化的过程，具有法律性，受国家法律保护，它要求涉及的公民和团体都要服从，不能违背。这与一般的社会团体、专业组织、宗教、学会的政策或规章不同，那些规章对其成员也具有约束力，但没有法律性质的约束力，成员是否遵从，全凭个人意愿。

2. 政府政策的普遍性。一个政府的政策能普遍适用于它的全体人民，或者它自己特别规定的对象。而社会上的任何其他组织的政策，只能适用于团体范围之内，且无权自行扩大适用范围。

3. 政府政策拥有合法的强制约束力。对于违背者，政府能够加以严厉制裁，甚至判刑。而社会上其他团体的惩治手段，是十分有限的，而且

绝不允许以暴力相胁迫。

4. 教育制度与政策的制定过程通常以一个或几个模式来代表，用以寻求解决问题的方案，或者作为政策分析的架构。教育政策制定的研究在于促进教育决策的合理性和教育目标的预期性。教育问题是复杂的、多样的、分门别类的。而对不同的问题制定针对性的政策，就必须采用不同的方式和方法，这就客观上决定了政策制定的模式不是唯一的。从研究者的角度来看，由于学者知识背景不同，个人所处的社会文化环境不同，因而看法也会有所不同，在政策的制定上就形成了不同的模式。从这个意义上看，教育政策制定模式是对政策制定的程序和步骤的概括。

1979 年伊朗伊斯兰共和国成立后，1986 年经伊朗最高文化革命委员会批准，组建改革教育制度委员会。该委员会由四名教育部副部长、一名伊斯兰议会教育委员会成员、一名最高教育委员会成员、一名计划和预算委员会成员、三名文化革命委员会成员、两名文化人士组成。该委员会在考察和参观一些国家的教育机构之后，起草了伊朗伊斯兰共和国教育制度纲要，1989 年这项议案得到最高文化革命委员会通过。1990 年，由教育制度委员会组成的一个小组在时任教育部长的指示下起草了中等教育新制度计划，批准成立了 7 个分委员会：（1）学前班和小学教育委员会；（2）初中委员会；（3）普通高等、技术、职业委员会；（4）人才保障和培训委员会；（5）机构制度委员会；（6）发展计划委员会；（7）培训工作委员会。

教育制度改革委员会根据每个分委员会肩负的不同使命，确定分工，落实计划，进行问责。

（二）伊朗教育总目标

伊朗教育制度中人的最高境界是接近真主。强调个人教育应与造物主相结合、个人教育应与自身相结合、个人教育应与社会相结合，坚持知与行相统一，与培育国家技能人才和知识型人才目标相一致、与国家经济相适应、与民族传统美德相承接的原则。

1. 信仰目标

《古兰经》、"圣训"和众伊玛目是青少年对信仰重要性认知的基础和导向，是青少年行为规范的准则。

2. 道德目标

在信仰真主和伊斯兰教的基础上，树立优良的道德品质，爱国守法、文明礼貌、助人为乐。

（1）从规范行为习惯做起，培养学生良好的道德品质和文明行为；

（2）从树立远大志向做起，培育学生树立正确的理想信念；

（3）从基本素质做起，促进青少年的全面发展。

3. 教学目标

（1）培养学生学以致用的兴趣和创新精神；

（2）确定教师和学生的实践活动、研究和讨论的方向；

（3）确定一个重点，所有教育活动均围绕这个重点进行；

（4）教师有责任培育和引导学生对学习重要性的认知；

（5）培养学生应知、应会的读书习惯；

（6）鼓励教师和学生参加各种社会实践活动；

（7）培养学生热爱集体活动，善于学习的精神；

（8）发挥教师在学生教育中的指导作用，促进学生健康成长。

（三）伊朗教育制度总则

伊朗教育制度的总则是以《古兰经》、"圣训"和伊玛目的教育方式为基石，实行普及教育。

1. 教育并不专属于某个团体或某个阶层，人人应当享有接受教育的权力。

2. 义务教育具有强制性，政府有义务为落实这项原则创造必要条件。

3. 制定相关法律法规及规章制度，保障教育社会公正，优先照顾贫困阶层和欠发达地区的群体。

4. 在教育经费方面，应根据国内各地区气候、文化、社会、经济情况制定财政预算。

5. 关注青少年的成长。在教育制度中应根据学生的成长阶段，制定不同的教学内容、教学方式和计划。在女孩和男孩到达法定成熟期之前，应给他们教授宗教法规等知识。

6. 教育方式包括普及教育、技术和职业教育、高等教育等方面。

7. 不同学系具有其特殊性，应当根据不同专业特点制定教学大纲。

8. 注重培养学生的思考和创新能力。在实施教育计划中应使用一些方法，这些方法可加强学生的思考、钻研、创新能力，并为他们自觉学习创造条件。

9. 在教育制度中除了正确引导学生对学习的兴趣爱好外，还应当根据社会经济的实际需求培养学生。

（四）伊朗教育制度的变化情况

教育制度机制的目标之一是确定不同学制和阶段的时间长短，伊朗教育体制管理分为平行管理和垂直管理。

教育制度的垂直管理指的是不同学制和阶段。这些学制在时间上是连续性的，比如，学前教育、初等教育、中等教育、高等教育。这些学制其本身就包括学前阶段、普及教育阶段、大学预科阶段等。

平行管理在中等教育阶段完成，指的是从专业课程和专业系中确定每个阶段的条件和选择，每个学习阶段的平行管理取决于课程和学习内容的多样性，它们以平行状态进行，从学习水平的角度来说它们处于同一个级别。在中等教育机制中还有许多专科和院校，这些都属于平行管理。几乎所有教育机制大同小异。它们的共同点大多是在垂直管理和平行管理的结构方面，只是在内部划分方面存在细微的不同。

世界各国在每个学制和学期的时间长短方面存在相同和差别。大学前的学期范围约在 10—13 年之间。在世界大部分国家中 9 年普及教育一般都被确定为义务教育。1984 年，对世界 200 个国家进行了调查，在 149 个国家中大学前的学习期限为 12 年，在全世界 57 个国家中高等教育为

3 年。

在伊朗为了完成义务教育，在有关教育制度的各种计划中确定了许多机制。现在在宗教学校已推广的伊朗传统教育机制，一般在私塾或小学结束后在中学开始使用。伊朗公立教育机制包括：乡村小学、城市小学、中学、高等院校。

1934 年，经议会批准，伊朗学制包括 6 年小学、3 年初中、3 年高中、3 年大学和专科，总共为 6＋3＋3=12＋3=15。如图 2–1：

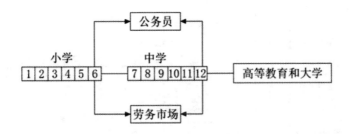

图 2–1　1955 年伊朗学制结构

资料来源：根据《伊朗初级中等教育》（伊朗文化出版社 2011 年版）资料数据绘制。

1956 年，高中包括 2 年普通教育，1 年专业教育（6＋3＋2＋1=12），高中最后一年还包括多个系，一直到 1966 年垂直管理机制未发生改变。高中各系包括文学、自然学、家政学。如图 2–2。

1965 年，随着国家教育制度修改法案获得通过，伊朗教育制度发生了一些变化。1966 年，学制划分为幼儿园 2—3 年，小学 5 年；初中 3 年，与初中平行的预科职业教育为 2—3 年，普通中等教育和专业技术教育为 4 年。

在 1974—1975 学年中，一门全面的学科加入到中等学科中。在 1991 年之前，垂直管理机制未发生任何改变。但是在平行管理机制中初中，发生了一些改变。如图 2–3。

从 1991—1992 学年至今伊朗的教育制度。伊朗教育部 1990 年向文化革命最高委员会提交了中等教育新建议方案。在这项建议方案中为中等教育制定了新的学制：小学 5 年，初中 3 年，普通高中、专业技术学校 3

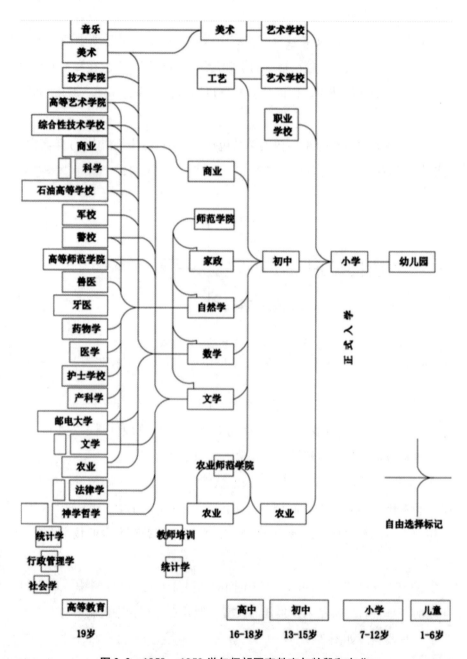

图 2-2　1958—1959 学年伊朗国家教育年龄段和专业

资料来源：根据《伊朗初级中等教育》（伊朗文化出版社 2011 年版）资料数据绘制。

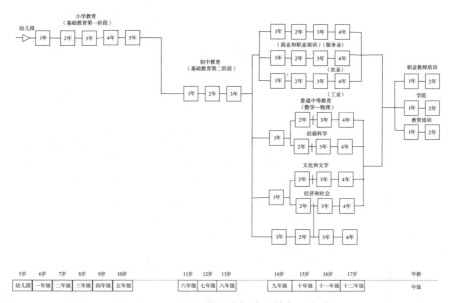

图 2-3 1989—1990 学年实行的教育制度

资料来源：根据《伊朗初级中等教育》（伊朗文化出版社 2011 年版）资料数据绘制。

年，大学预科 1 年。（小学＋初中＋高中＋大学预科，5＋3＋3＋1=12 如图 2-4）

（五）典型案例分析

案例分析 1

从教育政策制定的理性模式分析伊朗高等教育与职业技术教育政策的制定：

1981 年 3 月，伊朗国家教育规划委员会通过了与高等教育、职业技术教育相关的法规，指定劳动和社会事务部职业技术培训组织（以下简称 TVTO）负责高等教育和职业技术教育的调研并提出政策建议，国家教育规划委员会内部专门设有技术小组，技术小组全权负责职业技术教育课程开发。

TVTO 在实际工作过程中，采用了实证调查的理性方法。具体分析如下：

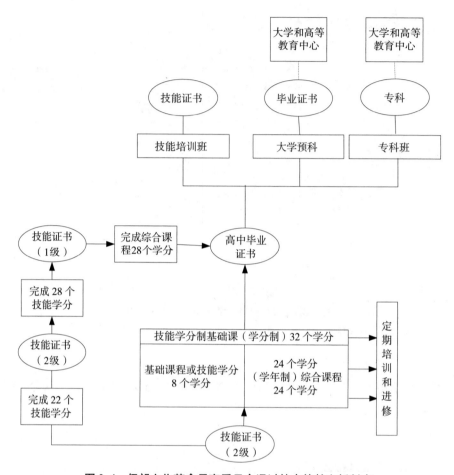

图 2-4　伊朗文化革命最高委员会通过的中等教育新制度

资料来源：根据《伊朗初级中等教育》（伊朗文化出版社 2011 年版）资料数据绘制。

1.问题的提出：高等教育与职业技术教育存在的主要问题

第一，目前的高等教育政策不能满足社会与经济的要求；扩大高等教育和职业技术教育的招生规模，以适应国家经济建设的需要，承担起更多的责任。

第二，如果处理不好高等教育与职业技术教育的关系，国家将面临更大的压力和挑战。

第三，高等教育与职业技术教育的招生规模要与社会经济相适应，各种人力资源的培训要与职业对技术专家、技术员、技术工人需要的比例相协调。

第四，高比例的教育拨款已经投入到高等教育中。高等教育的经费约占整个教育经费的20%，因此发展高等教育不存在真正的竞争资源。高等教育的发展应以"需求导向"为中心，不是以"资源导向"为内需。

2. 政策分析

（1）寻求可能的备择方案

TVTO在调查分析的基础上提出了以下可供选择的方案：

① 扩大现有高等院校和职业技术学院的规模；

② 新学校的设立；

③ 学校间的相互合作；

④ 远距离教育的重要性；

⑤ 应用课程的选择与开发。

（2）实证数据的搜集、整理与方案的分析

搜集、分析资料与数据一直贯穿TVTO工作的始终。对数据搜集、整理的过程也是对方案的判断、选择的过程。TVTO调查了对高等及职业技术教育的需要，把它与义务教育后的教育相比较。调查主要采用量化形式。对需要的测试包括5个方面：

第一，学生的志愿。从4个角度分析：① 过去申请上大学或职业技术学院的记录；② 选择城乡10所中学为样本；③ 调查初中、高中年级学生的升学倾向；④ 征求学生联合会和家长的意见。

第二，学生的能力。从两个维度分析：① 高中学生数量变化趋势，计划报考及录取的比例；② 能力满足高等教育现有标准的学生数量。

第三，人才需求。① 对德黑兰部分企事业单位需要的人力资源调查。该调查采用"雇主意见法"分析各部门对人才需求。② 国际比较。TVTO的国际比较主要针对发达国家每千名劳动者中大学毕业生的人数与伊朗相应指标的比较。③ 大学毕业生就业调查。这是调查大学生受聘用的职业状况、收入及对工作满意程度。④ 追踪调查。这是调查过去毕业的大学生受聘用的历史和去向。⑤ 教育的受益。这是调查相对于教育程度的收入水平。⑥ 人才要求。调查分两个步骤：第一步，调查现有的职业结构及其对从业人员的最低要求；第二步，调查职业结构的预测变化，采用科学模型、趋势分析及咨询的方法。⑦ 特殊部门对人才的需求。这一研究是由政府部门与专业团队合作进行的。

第四，借鉴国外有益经验。调查别的国家为青年人所提供的高等教育机会，目的在于进行国际比较：① 高等教育入学率；② 对高等教育的公共支出。

第五，人口统计。TVTO 分析了相关年龄人口的变化趋势。

经过上述调查、分析、比较，TVTO 得出的大部分结果都表明：大学生就业结构正转向石油工业领域，而石油工业部门对劳动者中受高等教育的比例要求严格；工业领域的职业结构对专业知识，技术行政和管理的要求更高。对国外高等教育的研究表明，伊朗高等教育与同等发达程度的国家地区相比，规模太小，更缺乏高端领军人才。同时，人口统计趋势表明，适龄人口在下降，这有利于增加现有中学生接受高等教育的机会。

（3）确定备择方案的优先顺序

上述分析表明，高等教育的规模太小，因此，扩大规模是第一重点。其次，由于职业技术教育结构与职业要求的变化，调整应用性课程也是必需的。为此，TVTO 认为方案选择的先后顺序应该是：扩大规模→课程调整或开发→建立职业技术教育管理机构势在必行。

3. 抉择建议

TVTO 提出了若干项政策建议，其中主要建议如下：

（1）扩大现有国立大学、私立大学规模，建立远程开放大学；

（2）设置大学专业委员会，由教育委员会、研究委员会、大学生委员会、完善求学委员会组成；

（3）构建大学研究中心和学术基金会；

（4）在德黑兰大学设立石油工程学院（系），设置医学、制药、地震预测、农业小麦研究硕士、博士学位点，增设中东和考古研究，社会扶贫调查、防治恶性疾病和高科技研究等专业和研究中心；

（5）扩大职业技术教育的招生规模与保障体系，为国家经济社会发展提供技术人力资源保障；

（6）设立新的技术教育部门，负责职业技术教育的可持续发展，解决劳动力供需矛盾。

TVTO 以这项研究及其提出的政策建议对伊朗高等教育与职业技术教育产生了重要影响。

案例分析 2

以伊朗伊斯兰共和国成立后废止巴列维时期礼萨·汗教育政策为案例，加以分析：

1. 环境

当时伊朗伊斯兰共和国建国后面临的教育压力主要来自以下 3 个方面：

第一，1979 年 2 月 1 日伊朗宗教领袖伊玛目霍梅尼结束长达 15 年的流亡生活，由法国巴黎回到德黑兰，正式宣告伊朗伊斯兰共和国成立。国家政体（行政、立法和司法）实行三权分立制度：建立伊斯兰议会，享有立法权；设立总统，实行总统内阁制，行使行政权；建立独立的司法系统，废除巴列维时期礼萨·汗的教育政策。为此，在制定新的教育政策过程中充满了改革派与保守派之间的对立与冲突。

尽管伊朗政坛两大阵营都希望伊朗能够重新崛起，但双方不但在政治、经济、文化、教育等领域的政策和立场相左，甚至还相互拆台，导致伊朗社会的发展难以顺利进行。这是制约伊朗社会发展和教育变革的主要因素。除此之外在经济政策上，伊朗内部也出现严重的分歧。一派主张进一步实施国有化，扩大国家干涉经济的权力，限制私人剥削，缩小贫富差距，建立社会的平等与公正；坚持宗教民主改革；扩大税收范围；特别是提高国有大型企业和商人纳税的税率；主张金融实行利息制度，储蓄者可以依入股的形式与金融系统签约，其形式为有息和无息两种，其利息分用于公益事业、贫困地区和发展国家基础建设。另一派则反对改革；反对国家加强对经济的控制；主张鼓励私人资本；坚持按伊斯兰教法征收赋税，取消金融的利息制度。

事实上，伊朗改革走到今天，实际上已面临一些深层次的矛盾和问题。尤其是教育改革与开放、宗教与民主、贫穷与腐败已成为伊朗各派别、各阶层人民十分关注和争论最激烈的热点问题。从总体上看，围绕改革有三种观点：第一种观点认为，伊朗是一个宗教国家，没有必要进行教育改革；第二种观点认为，伊朗人称之为极端改革派的观点，这部分人认为教育改革应朝着西方和非宗教的方向发展；第三种观点认为，教育改革是实现伊斯兰革命宏伟目标的必然途径，但改革必须在宪法的框架内进行，改革的目标是实现宗教民主制。

第二，美国宣布与伊朗断交①。伊朗与美国的关系自伊朗伊斯兰革命胜利后，长期处于相互敌对的紧张状态。美国不仅在经济上对伊朗实施全面制裁，而且还对伊朗实行禁运，在波斯湾部署了大量军队和武器装备，对伊朗形成强大的威慑。美国前总统克林顿曾于 2000 年 10 月，签署一项针对包括伊朗在内的"恐怖主义"国家的法案，同意受到恐怖主义伤害的美国公民可以从美国国库中得到一笔高达数百万美元的赔偿，而这笔钱应由美国认定的"恐怖主义政权"承担。为了以牙还牙，"以其人之道，还治其人之身"，伊朗伊斯兰议会于同年 11 月 1 日也通过一项法律修订案，根据修订后的法律议案，对因美国敌意而受伤害的伊朗公民，伊朗法院可以判决美国应支付伊朗公民惩罚性赔偿金。由于美国长期单方面违背国际法准则的行为和政策，始终影响着伊朗的国家安全、外交政策和经济发展，由此导致伊朗教育经费投入不足。

第三，政府对教育机会均等化的不同意见。为了实现教育机会均等，当时伊朗政府宣布，实行民族平等教育政策，政府将加速废除种族不平等教育政策。1989 年经伊朗最高文化革命委员会批准，改革教育制度委员

---

① 美国于 1980 年 4 月与伊朗断交。1995 年美国以伊朗破坏中东和平进程，支持国际恐怖主义和寻求大规模杀伤性武器等为借口，宣布对伊朗实施贸易禁运，严禁美国和外国公司对伊朗进行贸易和投资。该禁令特别强调，美国石油公司不得在伊朗进行任何方式的投资。

会聘请有关专家进行少数民族和欠发达地区学生教育机会和学业成绩的比较研究。改革教育制度委员会专家组在调查中小学学生后，提出一系列研究报告，其中报告结果显示：伊朗少数民族学生和欠发达地区的学生学业成绩远远低于主体民族波斯族学生，但就读于城市学校的少数民族学生，其学业成绩高于欠发达地区学校的少数民族学生。这一结论在伊朗教育界引起了强烈关注，推动了伊朗政府对教育机会均等化的重视。

2. 要求

在 20 世纪 90 年代，伊朗政府开始对学校提出新的要求：其一，学校应立即废除种族不平等政策，以便使少数民族学生和波斯族学生合校就读，学校应鼓励少数民族学生选读升大学的预备课程，一般不采用按能力分班的形式，以防学生过早分化；其二，学校应保证每位学生均等的教育机会，改善少数民族学生和欠发达地区的教育资源（如较好的师资、设备）等。

学校废除种族不平等政策在伊朗各地几乎普遍推行，但对这项政策的争论一直持续至今。

（六）伊朗教育政策制定模式的启示

综合上述模式述评与案例分析，可以发现，当代伊朗教育政策的制定有以下几方面特点：

1. 方法理性化

方法理性化，是伊朗教育决策的一个主要特点。理性化的方法不完全等同于量化的方法，但它也强调客观的计量和数据推理。一般而言，任何教育行政的决策，都需要经过实证调查与实际访谈，以期能获得客观的依据。客观合理地取得的量化调查数据，是最有价值的。由于计算机技术以及大量应用于社会科学的数学模型的建立，使得教育政策制定过程中计量比较、数据分析不仅成为可能，而且也更为可靠。伊朗教育采用的理性化方法显然并不排斥直觉判断与专家经验，它重视专家经验，主张合理地发挥专家的作用。合理的量化手段与专家经验的结合，是伊朗教育决策的主要特点之一。

2. 模式多样化

通过以上对伊朗教育政策的宏观因素分析，我们可以看出：一方面，随着政策科学的发展，政策研究的深入，使得我们对伊朗教育政策制定的一般性过程有了全面的认识；另一方面，随着伊朗教育的社会化、终身化的发展，涉及的范围也更加广泛，因此教育问题不仅越来越多，而且愈加复杂。多样化的问题客观上也促使产生不同的解决问题的模式。人们努力追求合理地制定政策的方式，不同的问题只有用不同的方式解决，才会取得实际成效。因此，面对迥然不同的教育问题，互不相同的政策制定模式也在伊朗逐渐产生。模式的多样化不仅是伊朗教育发展的必然结果，也促使伊朗教育主管部门在制定政策时做出选择、比较，开拓思路，进而找出一个最佳的解决当前教育问题的方式。

3. 决策过程民主化

进入当代社会以来，伊朗教育政策制定过程中的民主化受到人们的关注。对民主参与的重视，也是伊朗教育模式的一个明显特征。一是由于一项大的教育决策涉及许多人，可能影响到众多人的利益，社会影响大，必须经由广泛的民主参与，做到客观、公正、合理。二是教育政策问题的解决往往涉及政治、经济、法律等领域，不是一个部门、一个方面的专家所能完成的，必须协调各部门，邀请多方面的专家，吸引各个阶层人士的广泛参与方可实现。也只有如此，制定的政策才可能切合实际，有效。民主化的过程还可以起到宣传、解释的作用。

4. 教育人才的专业化

伊朗教育主管部门十分注重提高直接参与政策制定的人员素质，做到教育人才的专业化。教育人才的专业化包括两个方面：一是要求教育行政人员充实有关知识、提高决策能力；二是任何一项教育政策的制定必须要有相当比例的教育专家及相关学科的专家参与，与各有关方面的专家合作，或委托专家进行专题研究，保证政策的质量。

第三章 伊朗学前教育

伊朗学前教育的显著特点是全面普及、均衡发展，主要得益于伊朗政府较早把学前教育作为教育系统的有机组成部分，加大学前教育经费投入，提高学前教师的素质和待遇，完善学前教育的评估和监督体系，先后出台了一系列政策法规来保障学前教育的经费、管理和师资队伍建设。为此，本章主要介绍伊朗学前教育的历史沿革、学前教育发展现况、学前教育章程、制度和课程改革、学前教育值得关注的新变化，伊朗学前教育对我国的学前教育的有益启示。

一、伊朗学前教育历史沿革

伊朗学前教育体制是在幼儿教育基础上形成的，它经历了从非专业到国民教育专业的发展过程。① 1904 年，伊朗政府制定《幼儿园法案》，同年伊朗第一所被命名为"儿童花园"的幼儿园正式成立。之后，幼儿园在各大城市和工人居住地逐渐建立起来。当时，兴办幼儿园的目的是解决在城市近郊和生产一线职工子女无人照顾的问题。②

---

① ［苏］米·谢·伊凡诺夫：《伊朗史纲》，李希泌等译，三联书店 1973 年版。

② Ministry of Education, *Research Organization and Education planning*, Education system of the Islamic Republic of Iran, Tehran：Office of Research on World Education Systems, 1983.

　　学龄前是一个逐渐脱离家庭环境，开始与其他孩子密切接触、了解学校情况的阶段，每个国家根据本国国情和需求对 3—6 岁的儿童进行培养。世界许多教育家如夸美纽斯、卢梭、赫尔巴特、裴斯泰洛齐、福禄贝尔、蒙台梭利、让·皮亚杰对幼儿教育都极为重视。卢梭强调要十分重视儿童身体的锻炼与活动。他认为，儿童的自然爱好，如好奇、玩耍对教育孩子起着十分重要的作用。[①] 德国学前教育家福禄贝尔认为幼儿教师是幼儿园的基石。[②] 他于 1837 年在德国一个小城市为 3—8 岁的儿童开办了一所幼儿园。他所持的关于幼儿园建设和发展的观点受到了世界各国的关注。

　　在伊朗，学前教育一般在幼儿园进行。1919 年，德黑兰和伊朗其他一些城市开设幼儿园。[③] 1924 年大不里士开设了第一所幼儿园，1928 年设拉子市也开设了一所幼儿园。1933 年伊朗政府通过幼儿园章程，规定进入幼儿园的儿童年龄为 3—7 岁。[④] 1955 年，伊朗在文化部行政机构中专门设立了一个部门管理幼儿园事务，1956 年伊朗政府为管理幼儿园设立新的章程，规定 3—6 岁的儿童必须在幼儿园上学。[⑤]

　　随着城市和乡村教育的不断发展，1965 年，在伊朗教育制度中幼儿园被确立为教育第一阶段。[⑥] 1970 年，伊朗高教部进一步完善了幼儿园章程，该章程确立了幼儿教育的目标、计划和入学条件。[⑦] 1971 年，小学教育管理局设立了机构，专门负责为幼儿园制定教育计划，开发和督查幼儿园的教学。[⑧] 1975 年幼儿园办学引起伊朗各级政府的进一步重视，

---

① ［法］卢梭：《爱弥儿》，商务印书馆 1982 年版，第 179 页.

② ［德］福禄贝尔：《福禄培尔幼儿教育著作精选》，华东师范大学出版社 2009 年版，第 20 页。

③ Planning Organization, *Education in third development plan*, Tehran：Office of Publications, 1967.

④ Ǧ-Ḥ Moṣāḥeb, ed, *Dāyerat al-maʿāref-e fārsī*, 2 vols., Tehran, 1345-56 Š., 1965-77.

⑤ Ǧ-Ḥ Moṣāḥeb, ed, *Dāyerat al-maʿāref-e fārsī*, 2 vols., Tehran, 1345-56 Š., 1965-77.

⑥ *Education in Iran*, WENR, 2017.02.07.

⑦ A. Ḵāqānī, *Barrasī-e taḥawwolāt-e āmūzeš o parvareš-e Īrān*, Tehran, 1352 Š./1973.

⑧ A. Ḵāqānī, *Barrasī-e taḥawwolāt-e āmūzeš o parvareš-e Īrān*, Tehran, 1352 Š./1973.

小学教育计划办公室更名为幼儿园和小学教育办公室。[①] 1974—1975 年由教师培训机构监督对幼师进行 6 个月至 1 年的培训，要求持初中毕业证的人员经培训后方可担任幼师。在部分大学和专科学院还设立了小学学前教育系。[②] 教育部的官方统计数据表明[③]：1998—1999 年，伊朗全国共开设 4227 所学前班，接收 220025 名儿童；2007—2008 年学生数量约为512000 名。1989 年伊朗教育制度中再次强调创立和推广学前班的重要性，并确定这是普及教育的第一阶段。学前班学期为两年，5 岁以上所有儿童必须要上学前班。[④] 1994—1999 年伊朗文化、社会和经济第二个 5 年发展计划中明确规定[⑤]：第一，学前班学生数量应当在 1998—1999 年中增加到 58 万人。第二，乡村和部族所有双语地区的儿童必须接受 1—2 个月的学前班教育，其开支由政府提供。第三，对教职员工的孩子以集中方式或以附属小学方式进行学前教育。第四，平均每 25 名儿童拥有一位幼师。第五，双语地区学前班所需教师由教育部派专任教师担任。第六，非政府创办的新幼儿园应得到加强。

二、伊朗学前教育发展现状

主要分为三个阶段：第一个阶段 1965—1988 年是学前教育的初步阶段，主要是根据立法明确职责来推进的。第二个阶段 1989 年是普及阶段，细化学前教育的运营形式。第三个阶段是深化改革阶段，提高学前教育的目标和教育标准。最终形成了基本接近发达国家学前教育水平的良好

①　J.-'A. Bāḡčabān, *Zendagī-nāma-ye Jabbār Bāḡčabān*, Tehran, 1356 Š./1977.

②　Markaz-e barnāma-rīzī-e āmūzešī, *Gozāreš-e mo'assasa-ye barnāma-rīzī-e 'elmīo āmūzešī*, Tehran, 1356 Š./1977.

③　*Ministry of Education's Statistics yearbooks (2000-2013)*, Ministry of Education, Centre for Educational Statistics.

④　F. Mofīdī, *Āmūzeš o parvareš-e pīš-dabestānī o dabestānī*, Tehran, 1372 Š./1993.

⑤　*National economical, social and cultural development plans*. Management and Planning Organization, 2000-2011.

模式。

（一）学前教育普及程度

在许多国家学前教育都占有十分重要的地位。许多发达国家和发展中国家把学前教育纳入普及教育制度中。① 比如：荷兰在 1990 年宣布，4 岁以上儿童的教育属于普及教育。德国、澳大利亚、法国、韩国、加拿大、马来西亚、南非和我国台湾地区致力于把幼儿园教育纳入普及教育之中。瑞典在 1995 年宣布，公立幼儿园必须接收 18 个月以上的幼儿。在日本，儿童在进入小学前必须先进入幼儿园。在日本 5 岁儿童中，90% 以上的儿童都在入学前先进入幼儿园，其中 60% 的幼儿园是私立幼儿园。经研究结果证实：接受过学前教育的儿童比未接受过学前教育的儿童获得成功的概率更高。未接受学前教育的儿童日后所需要付出的辛苦和努力是接受过学前教育儿童的 7 倍。② 伊朗的幼儿教育研究结果证实：学前教育对小学教学及基本课程产生重要影响。儿童心理学研究表明：3—6 岁是儿童性格形成、培养儿童感觉和想象力的重要阶段。③ 夸美纽斯、卢梭、裴斯泰洛齐、福禄贝尔、蒙台梭利、皮亚杰等著名教育家研究都表明：从语言表达能力、身体发育、社会感情、认知和道德成长以及创造力发展的角度来说，儿童时期极为重要。④

在伊朗的城市和乡村十分重视儿童时期的教育。儿童心理学家和教育学家强调，应当关注儿童在幼年的个性培养。研究结果也证明：儿童时期的教育非常重要，其对小学教育影响很大。伊朗宪法和教育法律法规中

---

① *Education for ALL （EFA） National Document*，Ministry of Education with cooperation of Management and Planning Organization，2001.

② *Education for ALL （EFA） National Document*，Ministry of Education with cooperation of Management and Planning Organization，2001.

③ *Education for ALL （EFA） National Document*，Ministry of Education with cooperation of Management and Planning Organization，2001.

④ *Education for ALL （EFA） National Document*，Ministry of Education with cooperation of Management and Planning Organization，2001.

都直接或间接提到了这个问题。①

如表 3-1 所示，从伊朗约 8027.7 万人口中 7.75% 的人口，也就是说约 550 万人处于 0—4 岁之间，7.81% 的人口（5505000）处于 5—9 岁之间，5 岁学前人口约为 170 万，占伊朗总人口的 2.4%。在 2013—2014 学年间有 552932 人在 20543 所教育中心接受教育，而这些接受教育的儿童在伊朗 5 岁儿童的比例中只占很少的一部分。根据 2015—2016 学年教育统计数据，455844 名儿童在伊朗全国 17071 所学前教育中心报名登记。通过伊朗教育统计年鉴可以看到，伊朗的学前教育入学普及率比例接近于较发达国家学前教育的水平。②

表 3-1　2014 年伊朗人口年龄段数量百分比

年　龄	人口数量	百分比
0—4 岁	5461000	7.75%
5—9 岁	5505000	7.81%
10—14 岁	6705000	9.52%
15—19 岁	8723000	12.38%
20—24 岁	9007000	12.77%
25—29 岁	7222000	10.24%
30—34 岁	5556000	7.88%
35—39 岁	4919000	6.98%
40—44 岁	4087000	5.80%
45—49 岁	3521000	5%
50—54 岁	2754000	3.91%
55—59 岁	1887000	2.68%
60—64 岁	1464000	2.08%
65—69 岁	1197000	1.70%

① *The Future Outlook of the Islamic Republic of Iran in the Horizon of the Next Two Decades*, Management and Planning Organization, 2003.

② *Education for All 2015 National Review*, Islamic Republic of Iran, Tehran: Office of Research on World Education Systems.

续表

年　龄	人口数量	百分比
70—74 岁	119000	1.59%
75—79 岁	694000	0.98%
80 岁以上	645000	0.92%
总人口	70472846	100%

数据来源：根据《伊朗教育年鉴》（2015 年）统计整理。

（二）学前教育改革

伊朗高教部于1970年在幼儿园章程中明确规定[①]，创办学前班的基本目标是为培养德智体全面发展的儿童创造条件。第一，帮助儿童在德智体、社会和个人方面全面发展。第二，培养儿童健康强壮的体格，为进入小学做好准备。第三，培养和发掘儿童的天赋和才能。第四，掌握基本知识，为进一步培养儿童的兴趣和爱好做好准备。第五，为在贫困和双语地区的儿童学习创造必要条件。第六，帮助低收入家庭教育和培养儿童。1988 年，伊朗教育总目标提出的教育制度改革方案中进一步明确了学前教育、小学教育的培养目标。[②]

伊朗的学前教育目标分为基本目标，阶段目标，具体目标。以上三个层次的教育目标，构成了一个金字塔式的目标层次结构。各阶段目标之间是相互衔接的，体现了学前儿童心理发展规律以及教育要求的渐进性。

1.学前教育总则修订

1994 年伊朗修订后的学前教育总则强调，应关注学前教育如下原则[③]：第一，关注儿童的营养、身体健康、儿童的卫生及心理。第二，关注每个儿童个性差别。第三，关注和培养儿童的创造力和想象力。第四，

---

① Ministry of Education，Tehran：1993.

② Ministry of Education，Tehran：1993.

③ Literacy Policies in Islamic Republic of Iran approved by Supreme Council of Education，2006.

以不同形式关注和培养儿童的不同兴趣爱好。第五，活动和游戏是学前教育计划最重要的核心。第六，应重视和鼓励儿童的好奇心。第七，注重培养儿童的全面发展及培养儿童的品格。

伊朗的学前教育总则为学前教育机构的发展以及学前儿童教育的具体实施建立了基本遵循。例如，从学前教育总则的表述中，我们可以发现：关注儿童的兴趣与爱好、培养儿童的创造力和想象力、培养儿童的品格和个性等多方面提出学前教育的目标；充分考虑了目标确定的全面性与整体性原则。

2. 学前教育课程变革

伊朗的学前教育是根据儿童的特点来制定课程大纲的。伊朗学前教育课程是结合儿童的身体素质、认知程度、感知等多种因素，具体根据年龄段来制定教学课程。重点结合如下两个方面的特点[1]：一是在课程制定中加强对儿童体育锻炼方面的培养。二是在具体制定学前教育课程过程中，注重与儿童互动教学。儿童好动、活泼、顽皮、易疲劳；好奇、好问；智力开发快；单独完成一些动作；自私、我行我素；喜欢表现自己；没有持久的爱好，男孩与女孩的爱好存在不同；需要关爱；喜欢有规则的游戏；注意力是有限的；热衷于井然有序的学习，更多是在实践中学习；喜欢表现自我，喜欢与同龄人竞争。由此可见，伊朗的学前儿童教育是结合学前儿童的特点来制定课程大纲的，具有针对性和实效性。它既体现了学前儿童的年龄特点，又反映了科学教育活动的客观规律。

（三）学前教育机构和师资力量

为了普及伊朗学前教育，增加学前教育机构的数量，鼓励幼儿园多种运营方式来快速发展。伊朗目前幼儿园有六种运营形式[2]：一是私立幼

---

[1] *Mid-decade Assessment Report*，Ministry of Education with cooperation of Management and Planning Organization，2007.

[2] *Fundamental Reform Document of Education（FRDE）in the Islamic Republic of Iran*，Supreme Council of Education，Ministry of Education，2011.

儿园。二是由政府机构和家庭出资创办的公立幼儿园。三是隶属于劳动
部由企业创办的职工子弟幼儿园。四是隶属于教育部的教职员工子女幼
儿园。五是与儿童有关的卫生组织所支持的协会创办的幼儿园。六是乡
村创办的幼儿园。通过以上运营形式，使得学前教育机构数量在短时间
内快速增长。同时，对于幼师素质提升也采取了强有力的措施。伊朗教
育学家强调：要选拔优秀的、品学兼优且具有宗教信仰的幼儿教师。伊
玛目穆罕默德·安萨里认为，幼儿教师对儿童的行为产生很大影响。幼
儿的模仿能力很强，他们的眼睛紧紧盯着老师的一举一动，耳朵倾听着
老师的讲话。老师认为是好的，他们就会认为是好的，老师认为是不好
的，他们也会认为是不好的。1988年，伊朗教育制度改革方案中对幼
儿园教师提出如下要求①：第一，学前幼师应当从最优秀、最敬业、并
且热爱学前教育事业的教师当中挑选；第二，除具有一般条件之外，还
应具有如下特点：乐观精神、宽容和坚忍、尽量从女性当中挑选。第
三，热爱学龄前的儿童。第四，幼儿教师应受到专业培训。第五，幼儿
教师应热衷于学习和关注学前教育有关的知识和新信息。第六，应给幼
儿教师良好的待遇。除聘请合格的幼儿教师之外，学前教育中心还应当
聘请儿童顾问，以便通过多种方式解决在教育培养幼儿过程中所遇到的
问题。

　　通过对伊朗学前教师的特点研究，我们可以看到，伊朗对幼师的培
养、选拔、聘用、培训都有明确的要求，为学前教育的发展奠定了深厚的
基础。目前，伊朗学前教师队伍中80%以上都是大学或更高学历，90%
以上幼儿教师都有资格证并且参加过专业培训。这对于我国幼儿教师的培
养具有一定的借鉴意义。

---

① *National Census Results* (*2006 and 2011*)，Iran Statistics Centre，2007 and 2012.

三、伊朗学前教育值得关注的新变化

（一）学前教育章程和课程改革

2013 年 2 月伊朗政府通过并宣布实施学前教育的新章程。[①] 该章程中介绍了学前教育、学前教育总目标、学前教育总则。该章程第一条要求：学前班学期为两年，4—6 岁的儿童被纳入学前教育计划中。第二条确定学前教育目标如下：第一，关注儿童的体能、智力、协调能力及健康成长。第二，关注儿童的感情发展、自信心、认识周围环境和对美好事物的认识。第三，为儿童参加和组织各类活动创造条件。第四，增强儿童对宗教、价值观及民族的认同。第五，培养儿童具备良好的个人和社会行为。第三条对学前教育总则提出如下要求：第一，尊重儿童的个人兴趣爱好。第二，关注儿童的成长，培养儿童的不同兴趣爱好。第三，在教育过程中，优先考虑游戏和令人愉快的活动，远离死记硬背、生搬硬套的教育方式。第四，学前儿童教育的培养目标要与小学的教育培养目标保持协调一致。根据伊朗教育新章程，学前教育应在符合相关法律和法规的条件下以公立、私立的形式办学。伊朗教育部承担管理和提供学前教育的师资力量。

伊朗最高教育委员会于 2014 年 4 月规定[②]：教育部教学研究和计划机构应使用专家和权威人士的研究成果和教材来制定国家教学课程。该计划制定了国家课程的目的、原则、教学内容、课程评估、课程改革等内容。内容如下：第一，学前班开设为期两年，从 4 岁开始。第二，公立和公共学制由初小（6 年）、初中（3 年）、中专或高中（3 年）组成。初小和初中学校教学时间为 40 个周（每周 5 天）200 天，高中的教学时间为 44 个

[①] *Educational Evaluation Indicators and Standards*，Document Approved by Supreme Council of Education，2013.

[②] *Iran's Over education Crisis*：*Causes and Ramifications*，Nader Habibi，Crown Center for Middle East Studies No. 89，Brandeis University，2015.

周 220 天。因伊朗各省气候存在不同，学校开课时间也存在一些不同。在该计划中学习内容包括：思维、思考、信仰、科学、行为、努力、道德、礼仪。学习领域包括思想、哲理、古兰经、伊斯兰学、波斯语言和文学、文化、艺术、身体健康与锻炼、工作与技术、人文学、社会研究、数学、经验学、外语、生活习惯和技巧。

根据 2014—2015 学年教育部提供的官方统计数据：伊朗全国约 1500 万名学生，其中 3.69% 的学生上过学前班，552932 名儿童在 26589 所公立和私立学校学习。通过以上数据和新章程要求可以看到：伊朗学前儿童入学比率不断增长，伊朗学前教育的价值趋向注重发展儿童的情感态度和探究、解决问题的能力，以及如何与他人、与环境积极交流与和谐相处。这是一种与伊朗传统的教育完全不同的教育观和教育实践。

（二）学前教育制度改革

伊朗政府制定了《2005—2025 年教育发展的愿景目标》，关于学前教育的具体内容有以下几点：第一，学前教育发展要注重培养儿童的实践动手能力和创新意识。政府通过制定符合学前儿童特点的教育质量标准，明确儿童发展核心素养要求，进一步完善学前儿童教育质量标准体系。第二，推动学前儿童教育高水平高质量普及发展。以农村学前教育为着重点，提高学前教育的普及水平，加大对公办幼儿园和民办幼儿园的财政支持和投入，建立更为完善的学前教育管理体制。第三，建设高素质专业化创新型幼儿教师队伍。强调要进一步完善幼儿教师资格认证体系和行业准入制度。健全幼儿教师的岗位、考核评价制度。建设和培养高素质幼儿教师队伍，建立高校幼师人才培养机制，以幼儿园为实践基地，形成开放、协同、联动的专业化培养体系。

（三）学前教育与世界较发达国家学前教育接轨

21 世纪以来，伊朗全面提升教育领域国际交流合作水平，加强与联合国教科文组织等国际组织和多边组织的合作。积极参与国际教育规则、标准、评价体系的研究制定。推进与国际教育组织及其他国家专业机构的教育交流合作，健全对外教育援助机制，开创国际教育对外开放新格局。通过伊朗学前教育研究，我们可以看到，伊朗政府高度重视学前教育国际交流的投入和幼师外语教育的培养。在学前教育国际交流投入方面，伊朗政府在政策和财政上都给予大力支持，特别支持外资企业创办幼儿园学前班，这对于我国教育而言具有很好的借鉴意义。伊朗借鉴发达国家在社区办学前教育的经验，规定了在一定人口数量的地区，要求当地行政部门必须要建立相对应的数量的幼儿园，必须按照人口数量比例开设幼儿园。与此同时，伊朗对于幼师的培养也十分重视，要求幼师必须进行岗前专业化培训和继续教育才能从业，这为伊朗的学前教育发展奠定了良好的基础。所以，学前教育与国际交流接轨对于伊朗教育的发展有着十分重要的意义。

四、伊朗学前教育发展对我国学前教育的启示

通过对伊朗学前教育的研究，我们发现，我国学前教育在发展中存在着一定缺憾，因此，伊朗学前教育的发展经验对于我国学前教育的均衡发展具有一定的借鉴意义。

（一）加大学前教育经费投入

学前教育的发展离不开政府财政的大力支持。从 1989 年开始，伊朗政府对教育法律进行修订和规范化。1989 年 7 月通过修改后的新宪法中政府十分重视教育的发展问题。政府强调在财政经济支持的前提下普及本国儿童和青年教育，并逐步延伸到高等教育，这就为伊朗学前教育的快速发展奠定了良好的基础。相比而言，我国学前教育总经费在全国教育经费总量中仅占 1.2%—1.3%。① 《中国教育统计年鉴》数据显示，2008 年，我

---

① 韩秉志：《教育部：3 年来学前教育财政投入持续加大》，《经济日报》2014 年 2 月 27 日。

国学前 3 年儿童毛入园率为 47.3%，城市近 60%，农村仅为 37%。① 通过调查了解到，我国公办幼儿园数量比例偏少，民办幼儿园在我国占大多数，这说明我国大多数幼儿园都是依靠举办者自筹，这就需要政府加大学前教育经费的投入。

（二）提高学前教师的素质和待遇

提高学前教育发展质量关健在于幼师，伊朗对学前教育幼师的培养、选拔、聘用、培训都有明确的要求，为学前教育的发展奠定了基础。目前，伊朗学前教师队伍中 80% 以上都是大学或更高学历，90% 以上幼儿教师都有资格证并且参加过专业培训。从我国学前教育的现实来看，幼儿园教师学历偏低、缺乏专业资质培训、幼儿教师在城镇和乡村的数量比例不均衡等问题依然存在。仅从学历来看，城、乡专任幼儿教师的学历层次所占百分比分别是：研究生占 0.30%，0.03%；本科生占 14.20%，4.17%；专科生占 54.30%，34.48%；高中生占 29.73%，54.47%；高中以下占 1.47%，6.85%。农村幼儿教师学历为高中及以下者占 61.32%。② 通过学习伊朗学前教育的发展经验，我们就能看到，我国一是要注重培养高质量的幼儿教师，加强对幼儿教师岗前培训的力度，要求幼儿教师持相关的幼儿教师资格证上岗工作。二是要提高幼儿教师的薪资待遇，确保幼儿教师的正常生活经济来源，为学前教师队伍的稳固性打好基础。

（三）完善学前教育的评估和监督体系

综观伊朗学前教育的发展，从中我们可以看出，伊朗政府注重完善学前教育的评估和监督体系。通过制定相关的教育法律、法规，保障学前教育的良性发展。从我国的实际情况来看，2015 年颁布的《中华人民共和国教育法》第二章提到"国家实行学前教育、初等教育、中等教育、高

① 洪秀敏、庞丽娟：《学前教育事业发展的制度保障与政府责任》，《学前教育研究》2009 年第 1 期。
② 孟香云：《关于促进城乡幼儿教育均衡发展的思考》，《教育导刊》2010 年第 11 期。

等教育的学校教育制度。"国家制定学前教育标准，加快普及学前教育，构建覆盖城乡，特别是农村的学前教育公共服务体系。随着"二胎"政策放开，幼儿数量的增多，幼儿园供不应求的问题亟须引起重视。同时农村学前教育的发展在政策执行过程中，还需要进一步完善。比如，公立幼儿园和私立幼儿园自行安排教材，各不相同，缺乏科学性、统一性。在教学方式上，缺乏让幼儿多参与丰富多彩的户外活动。因此，要加快发展我国学前教育可持续发展，就需要进一步制定和完善学前教育法规、考核监督机制，建立科学、完整、合理的学前教育考核指标体系。当前，为了全面提升我国学前教育的整体发展水平，教育部在《国家中长期教育改革和发展规划纲要（2010—2020)》中已明确指出要逐渐普及学前教育，各地方政府教育行政部门正致力推进学前教育的普及与均衡发展，伊朗学前教育的发展经验对于我国学前教育的发展具有一定的借鉴意义。

第四章　伊朗基础教育

伊朗基础教育主要分为三个阶段：第一个阶段是小学教育。教育对象一般为6—11岁儿童，主要培养小学生的基础学习能力。第二个阶段是初中教育，教育对象是12—13岁的少年，在初中除了学习知识外，还关注少年的身体、智力、社会、感情、道德发展并为其提供引导和服务。第三个阶段是高中教育阶段，也即中等教育。高中学生的教育年龄一般在14—17岁。

一、伊朗小学教育

（一）小学教育的定义与重要性

小学教育即初级教育。伊朗普及小学教育有严格的要求。第一，义务教育法和宪法对初级教育实行普及化、强制性和义务性。6—11岁的儿童不仅要接受初级教育，且由于家庭条件原因而造成的教育缺陷在这个阶段可得到弥补。第二，学生进入初中的条件是必须要经过小学，这样既从质量和数量方面改善了小学教育，同时也减少了学生在下一阶段教育中所遇到的困难。第三，小学教育在城市和乡村同等对待，使每个儿童都能在初级教育阶段进行学习。

（二）小学教育的特点

伊朗的小学教育，注重培养小学生的实践动手能力。政府通过制定符合小学生特点的教育质量标准，明确小学生发展核心素养要求，进一步完善小学生教育质量标准体系。

（三）小学教育的形式与类型

随着人类科学和技术不断发展、文化和文明不断传播、城市人口与日俱增，人们逐渐意识到了给儿童和青少年传承文化和文明的必要性。根据小学教育的特点对儿童和青少年进行教育和培养，在伊朗小学教育的形式有以下几种类型：

1. 家庭教育

教育首先从家庭开始。在伊朗家庭教育中，长辈对晚辈进行宗教、道德、知识教育。在伊朗古代教育中，家庭是官员、贵族和富人教育和培养孩子的最重要地方。

2. 私塾教育

私塾是扫除文盲的主要地方，在这里完成初级和普及教育，这种教育适合伊朗乡村教育。儿童们一般到6岁或7岁才能进入私塾，私塾学制为8—9年。私塾的教育目标是进行宗教和道德教育，教授文化和知识。在私塾中，孩子们除了学习字母、阅读和书写之外还学习古兰经。在课程设置、教学方式、教育、学习环境、规章制度方式等方面私塾与公立学校有明显区别。

3. 学校教育

1893年伊朗开始建立新式小学。君主立宪制结束后，伊朗政府、基督教传教士建立了多所新式学校。1901年，德黑兰和其他城市约有70所新式小学。1911年，教育宪法为建立和扩建小学制定了规章制度。1918—1919年伊朗开设了295所学校，共有23033名学生在这些学校学习。1922—1923年有612所女子和男子小学、初中和高中学校，学校共有55131名学生。随着男子和女子师范学校以及后来初级师范学院的成立，2008—2009 年，伊朗全国共有 59826 所小学，有 5654969 名在校小学生。中小学正式教职员工约为 30 万人，其中女性为 168812 人。

目前伊朗实行 6—11 岁的义务教育制，对 6—11 岁儿童进行初等教育，属义务教育的前 5 年。5 年中共分为二段：小学第一阶段 1 年，小学第二阶段 4 年。5 年小学毕业后，通过考试即可升入中学。2000 年伊朗教育最高委员会成立教育机构，章程规定：每年的 7 月 1 日，只要是年满 6 周岁的儿童都可报名入学，接受 5 年的义务制教育。2001—2002 年教育部统计数据显示，伊朗小学生数量达 7513015 名，其中 52.24% 是男生，47.76% 是女生。城市学校学生人数占人数的 58.32%，农村学生人数占 41.68%。2001—2002 年，城市和农村有 68836 所小学，其中 2355 所是非营利性小学，66481 所是国立小学。

（四）小学教育的目标

伊朗小学教育目标分为两个阶段，分别是小学一年级目标和小学二至五年级目标。目标从认知、情感和心理三个方面进行确定，遵循小学生身体、心理发育规律。特别是 2000 年伊朗最高教育委员会确定的目标，从小学生信仰、道德、知识和教育、文化艺术、社会、环境、政治、生活等方面，进一步完善了小学教育目标。

1. 小学生培养目标：

（1）认知目标

① 教授卫生和安全方面重要性的认知，使小学生对自己周围社会环境和自然环境有所了解，使他们养成良好习惯。

② 向他们介绍初步的科技知识奥秘，将他们的注意力引向正确的人生观方向。

③ 传授关于宗教义务的必要知识，介绍众先知和先贤们的事迹，了解自《古兰经》部分简短章节的经文，认识礼拜意义。

④ 培养小学生对文学艺术的爱好，教授阅读、书写、计算初步能力，开发小学生的动手思维能力。

（2）情感目标

① 培养孩子对上课和学习产生兴趣。

② 使孩子对爱国的价值观、传统和习惯产生兴趣。

③ 以适当方式教授亲情、感情以及如何表达感情。

（3）心理—行为目标

① 培养儿童的身体和心理健康，使他们保持朝气蓬勃的心理状态。

② 使他们养成遵守纪律的习惯，为培育孩子的兴趣爱好创造条件。

③ 注重培养小学生的卫生和安全习惯，注重加强阅读、书写和应试能力的培养。

（4）信仰方面

① 了解宗教原理，爱真主。

② 了解众先知的生平，尤其是伊斯兰伟大先知的生平，热爱他们。

③ 知道人类是怎样产生的。

④ 尊重宗教先贤、先辈和爱国杰出人物。

⑤ 了解《古兰经》的章节内容。

⑥ 知道部分圣训的文化内涵。

⑦ 了解与礼拜和斋戒有关的必要教法，知道清真寺的礼仪。

⑧ 女孩了解与青春期和教法有关的问题，知道并遵行重要的教法。

（5）政治方面

① 了解伊朗伊斯兰共和制，尊重国旗，背诵国歌。

② 了解伊朗伊斯兰共和国奠基人的生活，尊重和纪念他。

③ 认识独立和自由在社会进步中的重要性。

④ 热爱自己的祖国；热爱宗教和教法权威；热爱寻求公正和正义的人。

⑤ 了解伊朗各民族，认识民族团结和安全的意义。

（6）道德要求

① 孝顺父母，待人接物要诚实，尊重长者是自己的义务，完成个人每天的义务。

②服饰着装要遵守相关法规，穿着端庄整洁，对待别人应保持礼貌态度。

③在与他人交往时使用友好和友善的语言。

④按时完成自己的学习任务。

⑤无论是在家里还是在学校，或在社会中都应遵守纪律和规章制度。

（7）知识方面

①了解自然现象，掌握社会中生活的基本技能。

②培养学生语言表达、阅读书写和数学等方面的能力。

③掌握波斯语言，可读书看报。

④认识信息在生活中的重要性及其价值。

（8）文化艺术方面

①关注自然生态，热爱自然和谐。

②从观赏艺术作品中获得知识和启发。

③在完成文化、艺术课时展现自己的鉴赏能力。

④热爱传统文化，了解部分优秀经典作品，喜欢阅读诗歌和小说。

（9）社会方面

①尊重教师和家长，清楚并遵守学校的规章制度和社会法律法规。

②积极参加集体运动和活动，爱护和帮助同学。

③在公共场合说话要有礼貌，坐、走路和行动时要保持正确姿态。

④保持个人和社会卫生。

⑤保护生态环境，认识免疫的重要性。

⑥通过适当的锻炼和体育活动增强自己的体能，为保护自己和别人的健康做出努力。

通过以上分析，我们可以看出伊朗的小学教育每一个目标都是上一层目标的具体化，具体目标的实现最终达到高层次目标的实现，符合小学教育发展规律。

（五）小学教育的原则

伊朗初级教育原则为小学教育的具体实施建立了基本遵循。例如从基础教育原则的表述中，我们可以看到：关注小学生的兴趣与爱好、注重培养小学生智力和艺术、培养小学生的个性等方面提出的初级教育原则，充分考虑了原则确定的全面性和整体性。

1. 关注小学生对学习产生的兴趣，并向他教授学习的方式。

2. 加强小学生好奇心的培养。

3. 为小学生科学认识环境（自然和社会环境）创造条件。

4. 教师在课堂教学中对教授基本信息（地点、数字、时间和原因等）应给予重视，以此培养小学生的思维，这种思维是建立在客观和直观基础之上，必须让小学生体验这些问题。

5. 为开发小学生的兴趣和智力创造条件。

6. 重视对小学生的智力和艺术培养。

7. 让学生了解波斯语言和文学基础，选择小学生容易理解感兴趣的内容。

8. 小学生具有很强的模仿力，会把教师当成自己的榜样，教师应当保持优良美德。

9. 小学教育通过学校和家庭来进行，学校、家庭之间应建立密切的联系。

10. 在小学的最后一年，应当尽量让小学生了解身体和心理发生的变化情况。

11. 培养小学生锻炼身体，养成保持卫生的习惯，向小学生教授卫生和安全要领。

12. 鼓励小学生参加学校管理，把适当的责任交给他，以此对小学生进行社会教育。

（六）小学教师的特点

小学教师在伊朗初级教育中占有十分重要的地位。1918 年，伊朗政府为培养小学教师先后成立了男子和女子师范学校。随着学校不断增多，对小学教师的需求越来越大，除了初级师范学院之外，还建立 1—2 年短期教师培训中心。随着这些培训中心以及大学和高级教育中心的数量不断增加，小学教师通过继续深造，获得大学本科学历、学士学位甚至更高学历和学位。2006—2007 年教育部统计数据显示，38% 的小学教师获得了高中文凭，37.5% 的小学教师获得了大专文凭，23.9% 的小学教师获得了本科文凭甚至更高级别的文凭。通过以上数据可以看出，小学教师获得学历证书的比例不断增加，这与他们的职业特点有关：第一，身体和心理健康。第二，热爱教师职业。第三，喜欢孩子，喜欢教授学生知识，并具有与学生建立友好关系的能力。第四，熟悉教师职业的特点，并掌握广泛的知识。第五，在实践和理论方面保持信仰。第六，具有管理教育事务的能力。第七，有与学生、家长和同事进行沟通的能力。

通过对伊朗小学教育特点研究，我们可以看到，伊朗重视对小学教师的培养，并对小学教育提出了明确的要求，这为伊朗初级教育的健康发展提供了保障。

（七）小学课程计划

伊朗小学阶段学习的主要课程包括：《古兰经》、宗教知识、波斯语基础读本、社会常识、数学、语文、卫生、艺术（绘画、书法、手工）和体育。该阶段每节课为 50 分钟。

根据伊朗法律法规，小学阶段的教材由教育部统一审定和发行。出版发行任何教材和书籍，都必须由教育最高委员会审核通过。为了方便授课，使教师熟悉教材内容，大多数课程都给教师提供引导手册。

小学阶段测试主要分为两次，一次是在每年的 11 月 1—10 日，第二次是 3 月底。第一次每节课的分数属于期中考试，第二次每节课的考试分数属于期末考试，被记录在小学生的成绩册上。小学五年级的第二次考试是通考，由教育机构统一安排进行。3 月的考试如果通过小学生们就可升级，同时还需要具备以下条件：第一，平均分数不能少于 10 分。第二，小学生每节课的期末考试都不能少于 10 分。第三，每年每课的分数不少于 30 分。每年期末考试后，平均分少于 7 分的就被留级。

课程计划是所有规则和规章制度的总合，它把与学习有关的所有元素安排得井然有序。因此，在伊朗小学教育制度中，小学课程计划遵循以下原则：第一，必须与小学教育目标保持一致。第二，必须与小学生的成长阶段保持一致。第三，必须遵守学习时间。第四，保持足够的灵活性，不能阻止教师选择教学方式及学生发挥个人特长。第五，课程要与培育学生科技爱好相联系。第六，使小学生对学习产生兴趣。第七，与小学的教学方式保持一致。第八，与小学生的生活和社会需求保持一致。第九，结合当地情况和地区需求，尊重社会价值观和文化遗产。第十，在各年级课程内容之间建立合理的联系。

伊朗小学阶段学习的课时安排主要是：要求一年级到五年级的学生每周正式上课时间为 24 小时。

伊朗与世界不同国家一周课时比较：伊朗国际教育办公室根据世界许多国家国立学校就教师一周平均课时和教师的工作量进行了比较研究，由此确定了小学平均课时一周为 24.8 小时；中欧和苏联最低平均课时为 20.8 小时；非洲撒哈拉沙漠周边国家最高平均课时为 26.3 小时。通过以下数据可以看到，伊朗与世界许多国家在小学一周课时安排方面有所不同。

表 4-1　小学教育：77 个国家国立学校教师平均工作量（1）

地区　国家	每周课时	地区　国家	每周课时
非洲撒哈拉沙漠周边		北美和南美国家	
安哥拉	26.0	阿根廷	22.5
贝宁	28.0	伯利兹	27.5
布基纳法索	30.0	巴西	25.0
喀麦隆	27.5	加拿大	41.0
乍得	25.0	智利	30.0
刚果	27.0	哥斯达黎加	20.0

地区　国家	每周课时	地区　国家	每周课时
非洲撒哈拉沙漠周边		北美和南美国家	
象牙海岸	30.0	古巴	20.0
加纳	22.5	厄瓜多尔	25.0
几内亚	30.0	海地	20.0
马达加斯加	23.0	洪都拉斯	25.0
马里	26.5	墨西哥	20.0
毛里塔尼亚	30.0	尼加拉瓜	25.0
苏丹	26.0	巴拿马	26.5
斯威士兰	29.0	巴拉圭	20.0
多哥	28.0	秘鲁	30.0
坦桑尼亚	16.0	乌拉圭	20.0
乌干达	22.0	委内瑞拉	25.0
扎伊尔	27.0	布韦	29.0
平均	26.3	平均	25.1

表 4-2　小学教育：77 个国家国立学校教师平均工作量（2）

地区　国家	每周课时	地区　国家	每周课时
中东　北非		中欧　苏联	
阿尔及利亚	30.0	白俄罗斯	27.0
埃及	24.0	保加利亚	20.0
伊朗伊斯兰共和国	28.0	克罗迪亚	19.0
科威特	20.0	捷克共和国	23.0
利比亚	20.0	匈牙利	20.0
阿曼	17.0	波兰	18.0
卡塔尔	32.0	斯洛伐克	22.0
沙特阿拉伯	18.0	乌兹别克斯坦	14.0
叙利亚	30.0	前南斯拉夫	24.0

续表

地区　国家	每周课时	地区　国家	每周课时
中东　北非		**中欧　苏联**	
突尼斯	25.0	土耳其	18.0
阿联酋	34.0		
平均	24.7	平均	20.8

资料来源：根据《伊朗初级中等教育》（伊朗文化出版社 2011 年版）资料数据整理。

表4-3　小学教育：77个国家国立学校教师平均工作量（3）

地区　国家	每周课时	地区　国家	每周课时
亚太地区		**西欧**	
阿富汗	24.0	奥地利	20.0
澳大利亚	23.0	丹麦	18.7
孟加拉	36.0	法国	24.0
中国	19.0	德国	26.5
日本	18.0	意大利	22.0
老挝	25.0	卢森堡	23.5
缅甸	25.0	马耳他	27.5
菲律宾	31.5	挪威	22.5
朝鲜	26.5	葡萄牙	35.0
泰国	25.0	西班牙	25.0
平均	25.3	平均	24.5

表4-4　小学学制：67个国家学制和总课时

国家	学制	总课时（小时）	国家	学制	总课时（小时）
葡萄牙	9	8138	多哥	6	5400
苏丹	8	7759	巴拉圭	6	5400
委内瑞拉	9	7533	英国（威尔士）	6	5252
荷兰	8	7520	喀麦隆	6	5250

续表

国家	学制	总课时（小时）	国家	学制	总课时（小时）
斯洛文尼亚	9	7362	塞浦路斯	6	5247
冰岛	10	7003	保加利亚	4+4	5086
斯洛伐克	4+5	6990	苏里南	6	5000
菲律宾	6	6865	西班牙	6	4860
芬兰	6+3	6669	危地马拉	6	4860
挪威	9	6669	前南斯拉夫	8	4818
瑞典	9	6665	墨西哥	6	4800
丹麦	9	6540	尼日利亚	6	4680
利比亚	9	6416	瑞士	6	4618
巴西	8	6400	埃及	5	4539
巴林	9	6375	厄瓜多尔	6	4536
英国（苏格兰）	7	6365	哥伦比亚	5	4500
波兰	8	6301	布隆迪	6	4446
萨尔瓦多	9	6300	土耳其	5	4375
智利	8	6270	斯里兰卡	5	4370
立陶宛	4+5	6072	日本	6	4339
新西兰	6	6000	秘鲁	6	4320
澳大利亚	6	6000	意大利	5	4300
加拿大	6	6000	马其顿	4+4	4296
津巴布韦	7	5832	古巴	6	4260
坦桑尼亚	7	5806	法国	5	4230
英国（北爱尔兰）	7	5795	越南	5	6200
卢森堡	6	5618	希腊	6	4068
马来西亚	6	5597	哥斯达黎加	6	3810
新加坡	6	5434	乌拉圭	6	3780
贝宁	6	5400	朝鲜	6	3566
黎巴嫩	5	4050	奥地利	4	2760

续表

国家	学制	总课时（小时）	国家	学制	总课时（小时）
阿曼	6	3840	德国	4	2575
印度尼西亚	6	5244	牙买加	6	5130
比利时	6	5096			

资料来源：根据《伊朗初级中等教育》（伊朗文化出版社 2011 年版）资料数据整理。

通过以上比较可以看出，伊朗与许多国家在学习内容、课程名称、学习时间和计划中有相似和不同之处：第一，伊朗小学一年级学生在学校里的课时量和学习内容少，小学一年级一周课时起初是 18 个小时，逐渐增加到 24 个小时。第二，小学学生（二—六年级）一周课时在 22—28 个小时之间。第三，小学六年级课程计划在课程内容上存在不同，也就是说课程内容根据性别而确定，比如：专门给女生开设烹饪和美术课。第四，城乡小学六年级课程也存在不同。在乡村学校课程中有养殖、园艺、防治庄稼病虫害、种花、种草等内容。第五，为每节课制定了详细计划，课程名称和课时量有变化。第六，确定小学一周课时和课程内容的权威机构是伊朗科学和文化最高委员会和最高教育委员会。

伊朗最高教育委员会制定的小学课时表如下表 4-5，从每年级的课程内容和每节课的时间角度仔细观察就会发现：第一，伊朗小学一年级学生同其他年级的学生一样每周必须上 24 小时的课，不同年龄之间并无区别。第二，一、二年级《古兰经》课在这个图表中没有显示，但在部分学校是以试验的形式教授这门课程，如果考试通过，将列入计划之中。第三，小学科目数量为 11 门课，在不同年级中以独立或相同科目出现。第四，在部分科目中课时是一样的，只是在某些方面存在不同。每年级的美术和体育课在一周内有两个小时。第五，小学课时最多的是波斯语课和文学课，然后是数学。小学一年级 50% 的课程是波斯语课。第六，历史、地理和社会知识统称社会学，该课程从三年级以后开始教授。第七，小学一年级宗教学课被列入波斯语课之中。第八，小学一年级实践科学和卫生是一个单独的课程。

表 4-5　伊朗小学课程与课时

课目	一年级	二年级	三年级	四年级	五年级
古兰经			2	2	2
宗教学		3	2	2	2
波斯语书写		3	2	2	2
波斯语作文		2	2	2	2
波斯语诵读	12	4	4	3	3
波斯语阅读、掌握内容、语法					
社会学			2	3	3
我们书写波斯语					
数学	5	5	4	4	4
实践科学和卫生	3	3	2	2	2
美术（绘画、书法、手工）	2	2	2	2	2
体育	2	2	2	2	2
总计	24	24	24	24	24

备注1：三年级实践科学、卫生和美术课在一周有 4 个小时，（一周有一节美术课，三节实践学课，下一周则有两节美术课，两节实践学课）

备注2：四、五年级社会学和美术课在一周有 4 个小时，（一周有一节美术，三节社会学，下一周有两节美术和两节社会学）。

资料来源：根据《伊朗初级中等教育》（伊朗文化出版社 2011 年版）资料数据整理。

　　小学一年级学生的课时在一周内是分开的。每节课的时间和课间休息时间为：一、二年级每节课的时间为 45 分钟，三、四、五年级每节课的时间为 50 分钟。一、二年级至少在每节课后有 20 分钟的课间休息时间，三、四、五年级有 15 分钟的休息时间。小学一年的课时为 800 节课。

　　教科书在伊朗教育中发挥着重要作用。伊朗教育部每年为各年级学生和师范大学的大学生编纂和出版教科书。编纂、出版和发行教科书是教育部的职责，这项工作由教育部研究和计划局完成。根据相关规定，应在伊朗最高教育委员会的批准下出版发行，为各学校教师尤其是小学教师编写和出版教师指南。根据教育部的规定，新学期自伊朗历7月1日（公历9月21日）开始，至伊朗历第二年的3月底（公历6月20日）结束。下表4-6是最新课时和教科书的书名。

表4-6　伊朗小学课程与课时

课目	一年级	二年级	三年级	四年级	五年级	备注
古兰经	1	1	2	2	2	
宗教学				2	2	
天赋礼物		2	2			
波斯语诵读			4	3	3	
波斯语书写	3	3	3	2	2	
波斯语作文		2	2	2	2	
我们阅读波斯语	8	4				
我们书写波斯语						
社会学			2	3	3	
地理—历史—文明						
数学	5	5	4	4	4	
实践科学	3	3	2	2	2	
美术与书法	2	2	2	2	2	
体育	2	2	2	2	2	
总计	24	24	24	24	24	

资料来源：根据《伊朗初级中等教育》（伊朗文化出版社2011年版）资料数据整理。

（八）小学教育中的教学方式和技巧

小学教育中的教学方式和技巧十分重要。教学方式是"教课的规范、规则、逻辑之道"，教育方式是一套完整的措施。教师为达到教育目的，在使用教学方式和技巧时，因材施教，可提高学生的知识水平。为了实现这一目标，伊朗教育家们提出了各种不同的教育方式，比如：演讲、阐明、问答、辩论、解答问题、演示、背记和复习、寻求知识、试验、实践、锻炼等。在对小学生培养方面，运用解答问题的方式，除了帮助学生获得更多知识外，还对他们的人生成长和发展运用仿效方式、关爱方式、尊重人格方式、劝导方式、劝告方式、惩奖方式、自律方式、悔改方式、自我批评方式。

值得关注的是伊朗小学教师在对学生进行教育的过程中还十分注意以下教学方式和技巧：第一，选择注重目标、教育原则以及计划内容的方式。第二，在选择教学方式时，因人而异、因材施教，关注学生的成长阶段。第三，根据教学条件和因素，灵活运用各种教学方式。第四，创造条件，让学生参与到教学过程中。第五，向学生教授自学的方式。第六，教师在教学进程中注重发挥引导学生的作用，注重培育学生自己的动手能力和兴趣爱好。第七，注重让学生家长了解学校教育的方式，保持家庭与学校之间的联系。第八，教师在言行方面为学生树立良好的榜样。

二、伊朗初中教育

（一）初中教育的定义与重要性

初中是在小学结束后开始，被认为是普及教育第二阶段。初中教育的重要性主要体现在：第一，学生一般是 11—13 岁的少年，这个年龄段的学生身体和心理变化明显。第二，从心理、发育和教育方面来说这个年龄段是个人成长的重要阶段，学生的逆反心理在这个阶段形成。第三，初中是从儿童过渡到少年、青年时期的重要阶段，从课程内容来看，它与小学有所不同。目前伊朗初中学制为 3 年。

（二）初中学生的特点

从身体、认知、道德、信仰、情感和社会角度来看伊朗初中学生的特点：

第一，身体发育快，如不正确引导，会产生逆反心理。

第二，男孩与女孩之间出现明显特征。

第三，道德和信仰特点。伊朗学者认为，初中教育工作者尤其是初中宗教老师对初中学生的道德和信仰引导十分重要。

第四，从情感方面来看，初中学生更希望受到关爱，容易感情用事和冲动。

第五，他们对家庭的依赖性逐渐淡化，容易受到身边朋友、同学的影响。

根据以上初中学生所具有的特点，伊朗初中教育工作者注重从以下几个方面教育引导学生：

1. 避免安排初中学生参加消耗大量能量的比赛，关注学生的营养状况，从学习环境、体育条件方面为他们创造良好的环境。

2. 针对初中学生到达性成熟的年龄，对她们进行必要的理性教育和认知创造条件，在体育锻炼时，注意劳逸结合。

3. 要求每个教师耐心地回答初中学生提出的关于道德和宗教的问题。

4. 在教学计划、教学方式和课程设置上，根据学生的特点尽职尽责，耐心地对待每一位学生。

（三）初中教育的目标

伊朗初中教育的宗旨是引导学生树立正确的人生观、价值观，为他们全面发展创造条件。

1. 道德方面

（1）热爱祖国，诚实、可信。

（2）女生应保持纯洁、纯贞品德；男生应具有勇敢、豪爽的精神。

（3）孝顺父母是自己应尽的责任。

（4）根据宗教和社会两个标准来约束自己的言行，遵纪守法。

2. 科学和教育方面

（1）关注科学、环境和经验，了解它们之间的关系。

（2）掌握自然学、人文学、社会学的必要知识，了解各学科在社会进步中所起的作用。

（3）掌握波斯语和了解波斯文学作品。

（4）掌握数学基础知识，了解其在生活和其他学科的发展中所起的作用。

（5）初步掌握阿拉伯语，了解《古兰经》《圣训》主要内涵和意义。

（6）掌握正确的学习方式，养成爱思考、爱讨论的习惯。

3. 文化和艺术方面

（1）培育学生对文化和艺术的爱好。

（2）组织学生观赏艺术作品，从中培养学生的兴趣爱好。

（3）了解伊朗艺术、文学和文化。

4. 社会方面

（1）清楚为人民和祖国提供服务是责任、是义务。

（2）知道法律、法规的重要性，以适当方式提醒那些不履行自己职责的同学遵纪守法。

（3）认识女性和男性在家庭和社会中所起的作用。

（4）积极参加学校组织的各项社会实践活动，重视保护和认知国家经济资源的重要性。

（5）清楚手工艺在个人和社会生活中所起的作用。

（6）知道伊斯兰经济法规，了解国家经济资源和生活环境，知道其在公益事业中所起的作用。

5. 环境方面

（1）努力保护生态环境，认识食物在保护身体健康中所起的作用。

（2）掌握个人和公共卫生安全，了解最基本的求助方式，认识部分疾病以及产生疾病的缘由，并知道预防疾病的途径。

（3）进行体育锻炼，保护身体健康，在自己喜爱的体育运动方面掌握相对的技能。

以上是伊朗最高教育委员会《关于教育使命和任务》中规定的初中培养目标。在该规定中还强调，校长、计划制定者以及在学生教育和培养中发挥作用的教师，有责任在制定计划、组织活动、完成相关义务教育中，尽一切努力帮助初中学生实现上述目标。

（四）初中教育总则

2005 年，伊朗教育制度改革委员会根据初中委员会的意见，进一步修改完善初中教育原则和方针：

1. 由于初中是从儿童阶段进入少年阶段的过渡期，学生将面临各种各样的问题，应当引导、帮助学生认识自己的身体和心理变化。

2. 关注初中学生对学习的兴趣，并向他们教授学习、自学和研究的方法。

3. 由于初中学生逐渐学会了独立生活和解决自己需求的办法，并且能够在必要的时候做出适当决定，教育者应当帮助初中学生依靠自己，并逐渐培养他们管理自己生活的能力。

4. 初中学生喜欢了解生态环境和探索其中奥秘，教育者应当帮助他们认识自己周围环境，热爱大自然，在教学中为学生科学认识生态环境创造条件。

5. 应让初中学生参与学校事务，把适当的责任交给他们，此举有助于对初中学生进行社会培养，使他们在社会中发挥作用。同时也加强了初中学生进行互助合作和共同努力的精神。

6. 应加强对初中学生的教育引导，倡导根据个人喜好、能力、条件和社会需求选择学校。

7. 应当注重培养初中学生的综合能力，关注他们的特长，并为确定初中学生的兴趣和提高能力创造条件。

8. 鉴于初中学生所具有的目标和特点，应教给他们正确使用业余时间的方法。

9. 家庭与学校之间应保持合作与协调，为培养初中学生的才能，选择适当专业创造积极条件。

10. 在就业问题上初中学校与文化组织、工业组织、农业组织、社会服务业之间应进行必要的合作，使学生们能够深入了解各种职业、工作的就业现状。

伊朗的初中教育总则为基础教育的健康发展奠定了遵循规则。例如，从初中教育总则的表述中，我们可以发现：关注初中学生综合能力的培养、学生就业、实践能力及自主能力等方面提出的原则。这充分考虑了理论联系实际原则以及启发引导、因材施教与整体性原则。

（五）初中教师的素质要求

初中教师应具备对教学、对学生学习和行为产生积极影响的作用。其中主要包括以下内容：

1. 热爱教师职业。

2. 身体健康、心理平和。

3. 在授课过程能帮助学生发现问题和解决问题。

4. 了解学生的特点，善于与学生沟通。

5. 具有培养学生综合应知、应试能力。

6. 精通授课内容，熟知每个同学的学习情况。

7. 清楚初中教学目标和计划，使用适当的教学方式，掌握必要的技巧和经验。

8. 在评估学生的学习情况时，能够使用适当的方式和技术进行测评。

9. 着装整洁、庄重，在课堂教学中能吸引学生，使学生爱好学习，培养学生良好的品德和学习习惯。

（六）初中课程计划

伊朗初中课程计划与小学课程计划相比，呈现了一些新的特点：第一，初中课程计划划分为理论和实践两个部分。第二，课程计划内容根据初中学生的身体和智力发展情况进行安排。第三，新开设了物理、化学、自然学、卫生学、图书采编等科目。第四，将职业技术基础知识作为一门新科目首次列入计划。第五，美术绘画、音乐艺术等科目在教学活动中得到进一步的提倡和加强。下表为伊朗初中科目和课时安排一览表。

表 4-7　伊朗伊斯兰共和国成立前初中科目和课时一览表

年级	初中			
一周课时	第一	第二	第三	总计
科目	周	周	周	周
古兰经、宗教、道德	3	3	3	9
波斯语言和文学	6	5	5	16
实践学（物理、化学、自然、生态学、卫生）	5	5	5	15
职业技术基础知识	4	4	4	12
数学	5	5	5	15
阿拉伯语	1	1	2	4
历史、地理及社会学	3	3	3	9
外语	4	4	4	12
体育训练和免疫学	2	2	2	6
艺术（绘画、书法、雕刻、音乐）	2	2	2	6
总计	35	34	35	104
周四下午进行体育活动				

资料来源：根据《伊朗初级中等教育》（伊朗文化出版社 2011 年版）资料数据整理。

以上是对伊朗初中课程内容的一个简要介绍。该计划中特别强调：职业技术课程应坚持课堂教学与实践相结合的原则，如计划需要，可组织学生到工厂、农场和企业实地参观。

1979 年伊朗伊斯兰共和国成立后，伊朗最高教育委员会规定，初中每周上两个小时的阿拉伯语课，增加宗教和《古兰经》课程时间。

表 4-8　伊朗伊斯兰共和国成立后初中科目和课时一览表

科目	第一		第二		第三		三年总计
	周	年	周	年	周	年	
古兰经	2	64	2	64	2	64	192

续表

科目	第一		第二		第三		三年总计
	周	年	周	年	周	年	
宗教知识	2	64	2	64	2	64	192
阿拉伯语	2	64	2	64	2	64	192
社会知识	1	32	1	32	1	32	96
历史	1	32	1	32	1	32	96
地理	1	32	1	32	1	32	96
波斯语言和文学	5	160	5	160	5	160	480
外语	—	—	4	128	4	128	256
数学	5	160	4	128	4	128	416
实践学	4	128	4	128	4	128	384
职业技术	3	96	3	96	3	96	288
美术	2	64	1	32	1	32	128
体育	2	64	2	64	2	64	192
国防教育	—	—	—	1	—	—	1
总计	30		32		男生 33		
					女生 32		
教育事务	2		2		1		
总数	32		32		男生 34		
					女生 32		

资料来源：根据《伊朗初级中等教育》（伊朗文化出版社 2011 年版）资料数据整理。

表 4-9　伊朗初中科目、课时变化一览表（一）

目录	科目	课时		
		第一年	第二年	第三年
1	古兰经和宗教知识	4	4	4
2	阿拉伯语	2	2	2

续表

目录	科目	课时		
		第一年	第二年	第三年
3	外语	2	4	4
4	波斯文学	5	5	5
5	实践学	4	4	4
6	数学	5	4	4
7	体育	2	2	2
8	美术	2	1	1
9	社会学（文明、历史、地理）	3	3	3
10	职业技术	3	3	3
	总计	32	32	32

资料来源：根据《伊朗初级中等教育》（伊朗文化出版社 2011 年版）资料数据整理。

通过表 4-9 伊朗初中科目、课时变化一览表（一）可以看出，初中一年级学生增加 2 个小时，初中二年级和三年级分别增加 1 个小时的教育事务课。初中一年级增加 4 个小时，初中二年级和三年级分别增加 3 个小时的补充课，学习差的学生必须参加补课。

通过图 4-1 初中科目、课时变化一览表（二）可以看出，伊朗初中阶段的课程比小学种类多，更加灵活。教学计划变化大，课程内容主要有《古兰经》、宗教知识、阿语、社会学、历史、地理、波斯文学、外语、数学、实践科学、技术知识、艺术、体育、军事预备课和教育事务。课程和课时有以下几点明显特征：

1. 数学、实践科学和技术课分别占课时计划的 13.5%、12.45%、9.40%。很明显，教学计划设立的课程还不够完善。

2. 教学计划中没有安排学生进入工厂和农村参观、学习，只局限于理论课程。同样，实践科学也没有在试验室进行。

3. 伊朗初中课程安排，重视考虑男女学生性别。由于男女学生在求学目的、就业等方面需求不同，他们在制定教学计划时，优先考虑男女学

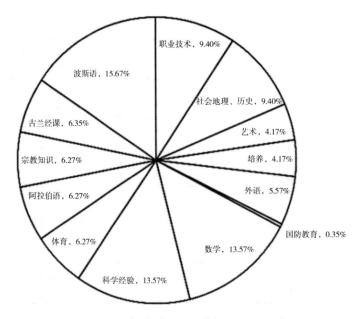

图 4-1　伊朗初中科目、课时变化一览表（二）

资料来源：根据《伊朗初级中等教育》（伊朗文化出版社 2011 年版）资料数据绘制。

生的差异性，重视学生个性发展和社会需求。

目前伊朗初中教科书内容由高教部审核，教育出版机构统一印刷。初中学制为 3 年，学生必须每星期上够 36 小时的课，其中 30 个小时用于必修课时，6 个小时用于选修课。选修课根据学生的爱好，或参加课外活动计时。在初中阶段，每个班的平均人数是 28 人，每 200 个初中学生有一个辅导员，初中学生的毕业选择必须与辅导员的建议相符合。期中考试由学校组织，初三毕业考试，由省教育总局根据教育部的规定，在统一时间进行。

（七）初中教育的保障体系

目前伊朗建立了多所教师培训中心，旨在培养和保障中学教师师资队伍建设。这些中学教师培训中心，根据伊朗教育部制定的计划，可参加非连续的教学培训班，或在大学继续深造，或参加不同文化人士和各大学主办的高级培训班。为保障初中教师的教学质量，伊朗还在一些师范大学、教育学院、心理学院专门培养一些人员做初中顾问，初中顾问一般都具有学士学位或硕士学位，他们负责指导初级中学教师、建立学习档案、帮助辅导学生学习、提供就业信息等。

从伊朗在职教师的学历情况来看，初中阶段的正式和非正式教师学历逐年增加，其中 30.17% 拥有学士学位，66.10% 拥有大专学历，3.73% 是高中学历。

三、伊朗高中教育

伊朗高中教育分为高中、技校和职业高中，考核采取期中考试和期末考试的方式。高中课程有选修课和必修课，学生上课有课时要求，教师和辅导员注重引导学生根据自身的兴趣和爱好选择专业。

（一）高中教育的变化情况

伊朗现行的高中教育学制为 3 年，即 14—17 岁。有相当一部分青年到义务教育结束后即离校就业；而又有一部分青年一直学到 17 岁，再上一年预科，然后经过考试进入大学。在进入中等学校接受教育的青年中，有人接受普通教育，有人则接受技术或职业教育。这和伊朗教育的阶段划分以及由此制度所决定的基础教育结构的特殊性密切相关。

1931 年中等教育法案规定：初小 6 年之后中学被确定初中和高中，每个学制为 3 年。1934 年初小被命名为小学，而中学则分为初中和高中。后随着高中教育的发展，建立职业技术学校也受到人们的关注。高中理论系、技术系、职业系学制为 3 年。高三毕业的学生可获得高中毕业证书。1955—1956 年，经伊朗最高文化委员会批准，女生增加了文学系、数学系、自然学系、家务管理系，男生增加了技术系和农业系。1958 年伊朗教育规章制度强调使用指导服务，关注学生在选择专科中的能力和爱好。

1965 年伊朗教育改革法案规定，普通高中职业技术学校学制为 4 年，包括理论和技术专业两个部分，这两个部分拥有多个不同专科。

1974—1975 年中等教育包括：

1. 普通系或理论系，它包括经济社会系、文化系、文学系、实践系、数学物理系。

2. 高中全系包括各种系，比如普通教育、技术、商业、职业、农业等专业。

3. 职业技术系包括三个部分，工业、服务和农业或每个部分中包含多个系。

4. 每个系的学习时间为 4 年，高中学生一般在高一时就读上述学系，读完高一后在上述某个学系学习 3 年，将拿到某个学科高中毕业证。

1974—1975 年文化系、文学系、经济—社会系合并为文学和人文科学系，其他各系学制未发生改变。1990 年伊朗教育部向文化革命最高委员会提交了中等教育新建议方案，在这项建议方案中为高中制定了新的教育机制。根据该机制，伊朗学制分为以下情况：在高中垂直管理和平行管理发生了改变。具体分为：幼儿学前班、小学 5 年、初中 3 年、普通高中、专业技术学校 3 年、大学预科 1 年、专业技术教育 5 年。学制年为：小学 5 年，初中 3 年，高中 3 年，大学预科 1 年，共 12 年。在当前的教育体系中全民教育是 8 年，包括 5 年小学，3 年初中。这 8 年是义务教育，从 6 岁到 13 岁，包括城乡儿童在内。政府作为执行该法律者，给予教育部一定的权限，不让任何穷人的孩子因为没有钱而辍学。如下图 4–2 所示：

（二）高中教育的现状

根据伊朗教育年鉴的统计数据，2017—2018 年在高中和大学前约有 430 万名高中学生在 15505 所中学上学，其中 2109072 人是女生。近些年来高中学生以 12% 的增速逐年上升，高中学生和大学前学生与上一年相比增加了 9.67%。根据 2017—2018 年高中和大学前统计数据研究表明，高中学生中有 10.69% 的学生在乡村高中学校上学。表 4–10 和 4–11 表明了伊朗国内各地区学生的百分比。

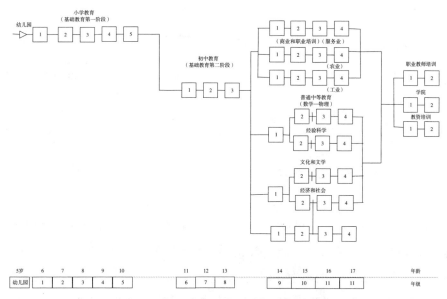

图 4-2 1989—1990 学年实施的教育制度

资料来源：根据《伊朗初级中等教育》（伊朗文化出版社 2011 年版）资料数据绘制。

表 4-10 2017—2018 学年伊朗高中课程设置与学生百分比

高中学科	总数	女生	男生
数学—物理	20.51%	24.57%	16.57%
实践科学	25.40%	20.25%	30.40%
波斯文学	30.87%	24.80%	36.76%
职业技术	12.36%	17.71%	7.17%
技术培训	10.84%	12.65%	9.08%
总计	100	100	100

资料来源：根据《伊朗教育年鉴》统计数据整理。

表 4-11 2017—2018 学年伊朗高中课程设置与乡镇学生百分比

高中学科	总数	女生	男生
数学—物理	7.76%	5.52%	9.54%
实践科学	21.23%	25.54%	17.98%

续表

高中学科	总数	女生	男生
波斯文学	57.41%	66.25%	50.73%
职业技	6.52%	5.3%	11.05%
技术培训	7.05%	2.14%	10.77%
总计	100	100	100

资料来源：根据《伊朗教育年鉴》统计数据整理。

由表 4–10 和 4–11 可以看出，2017—2018 学年，高中学生中 20.51%
的学生在数学—物理系，25.40% 的学生在实践科学，30.87% 的学生在波
斯文学系，12.36% 的学生在职业技术系，10.84% 的学生在技术培训班学
习。21.9% 的高中学生在高中理论系，5.81% 的高中学生在职业技术系、
技术培训系，2.85% 的高中学生在大学前学校就学，高中学生总人数达
3510180 人，大学前学生为 447187 人，其中 1952590 人是女生，约 40 万
人在夜校就读。

（三）高中教育的目标

1988 年伊朗伊斯兰共和国教育制度议案中提出了关于高中（中等）
教育目标。1998 年提出的中等教育新议案中讨论了中等教育总目标，该
议案中提出：中等教育、大学前教育、职业技术教育，总目标是提高文化
水平、普及知识，根据国家经济、社会和文化需求培养工业、农业、服务
业等方面所需的工作人员、技术员和管理员，帮助学生为进入大学继续学
习做好准备。与此同时，强调要重视根据国家的需要、个人的爱好、潜力
等因素来正确引导高中学生选择所学的学科专业；加强宗教信仰，弘扬优
秀道德传统；提高高中教学质量，巩固和提升所学内容，学以致用。如下
图 4–3 所示。

根据伊朗文化革命最高委员会关于新的高中教育方案的指导建议，
高中教育的目标主要有：第一，根据经济、社会、文化的需求，为高中学

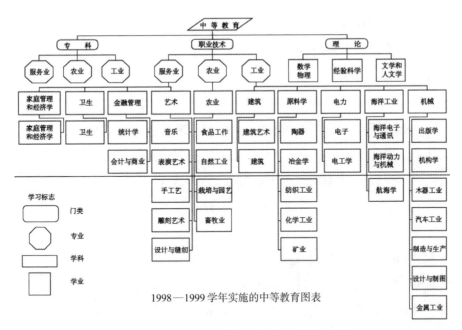

1998—1999学年实施的中等教育图表

图 4-3　1998—1999 学年实施的中等教育图表

资料来源：根据《伊朗初级中等教育》（伊朗文化出版社 2011 年版）资料数据绘制。

生的学习提供必要的教学条件。第二，强化学习重要性的认知，提高高中学生学习专业技能水平。

　　从上述伊朗教育制度规定的目标来看，高中教育目标有如下特点：第一，在教育目的的指导下，制定了中等教育总目标以及各个学系的具体目标，从而形成了一个完整的目标体。第二，各目标之间具有连续性梯阶性。目标的制定遵循从易到难、从简到繁，一级一级向上发展，形成纵向发展结构。第三，各个具体目标组成一个相互联系、相互促进的系统。在这里，既确定了核心性目标，又规定了教育性和发展性目标，三者之间紧密联系，相互促进，从而构成了中等教育总目标。新的中等教育目标的制定，对伊朗基础教育的改革和发展产生积极的影响。

　　伊朗中等教育旨在解决高中毕业后就业问题，在理论、实践或科学技术方面，达到专业水平。帮助高中学生认识自己的能力，引导他们报考大学相应专业。

（四）高中课程计划

伊朗高中教育现有的专业和课程，一是中级理论专业，课程分别是数学和物理、人文和文学、实践科学和伊斯兰教知识课。每个系的课有52个学分。所有的系在一年级和二年级课程都是共同的。每个系的专业课有44个课时，在三年级教授。二是科技艺术专业，该专业分三个部分，即工业、服务业和农业。每个专业又分成不同的分支。所有的分支都必须上共同的课共58个课时，每个分支的专业课有39个课时。工业系分为图纸专业、制造和生产、金属工业、汽车修理、企业、纸木工业、印刷业、电子业、电工学、冶金学、化学工业、编制业、矿业、陶瓷业、水泥业、建筑、勘测员、领航员、轮船技术、海上通讯科技。服务业分为图表、设计裁缝、绘图纸、手工业、画画、电影、音乐、手工印刷、市场会计、幼教、体育、管理家庭、修理文化古迹。农业系分为工业、农业和服务业。每一个系有一组或几组，每个组又分为很多专业，每个专业又分为很多专业方向。该系的普及课是53个课时，专业课43个课时。

高中教育是建立在年级制和学分基础上的，招生条件、求学时间、考试和衡量的方法要求如下：第一，初中生必须有毕业证，或三年级被接受的暂时证明，或初中阶段的介绍信。第二，高中三年制教育，必须至少学够96课时。第三，要按时持续地接受教育。第四，科学课平均分是1.5—4分。第五，从每年的7月到第二年的6月是一个年级。第六，暑假每周的理论课和实践课的课时按照平时的三倍计算。第七，按照教学计划高中学生每周至少上36小时，职高和科学技术科每周至少上46小时的课。第八，按照教学计划每周6天，每天至少上6小时，最多上8小时课。第九，二年级和三年级最高的入学年龄为18、19岁，20岁封顶。第十，在入学、上学和结束学业的情况下，一是教师在开学时对学生进行摸底考试，了解学生的能力、以前所学内容的程度，以便使他能更好地学习，弥补以前的不足。二是为了在求学中及时掌握高中学生学习的程度，给教师一个合适的反馈，教师和家长必须联系和座谈。三是为了了解教学质量，在每个学期进行期末考试。值得注意的是，期末考试分两次，期中和期末。期中考试在前半学期进行，对大约 50% 的课程内容进行考试。期末考试要对这一学期所学的所有的内容进行考试。期中考试 5 分，期末考试 15 分，工厂、实验室以及其他科技艺术计 12 分。

根据教学目的和质量要求，高中课程分为 9 组：普及课、专业课、标准课、技能课、选修课、教育课、补课、补充课以及技能补充课。伊朗政府在最新通过的中等教育新计划中规定：

1. 中等教育学制短暂，大学预科与高中三年是分开的，应致力于使课程内容在一定程度上具有专业性，并将有意继续学习的高中生输送到大学预科班。高中三年强调安排一些有助于扩大学生知识和见识的课程，并使他们为社会生活、进入劳务市场以及继续深造做好准备。

2. 为了方便各系在课程安排中相互衔接，须设立一个由各系、各学科组成的综合课程，具有相同内容，一方面可提高高中学生的基础知识，为各系、各学科之间相互调换创造便利条件；另一方面，也为学校合理安排人才提供帮助。因此，数学、物理、化学、生物学、卫生等不同学系的课程具有相同内容。

3. 加强高中学生的政治和社会能力，在所有学科中设立历史、政治、地理、社会知识和经济等课程。

4. 针对专科学生到校上课时间少的问题，学校专为他们安排了学分少的综合课程。如果修完这些课，专科学生可获得初中毕业证书（技术证书除外）。

5. 为了更好地引导学生的学习，第一年的课程除了一两个专业之外，所有学科均是相同的，以便学生在第一年学习这些课程的同时还可发掘自己的爱好和潜力。随着自己的知识和见识不断增加，他们还可以选择自己热爱的专业。

6. 在划分三年学分和制定一周课时时，除了保证必修课程之外，一周课时不能超过 36 个小时，以免学校实施的计划陷入困境。每年的周课时应根据其内容在理论和实践两个方面在表格中确定出来。

高中课程计划和大学预科课程计划中均以普通课程、综合课程、专业课程、自选课程、技能学分、关注校外教学的形式而体现。

普通课程：为提高高中毕业生的科学、社会、经济、文化和政治水平，必须向高中学生教授普通课程，在高中所有系中普通课程是相同的。

综合课程：综合课程对于每个系和每个专业都是必修课。

专业课程：通过学习专业课程为高中学生进入劳务市场、就业或在某个系继续深造学业奠定理论和实践基础。

以上是伊朗高中教育新计划具体内容。该计划具有科学性、逻辑性，基本符合伊朗高中教育阶段的发展特点，它为中等教育和高等教育有效衔接奠定了良好的基础。

（五）高中教师的素质要求

伊朗对高中教师的培养、选拔、聘用、培训都有明确的要求。它们认为一名优秀、熟练、成功的高中教师应具有较高的素质：

1. 在身体、情感、理性、社会、道德和问题等方面能够认识自己。

2. 重视自我评价，制定关于成功教师特点和行为的清单，衡量自己的行为，经常进行自我评价。

3. 掌握学习原则，并致力于在教学过程中使用这些原则。

4. 了解每个学生，在课堂和学校能叫出他们的名字。

5. 学生喜欢他在课堂上的教学方式，在授课、教学技巧和生活中使用自己卓越的才能。

6. 能毫无保留地将自己宝贵的教学经验传授给其他教师。

7. 在笔记本上记录下学生的分数、出席、缺席以及关于学生的健康和行为所看到的情况。

8. 真诚、用心地阐明教学内容，并指出教学难点、重点，在课堂上教学中掌握一些技巧。

9. 给学生批改布置的练习和作业，清晰地写出错误问题，并要求学生予以纠正作业中的不对之处。

10. 积极参加教学小组和学校委员会教学工作会议，在教学问题上充分发表自己的观点和意见。

11. 在讨论问题时通过举例、描绘，使用演示方式、实例、访问、回忆阐明自己的观点，在课堂上提出有价值的、令人感兴趣的问题，以此引导学生，鼓励他们积极回答问题。

12. 在对待学生和同事时保持礼貌，并致力于在相互尊重的基础上保持师生关系，避免使用不文明的言辞，不对学生进行体罚和恫吓，也不当着众学生的面轻视某个学生。

13. 给学生教授正确读书和做笔记的方式，与学生家长保持联系，让他们了解自己孩子的特点和学习情况，并给他们提出合理建议。

14. 重视复习以前的课程，努力消除疑难问题，鼓励学生阅读教科书以外的参考书目。

15. 喜爱教师职业，做到上课不迟到，不早退，不提前下课。

16. 在教课中不经常使用单一的方式，要掌握各种学以致用的教学方式，主张在课堂上让学生自由提问、发表观点等。

17. 熟练使用有助于教学的各种教材和试验室教学工具。

18. 通过举办集体活动，让学生参加学校教育事务和课堂管理等，加强学生和教师、学校之间的亲和力。

值得关注的是，为了更好地确保高中阶段的教学质量，学校在高中教育过程中还对教师辅导员提出一些具体要求：第一，高中一年级学校的辅导员必须邀请家长到学校，向家长说明高中教育的目的，让家长了解国家政策，引导家长了解科学、文化、艺术以及社会的需求，尤其是各专业、各系和学科的重要性。在召开会议后，高中一年级 1 月下旬，就各个科目向父母亲征求意见，2 月上旬将调查表收集上交学校有关部门。第二，高中一年级时，辅导员必须以小组或单独的形式召开会议，提供需要的信息，尤其是关于专业的，与高中学生就业有关的政策。1 月下旬将调查表发放给家长，2 月上旬收集调查表，上交辅导员。第三，辅导员征求教师和学生父母的意见，在学生科目考试结束后，结合父母的意见，将学生适合选择什么专业，提出自己的建议，并将结果记录在案。

第五章　伊朗高等教育

历经 40 年的变革和坎坷发展，伊朗高等教育和科技创新能力发生了显著变化，向世界一流大学迈进已成为伊朗高等教育的重要战略追求。从伊朗伊斯兰共和国成立后的发展历程来看，伊朗教育制度与政策的变革呈现出两种特征：第一，保留了波斯、伊斯兰时期传统教育的有益部分；第二，在学前教育、基础教育、高等教育、职业教育、师范教育等领域进行了一系列新的变革。《2005—2025 年伊朗国家教育发展愿景目标》和《国家科学与教育总体规划（NMPSE）》，又称《国家综合科学技术发展路线图》的制定，对伊朗高等教育的可持续发展起到了重要引领作用。但面对日益严重的经济制裁和社会就业压力，伊朗高等教育仍存在诸多亟待解决的突出问题。

一、伊朗高等教育的发展历程

伊朗高等教育的雏形始于萨珊王朝时期（公元 271 年）阿尔达希尔一世建立的功地·沙普尔大学堂①。这所大学堂开设的主要学科是医学。当时这所大学堂还使用印度和中国的医学成果，招收外国教师和学生。在功

---

① [美] 威廉·麦克高希：《世界文明史——观察世界的新视角》，董建中、王大庆译，新华出版社 2003 年版。

地·沙普尔大学堂建立之后，伊斯法罕的萨如叶学校、法尔斯的瑞沙哈尔也是当时比较有名的学校。在传统教育的基础上，伊朗从1个多世纪前开始确立现代教育。近代以来，伊朗第一所官办的综合性技术学院成立于1851年。此后，于1902年在德黑兰成立政治学院，1934年建立德黑兰大学，到1942年伊朗的高等院校还包括农学院、工程学院、军官学院、师范学院（含第一所女子师范学院）。①

德黑兰大学建立之后，新式的高等教育逐渐得到发展，1965年成立"大学委员会"，以"处理与协调伊朗大学和高等学校的有关事务"为目标。在"大学委员会"的基础上，1967年伊朗高教部成立。高教部的职责主要是为"确定国家教育方针"，"对高等院校事务的监督"等。②

20世纪60年代是伊朗制定和履行第三和第四个五年发展计划时期，高等教育状况有了明显改善。20世纪70年代是伊朗实施第五个发展计划时期。该计划十分强调和重视高等教育的资金增加与质量提高。改善办学质量、发展学术思想、倡导技术创新是这一时期高等教育的显著特征。③

自1979年2月伊朗伊斯兰革命胜利之后，伊朗国家教育制度与政策的变革呈现出两种特征：其一，保留了波斯、伊斯兰时期传统教育的有益部分；其二，在学前教育、基础教育、职业教育、师范教育、高等教育等领域进行了新的变革。1979年12月伊朗举行国民投票，通过了新制定的《宪法》④，为国家制度的建立奠定了法律基础。《宪法》明确了人民在实现理想和宪法原则的道路上保持坚定信仰的决心。2004年通过2005—2025年国家发展前景文件和国家教育发展基本方针和目标，到2025年，要在科学、经济、技术、人均收入水平、就业状况和国际合作等方面取得优势地位。⑤通过积极有效的教育制度实现社会人力资源的发展，在与国家经

① رشد ،نایدواد 1370. ناهج رد یملاع شزومآ ، وکسنوی هناخریبد نیودت ، املا و اید یفصترصذ رتکد همجرت
. لاس ،ریطاسا

② . لاس ،یملاع 1380. یملاع شزومآ ماظظن لیلحت ، یسیفدن نیسحلادبع ، شزومآ ریزو همانرب و شهوژپ هسسؤم

③ 王锋：《解读波斯》，宁夏人民出版社2008年版。

④ 王锋：《波斯文明》，云南大学出版社2018年版。

⑤ 伊朗驻华大使馆：《伊朗伊斯兰革命胜利40周年专刊》，2019年3月30日。

济、社会和文化发展以及就业指导制度保持衔接的情况下，起草和执行有关普通、高等、职业教育制度的多项计划，为实现上述远景目标创造条件。愿景目标还确定了国家高等教育发展方向和任务。

从伊朗伊斯兰共和国建立后的高等教育发展历程来看，可分为起步阶段，发展与科技创新阶段，反危机和向知识性经济转型阶段。

（一）起步阶段（1979—1988）

在伊朗伊斯兰共和国成立之初，伊朗国内以霍梅尼的办学方针进行了文化革命，1979 年 6 月 13 日革命委员会宣布所有大学关闭三年，在全国大学实行文化革命。由"大学革命委员会"来执行文化革命的有关政策，政府将美术和文化部、高教部和文化遗产部进行重组。高等院校课程和教育规则设计都由该委员会组织进行。选择适合在大学教书的教师和人才队伍，改变过去大学的教育模式。1980 年 5 月 23 日举行第一次全国普选及首届国民议会选举。同年 9 月爆发历时 8 年的两伊战争（1980 年 9 月至 1988 年 8 月）。由于战争的破坏，伊朗经济和工业遭到严重摧毁，国家发展计划受到严重影响，研究和教育资金严重不足，教育普及率急剧下降，失业人口剧增。为了摆脱困境，1984 年 3 月伊朗成立最高革命委员会（SCCR）①，最高革命委员会是各阶段基础教育和学术教育的最高决策和立法机构，它的决议不需要议会的批准而自动成为法律。该委员会的成员包括教育部部长、科技研究部部长、卫生和医学教育部部长、著名专家学者。1988 年最高革命委员会起草教育制度总计划获得通过。在 MSRT 中，技术开发隶属于一个单独的副部级机构。委员会的责任范围包括全国所有与文化和科学相关领域，指导和重组宏观管理在文化、教育、研究和媒体，为每个领域提出有效的预期目标。1988 年，最高革命委员会起草教育制度总计划获得通过。

---

① *Educational Evaluation Indicators and Standards*，Document Approved by Supreme Council of Education [EB/OL]，2013.

（二）发展与科技创新阶段（1989—2017）

从 1989 年开始，伊朗政府对教育法律进行修订和规范化。1989 年 7 月通过修改后的新宪法中政府十分重视教育的发展问题。政府强调在财政经济支持的前提下普及本国儿童和青年教育，并逐步延伸到高等教育，这就为伊朗高等教育的发展奠定了良好的基础。1990 年制订了初等教育、中等教育制度修改方案，并从 1991 年开始实施。[①] 因上述计划未全面执行或执行的条件尚未成熟，教育制度在某些方面遇到的问题未得到解决，修改计划的必要性再次被提了出来。为此，伊朗国家最高教育委员会和教育部等机构针对教育发展中的突出问题和薄弱环节，立足基本国情，遵循教育规律，坚持改革创新，以培育人才、造福人民为目标。制定了 2005—2025 年国家教育发展愿景目标。愿景目标将抵制强权势力，实现民族复兴作为教育的重要使命，坚持教育为国家建设服务、为实现国家发展的预期目标提供有力支撑，将高等教育作为国家优先发展的方向。2007 年 5 月，伊朗最高教育委员会根据政府内阁通过的决议同意制定和执行国家研究计划，旨在对教育状况进行评估，描绘国家发展计划中的未来前景。[②] 为此，最高教育委员会组建了三个委员会：基础研究委员会、环境研究委员会、教育监督委员会。主要目的是分析和评估教育制度的现状，制定国家未来 20 年发展前景中的目标，确定教育制度的发展方向。

这一阶段国家开始准许高等院校拥有学术上的自由，学校有权确定自己的办学特色、学科方向，培养专业人才。民主化政策为伊朗不同类型的高等院校的创办和发展提供了法律保障，也推进了伊朗科技创新能力。政府为了寻求并扩大高等教育体系，将大学作为提高人力资本的主要战略。目前伊朗应用科学技术大学专门从事职业培训；职业技术大学有 168 个分校；提供远程教育课程的 Payame Noor 大学有 531 个分校；为教育部

---

① 大学人文科学研究和图书编辑组织人文科学研究和发展中心编纂：《伊朗初级中等教育》（波斯文），伊朗文化出版社 2011 年版。

② *Mid-decade Assessment Report*. Ministry of Education with cooperation of Management and Planning Organization.2007.

（103 个分支机构）提供教师培训和人力资源开发的 Farhangiyan 大学，在全国共有 43 个科技园，686 所研究机构。① 这些院校都是在科技研究部（MSRT）监督下运营，下图 5–1 显示了 2002—2017 年科技园增长趋势和不同类型的研究机构数量。

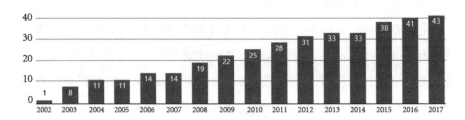

图 5–1　2002—2017 年伊朗科技园的增长趋势

资料来源：MSRT，www.msrt.ir/fa/techno/Files/。

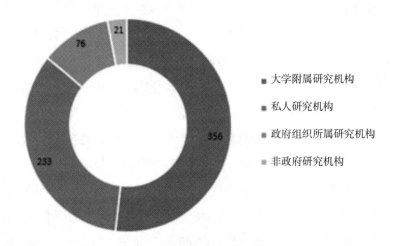

- 大学附属研究机构
- 私人研究机构
- 政府组织所属研究机构
- 非政府研究机构

图 5–2　不同类型的研究机构数量

资料来源：根据伊朗驻华大使馆《伊朗伊斯兰革命胜利 40 周年专刊》资料数据绘制。

在这一阶段私立教育迅速崛起，高等教育由学术象牙塔变为大众教育场所。《2005 年至 2025 年伊朗高等教育体系发展战略》② 提出伊朗高等

———————————

① *Fundamental Reform Document of Education*（*FRDE*）*in the Islamic Republic of Iran.* Supreme Council of Education. Ministry of Education.2011.

② *Vision 2025 Document*：*20-year Vision Plan*，Economic Development Committees，2005.

教育改革与发展目标以国家利益为导向，教育发展的重点在于创新性、专业性，注重以德为先，注重全面发展，使学生牢固树立伊斯兰世界观和价值观思想，形成公民爱国意识，通过加强现有教学方法和引进发达国家新的教育技术，提高高等教育质量，加强就业因素在评估高等教育质量中所占的份额，实现教育拨款的稳定性等。这一思想在 2011 年的国家科学与教育总体规划（NMPSE）① 中（又称综合科学路线图）体现得尤为突出。综合科学发展路线图是伊朗教育制度非常重要的一项内容，是为实现 2025 年远景目标而制定的，它对不同学制的教育进程及其目标都产生重要影响。该文件在 2011 年 1 月获得伊朗文化革命最高委员会通过并公之于众。该路线图重点阐述了由于理论和实践是国家全面持久发展的动力，目前的科技制度的分离模式应当转变为联合模式，这种联合模式从初级教育开始，并在所有学制中持续下去。② 在高等教育制度中主要科研方向应得到加强。国家在科技创新制度中的目标是：

1. 达到全民普及教育水平，扫除文盲。

2. 公共教育全面普及。

3. 在以下各方面引导学生：（1）追求美德、认识对真主、对自己、对社会、对家庭肩负的责任和义务。（2）加强学生思考问题和解决问题的能力。（3）积极参与国家建设。（4）为工作岗位培养人才、为解决社会需求创造就业机会。（5）培养科技人才和专业人员。

4. 为满足社会需求以及国内、国际人才市场的需求，根据世界标准提高国民的技术水平。

5. 在伊斯兰世界大学排名榜首，向世界一流大学迈进。2025 年，初小和初中的普及率将达到约百分之百，2025 年中等教育的普及率达到

---

① *National Master Plan for Science and Education* (*NMPSE*)，Supreme Council of Education，Ministry of Education，2011.

② 2015 年 7 月 14 日，联合国安理会五个常任理事国外加德国组成的六方，与伊朗达成《全面联合行动计划》（JCPOA，简称伊核协议），进而结束了长达 13 年的伊朗核危机。这项国际协议的核心是将伊朗和研发项目纳入到国际监督框架之下，从技术和材料等方面防止伊朗获得核武器，伊朗以此换取联合国和美国解除涉核制裁。

95%。

6. 针对实现教育预期目标提出了以下要求：

（1）修改和完善教育制度包括普通教育和高等教育制度，实现路线图目标。

（2）教育和加强人力资源，并强调根据伊斯兰价值观和社会需求在科技生产方面培养虔诚、自信、创业、创造、创新的人才。

（3）在公立和公共各学制制定政策和计划中，提供专业培训和高等教育机制，开展继续教育的工作。

（4）协调国家公立和非公立教育制度，缩小它们之间的差距。

（5）提高教师、科研人员和技术人员的地位、专业水平及学术和社会权威。

（6）在教授方式中使用具有创造性的科技成果，尤其在教学中编撰创新性的授课内容，从儿童时期开始宣传科学思想。

（7）加强精神和物质鼓励，将社会精英吸引到教育和科研岗位上。

（8）解决教师和科研人员在社会和生活中遇到的困难，为科学活动创造必要的条件。

（9）在科学和科研领域制定执行机制、确定负责人、宣传和监督职业道德、行为准则和纪律。

（10）提高效率，增加教育财政投入。

（11）根据世界观和伊斯兰教的价值观点、方式以及教学内容，提高中学生和大学生分析问题、解决问题的探索精神和创新能力。

（12）提升人力资源的管理能力，提高教师的知识和专业能力、社会地位和生活水平。

（13）改革和加强学校管理机制，提高学校的教学质量。

（14）提高家庭在教育中所起的作用和地位。

（15）在高等教育和普通教育领域提倡电子教学、通信技术。

（16）建立审核和评估制度，确保国家公立和公共教育的质量。

（17）提高幼儿园和学前班幼教老师的地位。

（18）加强对学生人文学科和伊斯兰知识教育，通过提高教学内容和方式引导他们努力学习。

（19）加强清真寺与学校的联系，提高它们在对教师进行宗教教育中所起的作用。

（20）完善教师资质考核制度，为教师职业选拔和吸收可靠专业人才制定计划，不断提高他们的学术水平。

（21）建立全面的人才选用和引导制度，将学生引向适用于国家优先发展的专业方向。文件中还提到了国家战略、采取的措施以及技术；科技和科技创新的基本框架。

（三）反危机向知识性经济转型阶段（2018—　　）

2018 年 5 月 8 日美国宣布退出伊核协议①，重启对伊朗的经济制裁。由于美国加大了对伊朗经济领域的全方位制裁，导致教育部门实际支出的减少和教育发展困境的增加，国家预算的紧缩导致教育经费下降，失业率增高。为了解决教育经费困难，克服危机在教育体系内部带来的一系列问题，确保各级教育的正常运行，政府出台了一系列国家战略，其中对高等教育发展提出了保障教师工资收入不受影响；加强教育物质基础建设；促进教育的可持续发展。此外，还通过亚洲开发银行、联合国开发计划署、联合国教科文组织、联合国儿童基金会等国际组织的各种基金来补充学校的资金短缺。

二、伊朗高等教育的现状

（一）伊朗高考制度

伊朗大学生为了进入国立高等院校必须参加一年一度的全国统一高

---

① افسانه ، محمد دسین مشرف جوادی ، بررسی ظاهر موزش علمی کشورهای جهان و ایران. 1387. گنزورک
طرقه مشهد، فیض محمد اصفهانی، یاترل جامع علوم انسانی، خلاصبارزی انسیا، بخبرگرازری مهر، مهر، ماگبو نیایت ماگبو،

考。私立大学和营利性大学设有独立的入学考试。宗教大学也实行单独组织入学考试。伊朗的国立大学不收学费，办学质量也很可靠，因此大学生的第一选择就是国立大学。这样的情况下，进入国立大学的竞争很激烈。伊朗高考形式是一门综合考试，考试题目都是多项选择题，内容包括高中全部课程和宗教科目，考试时间4个半小时。为了更好地预备高考，学生要提前花不少时间复习高中的各种学科。除此之外，还有各种培训公司，专门教学生参加高考的方法和内容。由于伊朗的高考一直存在一些弊端，政府正在探索以高中二年累计平均"绩点"作为大学的录取依据之一。

（二）按性别和教育程度划分的高等教育学生、教师数量与专业

2016年，伊朗大学在校生总数为434.8383万人，其中女性占56.5%，伊朗教育在性别比例上高于地区内的其他国家。其中大约54%在国立大学学习，大部分的学生是学习人文学科有关专业的本科生。全国国立学校的大学生总量为54.1%，私立学校的学生总额为45.9%。全国女学生总额为46.1%。这些大学生当中，822345人为大专生，2558066人为本科生，774776人为硕士生，78015人为职业博士生，115191人为专业博士生。在大学任教的教师数量中，55.4%在国立大学任教，44.6%在私立学校任教。大学教师总数为79873人，其中教授4629人，副教授9806人，讲师37477人，助教27961人。[①] 有趣的是，伊朗的男女大学生比例始终是女性超过男性，原因是伊朗就业很困难，很多男青年如果找到工作，就不会去读大学，如果在大学期间找到了工作，也会放弃学业。同时，由于八年两伊战争让伊朗损失了大批青壮年男性，导致伊朗社会男女比例失调早已是一个不争的事实。

下图5-3呈现了不同教育水平的分布趋势。

---

① *Education for All 2015 National Review*，Islamic Republic of Iran，Tehran：Office of Research on World Education Systems.

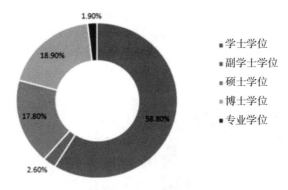

图 5-3　2015—2016 年高等教育接受程度

数据来源：根据《伊朗高等教育规划研究院》资料数据绘制。

目前，伊朗高等院校主要分为 9 大学科门类 68 个专业：普及教育计划专业、教育知识专业、人文学和艺术专业、法律（社会学、行为学、媒体报刊）和商业社会学专业、科学专业（自然科学、物理、数学、统计学、通讯学）、工程学（工业、生产制造、工程系、生产和艺术创作、城建、建筑系）、农业专业（农业、森林、兽医、水产）、社会保障和医疗专业（医疗和社会服务）、服务专业（个人服务、运输服务、保护环境、安保服务）。在大学阶段，学生修够 68—72 学分，一般是两年制，获得大专文凭；学生修够 130—145 学分，获得学士学位。该阶段求学人数最多。伊朗的硕士学制是两年制，在大学之后。修够 28—32 学分，能够获得硕士学位。

伊朗的博士学位包括职业（医学）博士和专业博士。如医学博士分三个专业：医学、兽医、制药。医学专业博士需要 290 个学分，兽医专业博士需要 217 个学分，制药专业博士需要 210 个学分。医学专业是 6—10 学年制。兽医专业是 6—9 学年制，制药专业是 5—9 学年制，毕业后获得医学博士学位。专业博士：攻读该专业博士学位的学生必须修够 42—50 个学分，包括教育研究课程、发表学术论文、提交博士毕业论文。毕业论文答辩后，在博士生导师的指导下论文发表后，才能获得博士学位。

（三）伊朗著名大学

政府为了吸引和扩大高等教育，将大学作为提高人力资本的主要战略。图5-4显示了伊朗国内不同类型的大学。

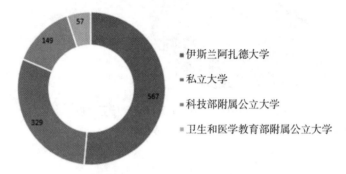

伊斯兰阿扎德大学
私立大学
科技部附属公立大学
卫生和医学教育部附属公立大学

图5-4　2016年伊朗的大学数量

数据来源：根据《伊朗高等教育规划研究院》资料数据绘制。

全世界有几个刊物，每年对于世界各地大学进行调查，如通过教学品质调查、授予博士学位人数、研究的国际学界声望、论文引用率等，来排名世界几百所大学。比如泰晤士高等教育世界大学排名为《泰晤士高等教育》增刊所发表的年度世界大学排名。据伊斯兰世界科学引文数据库（ISC）2017年按照泰晤士所发表的报告排名，2016年伊朗综合高校前十所排名为德黑兰大学、教师培养大学、设拉子大学、菲尔多西大学、大不里士大学、夏希德·贝赫希提大学、伊斯法罕大学、赞詹基础学科学大学、布阿里·西那大学和喀山大学。除了排名前十位的大学之外，还有几所著名大学，如沙里夫理工大学、伊斯法罕科技大学、阿米尔·卡比尔科技大学、科学工业大学、德黑兰医科大学、阿拉梅·塔巴塔巴伊大学等。

（四）伊朗高等教育与科学研究的重要平台

在伊朗的综合型国立大学里，成立于1934年的德黑兰大学，它的办学理念的特色化与注重大学生创新能力的培养已越来越吸引社会各界的关注。这所综合性大学设有自然科学、人文社会科学等学科门类。其中医学、制药、地震预测、农业小麦研究、环境保护、化学、生物、数学、物理、文学艺术、伊斯兰哲学是优势学科。另外还增设了中东和考古研究、社会扶贫调查、防治恶性疾病和高科技研究等专业和研究中心。主校园坐落在德黑兰市中心，部分院系分散在市郊。校园中心广场景色秀丽，靠近足球场是大学的中心图书馆，北面有一座古典与现代建筑结合的风格宏伟的清真寺。这所大学的礼堂以古代波斯最著名的诗人菲尔多西的名字命名。在人文学院楼前广场上矗立着诗人的雕像，把这所著名大学装点得愈加神圣。

德黑兰大学实行校长负责制。校长为学校法人，全面负责大学的一切活动。副校长分别负责教学、科研和后勤。大学还设一名秘书长，两名副秘书长，协助校长管理行政和财务。大学校务委员会由校长挂帅，成员包括副校长、各学院院长、高等教育事务专家和大学秘书长。学院设院务委员会，由正副院长、各系系主任、教授代表组成。可以说，今天的德黑兰大学已成为伊朗高等教育与科学研究的重要基地。

1. 教学规模与内容

目前在它的各类学院中，伊斯兰哲学学院在教学规模、课程设置、学生人数、教学设备、师资力量上均远远超过其他学院。在课程设置上，德黑兰大学的课程选修相对来说比较自由，除了每个专业所规定的必修课外，其他课程基本不受院系的限制，一般每个学生每学年要选修5门课。因为是学分制，每门课要力求考试及格，拿到学分，才能届时毕业，获得学位。基础好、有能力的学生，也可以多选两门课，但最多不准超过7门。上课期间，倘若你对某门课失去兴趣，也可以中途放弃。

教学以课堂讲授为主，辅之以小组讨论和实验。当然，不同的学科又有不同的教学形式。他们非常注意教学手段现代化的研究。德黑兰大学已经建立了自己的教学科研网络系统。视听教学的开展，使一些死板的教学变得生动活泼。譬如，讲世界近代史，校方备有比较系统的历史影片，教员一边讲授，一边把一些重大的历史事件放映给学生看，这样有形象，有声音，也有利于学生记忆。

课堂上气氛活跃。尤其是带有讲座性质的课程，教员总是留出一定的时间，让学生自由提问。不少学科都有讨论课，要求学生课前要有充分的准备。讨论时，学生可以各抒己见，也可以同教师进行辩论。

2. 研究中心

德黑兰大学自建校起就十分重视科研工作，创办了各种类型的研究中心，如科技开发研究中心、信息产业化研究中心、伊朗学研究中心，其服务性机构有语言中心。在伊朗除波斯语外，使用最广泛的语言是英语。因此，语言中心主要是为大学英语教学和外国留学生服务。教学服务中心，这是德黑兰大学中最重要的一个组成部分，配备有各种最先进的教学设备，为全校各部门的教学与实践服务。它的主要任务是，为各学院准备所需物资，推荐教学方法，筹建实验室、视听中心等。

3. 别具一格的德黑兰大学女子学院

到德黑兰大学的校园里走走，你会发现女大学生相当多。目前这所学院最大的优点是糅合了小型独立女子学院和大型研究院大学的一切设施。不少伊朗人都喜欢送他们的女儿来这里求学，因为德黑兰大学女子学院称得上是伊朗全国最优秀的女子大学。学生们可以享用德黑兰大学的各项一流设施，而且校舍就在德黑兰市中心。德黑兰女子学院的学生，最爱修读的科系分别是伊斯兰哲学、医学、财会、波斯文学和生命科学。英语是女大学生们一致公认的最棒的学科，其次是《古兰经》伦理思想、美术、音乐和金融专业。同样出色的学科还有心理学和妇女研究。

4. 阿依莎与帕丽教授

阿依莎教授，是笔者就读于德黑兰大学的第一位波斯语教师。她有着一双洋溢着圣洁的充满智慧的眼睛。这双眼睛是那副浅色镜框眼镜所无法遮盖的。她的眼睛是蓝灰色的，皮肤白皙而有光泽。笔者受教于她是在秋天，她那棕褐色的"恰抖尔"和银灰色纱巾，配以金黄色框小手表的服饰。由此笔者想到她的教学语言何以会那么富有色彩！她还让笔者想起波斯著名诗人费尔多西的一句话："人，应该是一切——从知识、修养到风度和衣着都是美的。"

从 20 世纪 80 年代中后期，她就在德黑兰大学国际语言培训中心任教。她的聪明和语言常常令外国留学生为之折服。如果你正在跟随她记笔记，而她又恰好挡住了你，你最好不要用她听不懂的中国话抱怨，因为那样的话，她会及时移开身体，用手指着被她挡住的部分，逐个字母清晰地、加重地读给你，让你立刻为自己的不礼貌感到难为情！

她是语言学家，除了大量著述外，她的照片镶嵌在教学大楼走廊的墙壁上。她教给我们的口语中，总有诗的韵味，比如："今天的天气很好，去掉了雨和雪，太阳在闪耀——今天是个太阳的日子。"诗的意象与流动美令人处处可感。

和她相比，我们常常缺乏一种灵活性，比如练习句式"……（谁）在……（哪儿）工作"，老师会一本正经，拿出初次相识的架势问："穆萨（我们每个人都有一个波斯语名字），你有兄弟吗？""有。""他工作还是上学？""他工作了。""他在哪儿工作？"每当这时，我总要费尽心机地去找合适的波斯语词汇，印象自然也就会深刻得多。

每天，老师总是比我们提前至少20分钟坐在教室里。只有一天，由于公共汽车出故障，她来晚了10分钟。她喘息未定，便急急地向我们解释：……这长长的解释让我们感动而又有些内疚，我们何曾为自己的迟到这样地焦急过呢？对于迟到的同学，她从不责备。只有一次，一位同学实在太久没有来了，老师见到仍然没说什么，只是轻轻地摇着头，对一个最小、最勤奋的女孩说："哎呀哎呀，依莎白你看，我们班的客人来了！"

她常常带来自家别墅的苹果，作为我们语言游戏的奖赏。而当某个同学因为求她办某件事而送给她礼物时，大家都会感到她内心深处的极其不愉快与不安——"为什么搞这个？拒绝你吧，你是不是会有其他想法？"阿依莎教授深深犯难的眼神令你自省。

暑假临近时，她好久好久地嘱咐笔者怎样在中国才会不忘波斯语……正因为如此，笔者在回国之后的第三天，就开始每天早晨利用一点时间复习波斯语课程。

的确，像阿依莎这样高素质又尽职尽责的教师，在这里大有人在！这样多的优秀教师，必然会培育出一批批高素质的人来，直至形成一种社会风尚……

　　笔者第二学年的波斯语老师名叫帕丽。这个名字有双重意思：一为预祝女孩子一生光明，外貌美丽似仙女；二是恰巧这个女孩是金发，属浅色发质，波斯语里"明亮"与"光明"是一个词。在她身上，后一种含义就不恰当了，因为她是栗色头发、茶褐色眼睛……

　　"关键是内心光明！"——她这样解释。

　　她身材不高，走路极快，很少有人能追上她。从这一点看，她根本不像个 50 岁的人。

　　"当我在阿富汗教学时，所有的人都惊讶我走路像一阵风。"她圆圆的褐色眼睛在深眼眶里从下向上侧视着，"一个学生告诉我——我们这儿只有仆人和军人才跑步前进；其他人都是主人，没有人给你下命令，大家都慢慢地溜达……"

　　她的牙齿雪白，很少露出来。圆圆的小嘴，上嘴唇很薄，这注定她发音准确而清晰。"今天我们的计划是这样的：第一，学习《语法》这本书，学会表格后，完成 1 到 20 题。下课前 5 分钟我要念几个笑话。"她拿起一本书给我们看，露出五个玫瑰红的短指甲和两枚漂亮的戒指，"课间休息后像每个星期三一样，我们要读报。"课程就这样开始了。她宛若一位三军统帅，一切皆在运筹帷幄之中，潇洒而成竹在胸。

　　第一次上她的课，她一下子为我们打开了瑰丽缤纷的波斯语之窗。

　　"我给你的小说，你读了吗？"她侧着头，询问一位来自德国的留学生哈桑。"看了，看了。"这家伙使劲点头，却不敢看老师，想敷衍。"很好。"帕丽坐直了，似乎很满意、很例行公事地问："哈桑，屠格涅夫的这篇《约会》讲的是夏天还是秋天？"哈桑被问话的语气欺骗了，"是夏天。"帕丽耸耸肩，眼睛看着天花板。大家笑得不行，因为答案应该是"秋天"。"好了，哈桑，"她摆正自己，再次侧头询问："这篇小说讲的是农民的事，还是贵族的事呢？"然后她眼睛看着另一边，等哈桑回答。这个倒霉蛋选择了一下，就说："是贵族。"大家笑得前仰后合，因为这篇小说讲的是农民的事。

　　帕丽长得很美，像三十几岁的妇人，一副养尊处优的样子。大而圆的眼睛灵活狡黠，甚至显得有点儿霸道。每当心情变化时，这双眼睛的颜色就转深。在她谈起自己女儿玛丽娜时，颜色就一直深深地没变化。"我的玛丽娜很有天赋，她画的人都是活的。可是美术院校很不好考。这件事情都怪我——"她低下头，摇着。我很奇怪地等着，头一次听她讲话这样前言不搭后语。她又抬起头，缓缓地接着说："在玛丽娜上中学时我问过她：你以后想要做什么？是学美术还是别的什么？想当演员这很不严肃！玛丽娜最后选择了美术。可是那一年，学校在伊斯法罕地区只招7个人，6个领导的孩子已经内定，200多个孩子报考实际只选一个。而这一个，也可能是被什么招考的人给占了。玛丽娜前面一个口试的姑娘，是局长的孩子，她答得很一般，有的地方只能得2分，但所有的考官都给她打了5分。玛丽娜一切都很好地回答了，但考官很不爱听，只给玛丽娜打了个3分，还问她：'你自己怎样认为，应该给你打3分吗？'玛丽娜说：'2分！'起身走出教室。以后的考试她根本没参加。她就是这样的性格！"

　　善于学习和为教学而工作的精神，根深蒂固地体现在帕丽身上。她对工作的认真和郑重众所周知……开学初，许多同学想请她作"家教"，不把学费交给学校而交给她本人。她坚决不肯，甚至根本没有商量的余地。要知道，那将是她工资的几十倍！同学们背后议论她"教条""脾气怪"。

　　那一天，因为课文讲的是女画家的事，她手上除一枚配套的琥珀戒指外，还有一枚钻石戒指，左手无名指上还戴着金戒指。一见面，就先让我们感受到"艺术家的重色彩"。

　　"我们现在开始对话吧。依莎白，你提问，穆萨来回答。题目是：'这一天我做了什么？'请。"帕丽老师对我们从来都是用敬称。

　　"穆萨，请问你一天中，什么时候最想女儿？"我说："在平静寂寞的日子里，最想留在国内的亲人。"

　　"穆萨说的是心灵深处的实话"，她缓了一口气，接着说，"这个题目，我们先放一放。我们已经结束了单复数名词各格，请跟我抄写，标题是《格的游戏》。作者是个优秀的语言学家，他是德黑兰大学的教授。"

我们跟随她如风一般的速度，抄写起来——

"同学们！格的游戏开始了：谁在那边？"（"谁"为第一格）——弟弟和妹妹。

（现在是问题，然后是回答——）

这是游戏的规则。（"游戏"是二格）

这儿没有谁。（"没有"要求"谁"变二格）——弟弟和妹妹（两个名词均变二格）。

"我们为游戏高兴。"（"高兴"要求"我们"变三格）

"我给谁打电话？"（"给谁"的"谁"变三格）——弟弟和妹妹（两个名词又变三格）。

……

复杂、严密而烦琐的波斯语语法，由她带领我们"游戏"起来，变得有趣、清晰而易记。是的，帕丽教授就是这样一位外表漂亮、内心光明的好老师。她不但博学多才，而且循循善诱；不但教给我们许多有用的文化知识，而且，也教会了我们如何处世做人。在举目无亲的异国他乡，能遇到这样一位好老师，不仅是一种幸运，实在应该说是幸福啊！

5. 风格独特的大学图书馆

德黑兰大学历史虽然不长，但藏书已逾 500 万册。此外，师生还可以利用在首都的方便条件，到议会图书馆、国家图书馆和市立图书馆去借阅书刊，其手续十分简便，持德黑兰大学图书借阅证就可以借书，并不需要任何特殊证件。

德黑兰大学的图书资料全部开架，按学科不同，分类储藏。每层藏书楼都有宽绰的阅览室，在那里看书，随借随还，不必办理借阅手续，只要求你不要把图书放错书架。倘若你需要复印资料，也不必麻烦管理人员，只要你给复印机投进足够的硬币，它就会给你立即拷贝出来。如果你所需要的图书资料本馆没有，还可以通过馆际系统的电传，向有关单位索取。当然，借阅图书，也有一定的期限，到期没有看完，可以续借。逾期不还，就要按规定罚款。

目前这所大学图书馆由主馆和多个分馆组成，除馆藏资料丰富、设备先进、人员素质高、规章制度合理完善外，其用户导向性服务分为三种类型：书面导向服务；工作人员导向服务；先进现代化手段导向服务。德黑兰大学图书馆馆长伊扎迪博士介绍："在伊朗，不论是大学图书馆还是公共图书馆，都坚持特色为本，服务至上的宗旨。因此，德黑兰大学图书馆读者导向性服务主要着眼于：将自己能够提供的各种服务明白无误地展示在读者面前，为广大的读者提供有效的信息服务，更好地发挥大学图书馆的职能作用。如您找寻或查阅有关文献资料，请勿犹豫，图书馆每位工作人员都乐于为您服务。"德黑兰大学图书馆以全方位开架为核心的服务体制，自动化为核心的读者服务手段，以及丰富多彩的专题讲座都值得我们学习和借鉴。

6.办学理念的特色化与注重大学生创新能力的培养

在德黑兰大学里学生需要独立完成研究课题，由自己或参加到一个小组里去收集、分析数据，提出问题，以逻辑的方式就这些问题与同学和教师进行分析和讨论。所有这些都要求你积极主动地参与，而不是被动地听讲和学习。

与中国传统的教学方法相比，德黑兰大学的教师总是尽量为师生之间的交流创造出一个自由、轻松的氛围。学生可以随便提问，甚至可以向教师发出挑战。这种学习为学生的创新能力开发提供了很多的机会。因为，无论在班上还是群体中，最健谈和活跃的总是当地的学生。他们和教师谈笑风生，表现出敏捷的思考能力，在解决问题的时候，又表现得富有创造性。

三、伊朗高等教育的类型

伊朗高等教育的类型主要包括国立大学、私立大学、远程开放大学、宗教院校和高等教育中心。国立大学全部免费，就读私立大学一年的学费大约是 800 美元。Azad University 的学费是私立大学的两倍多，近 3000 美元①。私立大学和营利性大学，一般在国外都建有分校。

（一）国立大学

伊朗高等院校当中最有代表性的就是国立大学。国立大学不向学生收取任何学费，教学、科研水平也明显高于私立大学。因此，进入国立大学，无论是教师还是学生，都很不容易。国立大学的类型分为综合型大学、理工（科技）大学、医科医药大学、艺术型大学。如：科学实践综合大学创建于 1992 年，隶属于高等教育部，以培养工业、矿业、农业所需高端人才为目的；为政府与非政府的企业提供参与的条件，培养他们所需要的专业人员。"法尔汉基扬大学"（即教师培养大学），是在具有 100 多年历史的专科学校基础上，于 2011 年经伊朗最高文化革命委员会批准建立的一所教师培养大学。学生从进入大学的第一天就有工资，在大学学习阶段连续计算工龄，毕业后很容易被雇佣任教。这种待遇和条件其他大学的学生是不会有的。实践综合大学和法尔汉基扬大学属于国立大学，在高等教育部的管理下开展教学活动。目前，伊朗大致有 131 所国立大学。

（二）私立大学

为了给大量要求进入大学的学生提供机会，减少政府的资金负担，伊朗伊斯兰革命后建立了上百所私立大学。私立大学一般向学生收取较高的学费，创办之初主要是弥补政府教育经费的不足。近年来伊朗私立大学更多的是满足高收入家庭对高等教育的需求。申请创办私立大学，必须要由 10 人组成的理事会，上报高等教育部批准。在创办的前三年，每年高等教育部都会组织有关专家进行评估，如果三年评估顺利通过，可获永久

---

① *Educational Evaluation Indicators and Standards*，Document Approved by Supreme Council of Education，2013.

性资质。国家对私立大学有一定的财政补贴，实行按营利和非营利"分类管理"。正是这一政策，调动了社会创办私立大学的积极性。如1983年作为伊朗伊斯兰革命后第一所非公立大学阿扎德大学在德黑兰建立，开辟了高等教育与私立学校合作的新模式。创建这样一所大学的目的主要是为了缓解因为有限的招生名额和严格的入学考试而不能进入公立大学的高中毕业生，对接受高等教育日益增长的需求。阿扎德大学不依靠政府的经费支持，而是依靠向学生收取学费维持运转，因此收取较高学费。学生也愿意支付如此高昂的学费，是因为获得大学学位就可以提高社会职业地位。阿扎德大学的课程与公立大学十分相似，学术自由的限度也与公立大学差不多。目前阿扎德大学在阿富汗、英国、黎巴嫩、阿联酋等国家建立了分校。

（三）远程开放大学

1987年为了向住在不发达、欠发达边远地区城乡居民提供学习的条件，政府又建立了远程开放大学（也称帕亚马·努尔大学）。这种大学的教学方式是远程函授自学教育，通过传播电视播放教学节目，短期集中面授，开通网上授课。它是构成伊朗高等教育值得关注的新生态，目前注册学生数已超过公立高校。

1. 远程教育的特点与定位

在伊朗国内占据主导地位的两类高等教育体系分别为面对面教育体系和远距离教育体系。公立大学、非营利性大学、教师培训中心属于面对面教育体系，而帕亚马·努尔大学则是伊朗唯一实行远距离教育的高等院校。

帕亚马·努尔大学开展各项工作的定位主要是：（1）提高全社会的文化与科学素质。（2）为居家在偏远地区，尚不能通过其他途径参加继续教育的人们提供就读机会。（3）为有家庭、工作双重负担而不能在普通大学学习的人们创造就读机会。（4）为需要各项技术证书、专业证书和教育学位证书的人们提供培训。（5）利用一切可能创造的设施来促进国内高等教育水平的提高。（6）为教师提供各个级别的培训课程以解决中学中本科水平师资人数的匮乏。（7）为满足社会成员获悉最先选科学技术的需求，学校开设有各类短期或长期的课程培训。（8）通过全面推进高层次文化的传播加速社会中政治经济的全面发展。

2. 运行管理与组织机构

伊朗国内的远距离教育体系是国家建制并在国家文化与高等教育部的机构内运行。在帕亚马·努尔大学，属于决策层的三个主要机构是：理事会、校委会和校长。国家文化与高等教育部的部长即是该校理事会的主席，同为该理事会成员的努尔大学校长则是经国家文化与高等教育部提名，国家文化改革高级委员会批准并由高等教育部的部长最终任命的。为辅助校长工作，另设有四位副校长，他们分别主管教学、财务、科研和学生事务。

该校在全国各省区共设有 43 个地区教学中心，教学中心的主任由帕亚马·努尔大学的校长任命，而各中心的财务预算则是通过设在帕亚马·努尔大学的中心组织机构统一规划实施的。若要建立新的教学中心，则应该在得到国家高等教育发展委员会的批准后，由帕亚马·努尔大学在国家文化与高等教育部的管辖范围内提出申请并负责相应的建设工作。

学校开设的各门课程的教学大纲应得到附属于国家文化改革高级委员会的计划委员会批准后方能正式实施。而各门课程的自学辅导教材是在帕亚马·努尔大学的课程编制的管理下，由各门学科的专家共同编著的，其中各科目的学术难度是由国家文化和高等教育部实施宏观控制。当一门新兴科目的自学辅导资料出齐了大约一半后，校方就可以向国家高等教育发展委员会申请，获得允许后就可以组织该门科目的教学。

帕亚马·努尔大学师资队伍中的大部分教授是兼职于该校和其他非远距离教育学院的，其余的则是任职于该校的全职教授。另外，学校的大多数实验室是利用了各类非远距离教育学院的现有设施，但也有一小部分实验室是建在一些地区性教学中心的。现在，帕亚马·努尔大学已决定要在地区性教学中心新建更多的实验室。

远距离教育中各项财政支出的来源是政府预算（其数目为高等教育预算的 50%）；学生缴纳的学费；来自私人、团体和各类基金会的捐款；出售教材的营利。1990 年国家的政府预算中有 2.7% 是用于投入并促进各类高校的建设。在远距离教育体系中，每位学生的费用大约为非远距离教育体系中每位学生的 1/3。

3. 辅导制度

帕亚马·努尔大学所采用的主要教学辅导方式是学校自己印教材。它们以波斯语写成，覆盖了众多相关学科，在教学科技人员、美术编辑、文字编辑和设计人员的合作下，学校的教授们编写和设计了大批的自学辅导书籍。书由课程管理处印刷，帕亚马·努尔大学出版社负责出版，之后再发放到各个地区性教学中心。学生们则可以从他们所属的地区性教学中心领取到各门科目的教材。学校的一些学科（基础计算机科学和教学等课程）设计研制出少量的自学辅导软件包。这些教学软件包是依据帕亚马·努尔大学同计算机科学（软件）领域的专家所签订的数项合同而研制并逐步投入批量生产的。

远距离教育体系所利用的主要传媒和教学手段包括自学课程辅导资料；作为参考书目的印刷类函授课文和课本；在地区性教学中心开展面对面教学辅导和咨询；周末在教学中心开办面对面授课；只在一些基础性学科内采纳电视教学和录像教学；在地区性教学中心或非远距离教育的大学内开展各项实践活动；期中考试，需要实地设计和家庭作业；期中、期末考试都是在地区性教学中心举行的。

每门课程最后成绩中的各项比重如下：期中考试笔试卷、实地设计和家庭作业占总分的 25%，期末考试笔试试卷得分占总分的 75%。而期末考试的大多数考题由大学中心管理机构设计，之后再通过地区性教学中心发送至每位学生手中。帕亚马·努尔大学招生覆盖了 11 个不同专业，校方在国内各地区共设立了 43 个地区性教学中心。

4. 科学研究活动

学校的科研活动主要由分管科研工作的副校长负责管理和设计学校

内部的科研项目。目前校内学术团体的成员正在合作研究一项新课题，名为"远距离教育中的面对面教学"。

5. 国际合作与交流

帕亚马·努尔大学是亚洲公开大学协会的成员之一，办学模式已引起联合国教科文组织的关注，联合国教科文组织已向帕亚马·努尔大学提供了教学资源和各种技术支持。目前伊朗远距离教育体系发展日趋完善，在提高全社会文化、科技水平，提高偏远地区公民整体素质方面，远距离教育是一种十分可行而又快捷的教育形式。

（四）宗教型大学

伊朗高等教育还包括宗教型大学（即厚资·伊理米叶院校，伊斯兰科学之地）。这种宗教院校，学习由四个阶段组成，即预科、入门、研修与专修。在预科期间学生要在六年的时间里掌握逻辑学、阿拉伯语和古兰经语言学。入门期间学生要学习四年的演绎教法和教法渊源。研修阶段的教学内容为教法与教法渊源，一般由著名的穆智台希德亲自负责授课。学生还要学习伊斯兰哲学和理论。这一阶段学习没有时间限制，如果本人愿意的话，可以长期在校进行学习和研究。该阶段完成以后，学生就能够取得法学权威的称号（穆智台希德）。专修指学生在取得穆智台希德称号之后，继续研修经注学、教义学和教法学等学科，以适应宗教学校和社会的需求。

四、伊朗高等教育的组织架构与运行管理方式

（一）大学的法人和行政教学机构设置

大学校长不是由学校选举产生，而是由高等教育部任命，副校长由校长任命。大学校长要充分体现"讲政治"，负责校内事务，没有融资的责任。所有的公立大学的经费，在高等教育部下面设有一个"大学拨款委员会"，由国家财政拨款，"大学拨款委员会"根据大学的学生数量、师生

比例、研究成果、学生入学的考试分数等确定拨款额度。

　　大学的校务委员会由校长、副校长、教务处长、科研处长、研究生处长、大学生处长、文化与社会处长、资源发展与管理处长、财务处长、行政处长、医疗处长等组成。法基赫（教法学家）监护代表在所有的大学设有办事处，主要负责政治思想教育和宗教活动的管理。

　　大学专业委员会由教育委员会、研究委员会、大学生委员会、完善求学委员会组成。成员由资深的教授、专家担任。各系的主任由大学校长聘任。系主任上任后，在系科学小组成员中选择教导员、财政和管理主任、大学生辅导员。在大学分管领导同意的情况下，将教学、研究、财政、管理的责任交由他们负责。根据大学章程，在各系组成学术委员会。该委员会的主要职责是在系内研究制定教学和科研计划，在各个小组之间的科学教育活动中，讨论科学小组研究的方案，招生计划等。该委员会的成员由系领导小组或教育小组的领导组成。在每个系设置教学小组，负责制定本专业课程计划。

（二）大学课程设置

　　伊朗高等教育的课程安排由最高计划委员会负责实施。该委员会的责任是制定与审核教育规章及其章程。[①]最高计划委员会由9个计划小组，68个专业委员会，3个常务委员会以及470位常务成员组成。成员大部分由大学教师和高等教育的计划理论家组成。本科专业的课程有四种，即公共课、基础课、专业课和研究方向课。这些课程大部分为必修课，少数为选修课。

（三）大学的资金来源

　　在伊朗大学资金主要由政府公共收入、石油销售收入和大学自主创

---

① *The Future Outlook of the Islamic Republic of Iran in the Horizon of the Next Two Decades*, Management and Planning Organization, 2003.

业收入提供。① 学校自主创收主要包括学校所完成的科研项目成果，知识产权的销售或委托，提供各种医疗、技术、学术、研究、生产、咨询等服务，销售各种化工、农业、文化产品等。比如通过建立学科研究基地，根据要求给各种企业提供服务，给公立企业提供研究成果，创建科技创新工作坊，发明和研制产业给生产公司，举行信息产业有关的各种教学活动等。

（四）大学各种学生社团

在伊朗大学生可以按照他们的爱好、兴趣加入学生社团，进行自己所喜欢的活动。比如各种专业都设有学生会。学生会的责任是推广自己专业的各种学术活动，如举行研讨会和各种工作坊，帮助举行国内外的会议和学术比赛，安排各种课外培训班等。对于美术和文化活动感兴趣的学生也可以加入大学生文化艺术社团，进行与该领域有关的文艺活动。

（五）研究中心和学术基金会

1. 大学研究中心：高科技实验室网络

高科技实验室网络（LabsNet）是由伊朗科技副总统于 2014 年倡议建立，目的是向大学和工业研究人员提供实验室服务。最初该网络广泛应用于纳米技术领域，之后被委任应运于其他领域。高科技实验室网络的任务主要包括：通过实验室活动的标准化来提升高科技实验室服务的质量，通过举办培训班和经验交流会，提高实验室技术人员的知识库，促使工业和学术研究人员获得实验室服务。如今，高科技实验室网络为全国公立或私立的 461 所实验室和已覆盖的 60 多座城市实验室设备提供服务。值得注意的是 70% 的实验室属于大学和研究中心。下图 5–5 为隶属于大学研究中心的高科技实验室网络实验室。

2. 国际科技合作中心

国际科技合作中心（CISTC）成立于 2017 年，是由国家精英基金会

---

① *Education in Iran*，WENR，2017.02.07.

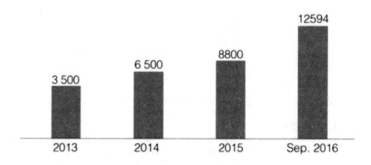

图 5–5　2013—2016 年大学实验室数量

资料来源：根据《科技研究部 MSRT》（2016）数据绘制。

国际事务办公室和科技副总统下属的国际事务和技术转移代表处合并而成。国际科技合作中心被分配落实最高文化革命委员会于 2018 年提出的《伊朗伊斯兰共和国国际科学关系》全面文本。中心的核心任务是与其他国家的国际科技企业和外国专家开展合作，开展积极的、建设性的交流互动，在知识经济中取得领先地位。

利用外国专家特别是伊朗侨民和人才流动能力的优势，促进科学合作关系，发展人力资源。通过国际企业在技术发展和相互交流的能力扩展技术合作与交流，利用国际市场的能力和便捷发展知识型企业，使国内知识型企业和技术公司进入这些市场是国际合作中心的重要战略之一。

3. 创新和繁荣基金

创新和繁荣基金直属于总统，成立于 2011 年。主要目的是通过财政和非财政的方式支持知识型企业。[1] 自 2017 年 3 月以来，该基金资助了 2117 个项目，总金额达 3.95 亿美元。此外，中、高新技术产品出口从 2004 年的 15 亿美元增长到了 2014 年的 121 亿美元。

4. 设置国家科学基金会

国家科学基金会（INSF）经最高文化委员会批准于 2003 年成立。主

---

[1] *Iran's Over education Crisis*：*Causes and Ramifications*，Nader Habibi，Crown Center for Middle East Studies No. 89，Brandeis University，2015，Nov.

要为研究人员和科学家提供多样化的支持项目，目前已有超过 70% 来自高等院校和研究机构的人员直接参与国家科学基金会确立的项目。国家科学基金会的主要活动包括为创新中心研发科研项目和申请国际专利提供支持，举办科学活动，博士后和短期参观项目，授予不同类型的研究奖项。

5.PARDIS 科技园区

PARDIS 科技园区（PTP）成立于 2005 年，由主管科技的副总统监管。PARDIS 致力于大学科研成果的转化和商业技术成果，并且为技术的发展创造适当的条件。至 2018 年 5 月，大约有 255 家高新技术企业在 PARDIS 科技园区运营。这些企业是从 1500 家已申请的科研院所和企业中通过严格筛选出来的。

6. 建立国家精英基金会

国家精英基金会成立于 2004 年，旨在为科学领域的创新者和领军人才提供资金和智力支持。主要包括政策支持，货币 / 非货币奖励，譬如发放低息或免息贷款，给缺乏资源或实验室设备的机构提供支持。重视国家项目优先权的会员，协助这些会员商业化创新或者扶持到政策层面，提供其他类似的服务支持。2013 年 12 月基金会新增国际事务代表处，主要目标是利用伊朗侨民的人才优势，提高国家的科技创新能力。基金会服务于四个不同机构：世界顶级大学的伊朗博士毕业生，世界顶级大学内的任教伊朗教授，世界顶级科研中心和技术企业的伊朗专家和高管，非伊朗籍投资者和有成功经验的企业家。2014 年修订的资格标准包括团体和个人在各自的领域的研究成果、经验和学术成就。

7. 创新加速研究中心

创新加速研究中心于 2014 年在 Pardis 科技园区（PTP）的监管下开始工作，除了举办不同的创业活动外，该中心还负责建立不同的创业加速器，为创业企业提供便利条件，为青年企业家创造合伙工作空间，通过与创业社区和私营部门的合作，建立新的团队，创建新的创业公司。

五、伊朗高等教育的特点

(一) 传统与现代相结合

伊朗自古就十分重视知识和科学。在《波斯古经》中记载："男士和女士，姑娘和小伙子，都要努力增加自己的学问和意识，因为学问是锐利的眼光，没有学问的人，相当于盲目人。"[①] 为了发展工业和农业，阿契美尼德王朝时期，将一些学校建在市场和农村附近，教学内容一般涉及宗教、道德、治国、理政、金融、军事、工业、艺术等方面。到萨珊王朝时期（公元 271 年），阿尔达希尔一世下令创建功地·沙普尔大学堂。该校历经数百年，逐渐成为世界著名的学术中心。

古代波斯文学、宗教和哲学文献表明，早期波斯的教育主要体现为学者通过私塾教育、撰文参与协商国家事务，扮演统治者智囊的角色。伊斯兰教什叶派第一任伊玛目阿里曾嘱咐自己的追随者莫勒克·阿什塔尔（Mulik al-Ashtar）要"尽可能多地与学者和智者为伍，以此获得治理国家的方法"。塞尔柱帝国时期，担任宰相长达 30 余年的尼扎姆·莫尔克在其史学著作《治国策》（Siyasat-nama）中写道："对事务提出咨询是判断可靠、高智商和有远见的标志……因此，一个人应当向智者、长者和有经验的人请教。"被誉为"伊斯兰文明百科全书"的《卡布斯教诲录》（Qabus-nama）一书也曾指出："假若你是国王，做任何事情都应听取智者的净谏。不论什么工作，在做之前应先同智者商讨。国王的宰相应当睿智博学。遇事不要急躁，应先找宰相研究。"上述著作都强调决策者应向有知识者进行政务咨询的必要性，标志着教育在伊朗（波斯）的重要性。随着人类社会的发展和现代化进程的加快，教育的形式也在不断发生改变，统治者的顾问和有学问的教育家逐渐成为伊朗（波斯）统治者的决策核心。

---

① و شهوژپ .1380 یلاع شزومآ یلاع نیمأت یاه هار رایس و تلود یلاع ناوت ، یرداق مساقلاوبا ، هسسؤم
بر نامه ریزی موزش عالی، پایین، برنامه ریزی موزش عالی.

在传统教育的基础上，伊朗从1个多世纪前开始确立现代教育。近年来在受美国各种制裁的情况下，高等教育和研究依然保持了传统与科学相结合的特征。

（二）重视科技创新

近年来，伊朗在许多先进科学领域取得令人瞩目的成就。在科学技术领域，伊朗在伊斯兰会议组织成员国中排名第1，在世界排名第16位。在卫生和医学领域，伊朗已进入世界先进国家的行列。1993年，伊朗成功完成了第一例心脏移植手术。目前，伊朗已成为世界上10个具有心脏移植手术能力的国家，伊朗每年完成15000例心脏移植手术，有80家心脏移植中心。伊朗的医学已达到较高水平，每年有外国患者到伊朗接受手术。2018年，伊朗神经外科顶级专家萨米教授在中国建立了国际神经科学研究所。在遗传学和克隆领域，伊朗是西亚最先进的国家。在航天科学领域，伊朗2008年成功发射了"欧米德"卫星，成为世界上第九个掌握航天技术的国家。在文化、体育、艺术、教育以及军事防御能力等方面具有一定影响。2017年伊朗经济的GDP接近439.5亿美元，属于中东北非地区的第二大经济体。2018年，伊朗的纳米技术世界排名第四位，占该领域的科学产量5.81%。在航天科学、核技术、生物技术、人工智能、材料工程和能源领域，伊朗已进入较先进国家的行列。

目前伊朗在全球科学出版物中的份额持续增长，从1996年的0.07%增长到了2017年的1.85%。伊朗学者和外国同行的联合出版物约占22.23%。2018年，伊朗科研人员在国际著名杂志上发表了55000篇科学论文，排列56个伊斯兰国家前茅。取得这一成就的主要原因是越来越重视科学研究。

根据伊朗20年的远景规划，伊朗在科学技术领域内以获得先进知识和科技生产能力为最重要的目标。在过去几年大学实验室数量的快速增长，从2013年的3500个增加到了2016年9月的12594个（图5-6）。

2010年通过《支持知识性企业法》并于2013年实施后，形成了多种

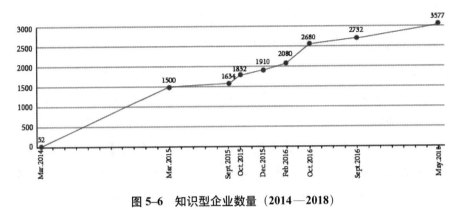

图 5-6 知识型企业数量 (2014—2018)

资料来源：VPST；http://daneshbonyan.isti.ir/。

支持知识型企业的机制。随后几年内知识型企业迅速增长，从 2014 年 3 月的 52 家增加到 2018 年 5 月的 3577 家。这些企业创造了 9 万多个工作岗位和 91 亿美元的收入。

六、伊朗高等教育面临的困难与挑战

历经 40 年的变革和坎坷发展，伊朗高等教育和科技创新能力发生了显著变化，向世界一流大学迈进已成为伊朗高等教育的重要战略追求。为此，伊朗的大学也努力与世界一流大学建立各种学术交流和合作。根据伊朗高等教育的远景目标，在 2025 年伊朗将在人才培养、学科建设和经济等领域，要走在邻国、中东和中亚各国的前面。

但面对日益严重的经济危机和激烈竞争的就业压力，伊朗高等教育仍存在诸多需要解决的突出问题，也面临着前所未有的困难与挑战。如教育经费的筹资和分配机制一直是伊朗教育改革的障碍，加上美国更加严厉的经济制裁，导致分配给教育的资金不断下降，高校教职工工资低于平均生活标准，教育质量的提升在很大程度上都依赖于教师队伍。当教师无法维持正常的个人生活时，就出现了"招不来、留不住、用不好"的现象，进而影响高质量的教学。与此同时，由于城乡差距、区域差距、贫富差距和校级差距，每年有很多大学毕业生找不到跟自己专业相关的工作，而事业单位和企业新招聘专业人员所学的专业一般跟他们读的专业关系不大。在高考招生中，由于公费上大学的名额有限，学生家长承担不起高昂的学费而放弃学业的现象普遍存在。要解决这些问题，就需要对问题的现状进行科学、准确、客观的分析。

针对上述存在的问题，有的专家认为大学现在的体制和教育计划，不太重视社会经济的实际需求，在就业与市场需要和大学生培养之间矛盾突出。因此，需要从制度、管理、教学、科技创新与新生态、新理念等方面，加快推进高等教育育人机制改革，提高教师专业素质。根据国家和地方经济社会发展的实际需求，针对性地建立健全高校育人问责制度，帮助高等院校教师开展基于监测结果的改进教学工作，进一步提升学校的办学水平和教育质量。与此同时，加强与国外大学的学术交流与合作，吸引更多的外国留学生到伊朗大学来学习相关专业；向外国教师提供访学机会，让他们跟伊朗教师一起进行科学研究，从外国专家丰富的经验中，创造对国家有利的发展机遇。

由此可见，高等教育是伊朗支撑国家科技发展和创新的有机整体，已成为伊朗维护其民族群体凝聚力和向心力的精神支柱和纽带。它包容了伊朗国家教育的主要历史特点、民族精神的形成，以及这个民族特有的生存方式、社会结构和生命力所在，已在政治、经济、文化和社会生活中对人们的文化风尚、伦理道德、生活方式和科技创新产生一定的影响。

第六章　伊朗职业技术教育

自 1979 年伊朗伊斯兰共和国建立以来的 40 年，为了解决劳动力的供需矛盾，伊朗在职业技术教育已经取得一定成绩的基础上，又采取了形式多样化等举措来推动职业技术教育的发展。主要表现为学校数量、学生人数、职业技术教育管理体系都较之前有了大幅度的发展。但是，在职业技术教育发展的过程中，也存在着许多不足之处，如教育发展不平衡的状况依旧存在，职业技术教育发展质量亟须提高。

一、伊朗职业技术教育的起步与发展

伊朗在萨珊王朝时期开始对新文明有所认识、了解。近代以来，欧洲一些先进国家的教学理念、办学特色和艺术先后传入伊朗，后来随着与欧洲新科学交往、交流和交融，不同于传统办学方式的新学校出现，开始用新的方法运用到教学当中。这些新学校一般由外国传教士以政治和宗教目的建立的，成为伊朗教育改革的开端。阿尔·卡比尔是卡加王朝纳赛尔丁沙的宰相，他在 1851 年创建了伊朗第一所西式新综合技术学校。在这所学校，开设医学、外科、药学、矿物学、骑兵、步兵、火炮以及历史、地理、自然科学、数学等基础课程。该所技术学校的建立，开启了伊朗职业技术教育的序幕。然而，伊朗学术界倾向于把 1907 年在德黑兰创办以教授木工和铁工技术的职业技术学校作为伊朗职业技术教育的肇始。到

1928 年，这样的职业技术学校发展到 9 个，分布在德黑兰、设拉子、泰伯里兹、马什哈德等地。从 1928 年到 1938 年，妇女职业学校、女子技术学校、农业学校、商业学校相继建立，成为职业教育的一部分。

在巴列维王朝统治时期，礼萨·汗国、穆罕默德·礼萨·巴列维都对职业技术教育给予了高度重视。这一时期伊朗与德国、美国、英国等国签订了相关协议，允许这些国家在伊朗境内建立职业技术学校或职业技术培训中心。[1] 1935 年德黑兰大学技术系与农业系建立，这标志着伊朗高等院校开始设置和使用现代职业教育技术。同年，伊朗石油公司开始培养技术人员。第二次世界大战使伊朗兴起的职业技术教育一度中断，到1959 年重新恢复。1951 年和 1961 年国家开始专门培训职业技术的男性和女性教师。1965—1966 年，国家对教育体系进行改革。高中阶段增设了职业技术课程，其目的是引导更多的学生选择职业技术方向，尤其是选择国家经济发展所需求的专业。在这些举措的推动下，职业技术教育得到了显著发展。首先表现为职业技术学校的发展。20 世纪 60 年代初，伊朗有64 所职业技术学校，20 世纪 70 年代初，伊朗的职业技术学校达到了 309所，1975 年达到了 508 所。[2]1975—1976 学年，仅德黑兰地区就有 40 所职业技术学校。1977 年，仅职业学校数量就达到 210 所。[3] 在高等职业技术教育方面，1964 年，国家新建了部分高等职业技术学院，高中毕业生学生可以在这类学校接受教育。德黑兰综合技术学院、卡拉季农学院是巴列维王朝时期高等职业技术学校的典型代表。1974 年，国家对职业技术学生实行免费教育。1977 年，全国已有 42 所高等职业技术学院。[4]

---

[1] 吴成：《职业技术教育在伊朗社会发展中的作用》，《河南职业技术师范学院学报》（职业教育版）2007 年第 2 期。

[2] 吴成：《职业技术教育在伊朗社会发展中的作用》，《河南职业技术师范学院学报》（职业教育版）2007 年第 2 期。

[3] Khosrow Lotfipour, *A Study of Vocational Technical Education in Iran* (*Tehran*), PhD Dissertation, Iowa State University, 1977, p.8.

[4] Khosrow Lotfipour, *A Study of Vocational Technical Education in Iran* (*Tehran*), PhD Dissertation, Iowa State University, 1977, p.8.

职业技术教育的发展最明显的表现是学生人数的增加。1959 年，接受中等职业技术教育的学生人数为 8300 人，占伊朗中等教育学生总数的 28%。[①]1963 年，伊朗"白色革命"开始，土地改革的不断推进和现代工业的迅速发展，使得伊朗技术方面发生了变革，要求伊朗大力发展职业技术教育。在这一背景下，伊朗职业技术学校的学生人数迅速增加。职业技术高中学生人数占高中学生总数的 2.5%，约为 25000 人，其中 80% 为男生。之后，职业技术学校人数不断增长。1975—1976 学年，全国学生总数超过 7760000 人，其中职业技术学校学生人数为 150509 人，女生人数为 29065 人。工业技术学校学生总数为 86187 人，女生为 2030 人，农业技术学校学生总数为 15902 人，女生为 550 人。服务业技术学校学生总数为 48420 人，女生为 26485 人。[②]

巴列维时期国家职业技术教育得到了显著发展，这为伊朗伊斯兰共和国建国革命后职业技术教育的进一步发展打下了良好的基础，促使之后职业技术教育取得更加卓越的成绩。

（一）伊朗职业技术教育深受西方国家的影响

近代以来，伊朗遭到殖民侵略，国家主权不断丧失，被迫卷入资本主义世界体系。与西方国家联系的加强，促使伊朗开始学习西方科学技术。在职业技术方面，其中就是由德国教员从事木工和金属工教学工作。因此，伊朗的职业技术教育根源于与西方国家联系的加强，从最初起就未能实现独立发展，而是深受西方国家的影响。

职业技术教育在发展的过程中，也对外国有着严重的依赖，其中尤以对德国的依赖最为明显。直到 20 世纪 60 年代初，伊朗职业技术学校的

---

① 吴成：《职业技术教育在伊朗社会发展中的作用》，《河南职业技术师范学院学报》（职业教育版）2007 年第 2 期，第 75 页。

② Khosrow Lotfipour, *A Study of Vocational Technical Education in Iran* (*Tehran*), PhD Dissertation, Iowa State University, 1977, p.12.

教师、设施、装备都是通过与德国之间的合作来提供。[①]1962 年，伊朗和德国政府达成共识，决定派遣 1—3 名伊朗最优秀的学生前往德国学习专业技术知识，学生留学费用由德国承担。在这一时期，伊朗职业技术学校所有的书本和教学设备都来自德国。1971 年，伊朗和德国之间又签订了协议，德国派遣另一组技术专家前往伊朗，这些专家帮助伊朗专家制定职业技术教育发展规划。[②] 伊斯兰革命爆发之前，由于政府推行了白色革命，使得国家对技术人员的需求增加，但国家无力为越来越多的现代化专业技术人员提供教育，国王被迫向西方国家寻求帮助。因此伊朗政府引进了外国熟练工人、技术人员和专家。1967 年约有 4000 名外国专家和技术人员受雇于伊朗。1970 年，约有 9557 名外国专家和技术人员受雇于伊朗；这个数字在 1977 年时已经达到 45000 人，1978 年时上升到 55000 人。[③]

巴列维王朝末期，伊朗人民迫切希望实现国家独立，提出了"自由、独立、伊斯兰"的口号，最终在这一口号的号召下，伊朗伊斯兰革命于 1979 年取得胜利。新成立的伊朗伊斯兰共和国以伊玛目霍梅尼的治国思想为指导。在霍梅尼看来，西方强国对伊朗实施孤立宗教学者的计划，并联合巴列维王朝，进行西方化、世俗化，最终致使伊朗社会走向失败与衰落。[④] 因此，要想实现国家的独立，发展本国文化，就必须铲除外国统治者及其代理人。在这一思想的指引下，伊朗制定了"不要东方，不要西方，只要伊斯兰"的外交政策。[⑤] 这一思想在宪法中得到了进一步的体现。1979 年 12 月 3 日全民通过的《伊朗伊斯兰共和国宪法》第三条明文规定，伊朗伊斯兰共和国政府有责任做到"保障在科学、技术、工业、农业和防

---

① Seyed-Alireza Mirzamostafa, *An Investigation of Present Vocational Technical Education in Iran*, PhD Dissertation, Iowa State University, 1987, p.2.

② Seyed-Alireza Mirzamostafa, *An Investigation of Present Vocational Technical Education in Iran*, PhD Dissertation, Iowa State University, 1987, p.3.

③ Khosrow Lotfipour, *A Study of Vocational Technical Education in Iran (Tehran)*, PhD Dissertation, Iowa State University, 1987, p.4.

④ 冀开运：《伊朗现代化历程》，人民出版社 2015 年版，第 124 页。

⑤ 冀开运：《伊朗现代化历程》，人民出版社 2015 年版，第 125 页。

务及其它方面的自给自足"。①

因此，伊朗伊斯兰革命之后，独立成为国家和人民的普遍心愿。但是伊朗的职业技术教育状况长期以来都依附于西方国家，发展水平较低，远远落后于世界先进国家，严重阻碍了国家独立发展目标的实现。

（二）解决劳动力供需矛盾的需要

伊朗伊斯兰革命爆发之前，伊朗的经济和工业已经发生了变化并且有了发展，国家对熟练工人和技术人员的需求不断增加。但是国家却没有制定相应的政府规划，在职业技术教育方面也没有必要的投资来支持引进的技术，技术人员的供给矛盾进一步突出。国家曾经对技术人员的需求程度进行了预算，预计按照当时的发展速度，到 1978 年，伊朗将需要比"白色革命"时期多 30 倍的专业教师，多 1 倍的冶金工程师，多 6 倍的化学技术人员。对于剩下的大多数专业领域，预计 1978 年的需求将远远超过一倍。但技术人员和熟练工人仅占伊朗劳动力的 4.6%，而美国和加拿大的这一比例分别为 8.6% 和 10%。伊朗伊斯兰革命后，伊斯兰共和国驱逐外国专家顾问，由于八年两伊战争使得伊朗技术人员的匮乏尤其严重。

与国家技术人员严重短缺的情况形成鲜明对比的是国家就业问题却相当严重。大学生是面临就业难题的主要群体。1976 年，全国有 30 多万学生想要进入大学或高等学院深造，但是高等学校招生人数仅仅为 2 万人，未被高等学校招录的 28 万名学生没有继续接受教育的机会。这些学生由于并未接受过职业培训和教育，他们并不能找到很好的工作。1982 年全国大约有 40 万学生想要进入高等大学或高等学院继续深造，但是只有不到 8 万名学生可以进入大学，其余的学生没有继续学习的计划，又由于不具有很好的工作能力，因此他们面临着巨大的就业压力，很难找到工作。②

---

① 冀开运：《伊朗现代化历程》，人民出版社 2015 年版，第 159 页。

② Seyed-Alireza Mirzamostafa, *An Investigation of Present Vocational Technical Education in Iran*, PhD Dissertation, Iowa State University, 1987, p.1.

　　农民的就业问题也相当严重。由于农村收入不足和农村地区缺乏福利，涌入大城市，特别是首都德黑兰的农民人数每年都在增加。[①] 据统计，1966—1976 年，伊朗新增城市人口 600 万人，其中有 35% 是从乡村迁居而来，数量为 210 万。1978 年，伊朗的城市人口总数为 1780 万，其中有一半的城市人口是 1963 年以后从乡村而来的农民及其后裔。[②] 1986 年，城市人口在伊朗总人口中的比例为 54%，1996 年达到 61%。[③] 大量农民涌入城市需要有相应的工作来保障其生活，但是农民由于缺乏知识、技能和经验而无法从事提供给他们的工作，这使得国家的就业问题进一步加重。1975 年，全国就业人数为 954 万，占全国总人口的 29.7%。[④] 1984 年人口总数的 28.6%，即 1230 万人构成劳动力，同一年，新增 35 万劳动力，劳动力总数的 40% 处于失业、半失业状态。[⑤] 1986 年伊朗人口总数为 4940 万，其中 1110 万为就业人口。[⑥] 1987 年 3 月，一些议员公布有 380 万人失业。1988 年至少有 40% 的人失业。[⑦] 城市人口的失业率，从 1977 年的 4.4% 上升为 1984 年的 13.4%，1988 年达到 18.9%。[⑧]

　　针对国家普通劳动力大量盈余，而技术人员严重不足的这一现实，国家需要制定一个长期、详细的职业技术教育发展计划，扩大职业技术教育的规模，为工业、农业、服务业提供熟练、半熟练人才、技术员，从而发挥职业技术教育在吸收社会人力资源，解决人们就业问题方面的优势。

① Seyed-Alireza Mirzamostafa, *An Investigation of Present Vocational Technical Education in Iran*, PhD Dissertation, Iowa State University, 1987, p.1.

② 哈全安：《伊朗史》，天津人民出版社 2016 年版，第 124 页。

③ 哈全安：《伊朗史》，天津人民出版社 2016 年版，第 201 页。

④ Khosrow Lotfipour, *A Study of Vocational Technical Education in Iran*（*Tehran*），PhD Dissertation, Iowa State University, 1977, p.3.

⑤ 冀开运：《伊朗现代化历程》，人民出版社 2015 年版，第 177 页。

⑥ 冀开运：《伊朗现代化历程》，人民出版社 2015 年版，第 176 页。

⑦ 冀开运：《伊朗现代化历程》，人民出版社 2015 年版，第 177 页。

⑧ 哈全安：《伊朗史》，天津人民出版社 2016 年版，第 199 页。

二、伊朗职业技术教育改革的若干重要举措

在伊朗伊斯兰共和国 40 年的历程中，伊朗的职业技术教育发生了巨大的变化。政府对教育的重视以宪法的形式肯定下来。《伊朗伊斯兰共和国宪法》第三条明文规定，伊朗伊斯兰共和国政府有责任做到："为公民提供免费教育和体育训练的机会，提供各种方便普及高等教育"；"通过建立调研中心和鼓励调查研究的办法来加强科学、技术、文化和伊斯兰各个领域里的调查研究和创造精神"；"保障在科学、技术、工业、农业和防务及其它方面的自给自足"。第三十条又再次强调"政府有责任向全体人民提供中小学免费教育和发展国家力所能及的免费高等教育"。在管理方式和教学内容上，伊朗职业技术教育分为三个部分：

（一）由劳动和社会事务部负责非正规职业技术培训

除了由教育部和文化与高等教育部负责的正规职业技术教育外，劳动和社会事务部的职业技术培训组织（TVTO）负责发展非正规职业技术培训。这一培训的目的在于为接受过最低程度正规教育（通常是小学教育）的个人从事如理发和焊接等工作提供教育机会。培训形式并不固定，既通过职业技术培训组织分布在全国各地的职业技术培训中心进行又或是通过与各行业合作来实现。职业技术培训组织长期以来都与国际组织保持着联系，如国际劳工组织和世界技能组织，从而与国际接轨获得最新的科学技术成果。接受培训的学员最低年龄为 14 岁，凡是身体素质符合工作要求，其他方面也符合培训要求的，都可以参加非正规职业培训。在培训课程结束之后，学生可以获得职业技能证书。除了在职业技术教育培训组织接受教育之外，任何人如果通过其他方式掌握了某一项技能，并希望获得技能证书，则可向职业技术培训组织提出申请，并予以登记。申请人如果可以通过规定的理论和实践测试，同样可以获得技能证书。

非正规培训强调实际操作和技能提升，其培训内容可分为三大类。

第一类是在各行业中很常见的基本技能，如焊接、钣金、车床加工等。这类技能培训由劳动和社会事务部负责，由职业技术培训组织的不同培训中心以及私立培训机构提供，同时其中的部分课程需要在工厂内进行。第二类是应用在少数工厂或行业中的技能，如食品加工、汽车维修。这类培训部分由工厂下属的培训中心提供，另外一部分是由职业技术培训组织制定的在职培训计划予以实施。第三类涉及一些高度专业化的技能，这些技能仅仅能应用于某一特定单位或行业，如石油工业、能源部、精密仪器生产部门等，按照国家的相关规定，这类培训在本单位或本行业内部进行。

为了保证非正规职业培训的质量，让学生更好地进行实际操作，最终获得技能的提升，培训组织规定接受非正规培训的学生需要具备一定的理论基础，最低学历要求是小学毕业。同时，不同的培训中心对学员的培训时间和入学资格也进行了详细规定。以 1993 年为例，浇筑和工业机械的培训时间分别为 1837 小时和 1800 小时，铸造、收音机及电视修理、气焊、电焊等的培训时间为 900 小时，打字、会计、缝纫、织造、绣花、地毯编织等培训时间为 600 小时。印染、纺织、编织入门的培训时间为 240 小时。[1] 缝纫、织造、刺绣、钩编、地毯编织等的最低学历要求是小学，印染、纺织、打字、气焊、电焊等要求初中文凭，工业机械、收音机及电视修理、电脑维修、浇铸、测量等要求高中文凭。[2]

（二）建立专门组织负责发展职业技术教育

职业技术教育是伊朗国家整体教育体系的重要组成部分，职业技术教育对于伊朗实现国家完全独立的目标具有重要现实意义。因此，国家对职业技术教育事业给予了高度重视，对革命前的职业技术教育进行了改革和调整，建立了一系列专门的组织来推动职业技术教育的发展，其中以教

---

[1] Colombo Plan Staff College for Technician Education, *Technical and Vocational Education* (*Islamic Republic of Iran*), Manila, 1993, p.21.

[2] Colombo Plan Staff College for Technician Education, *Technical and Vocational Education* (*Islamic Republic of Iran*), Manila, 1993, p.21.

育规划委员会、技术大学联合会最为典型。

1981 年 3 月，伊朗国家教育规划委员会通过了与职业技术教育相关的法规，规定它和普通教育一样是学生学习的形式。这一规定提高了学生的学习兴趣，也提高了职业技术学校的入学率。国家教育规划委员会内部专门设有技术小组，技术小组全权负责职业技术教育课程开发。该小组成立后，通过和批准了许多工业、农业和商业课程。技术小组具体由下列五个部分组成：工业组、农业组、卫生组、艺术及建筑组、管理及服务组。每个小组都包括来自相应领域的最高行政管理人员。如工业组成员包括：工业部代表、电力部代表、公路运输部代表、住房和城乡建设部代表、石油部代表、教育部代表。① 除此之外，每个小组都拥有两名专业领域的大学教授，还设有一名课程设计专业人才。各个部门的代表都是各部门副部长，专门负责教育与培训。农业组、卫生组、艺术及建筑组、管理及服务组的组成情况也和工业组一样。在与技术小组合作的所有部委中，都有一个负责其课程开发的教育委员会。这些委员会由相关行业的代表团和教育部职业技术教育部门的一名专家组成。② 因此，在这些委员会开发的所有课程中，都与工业、农业和商业有着紧密的联系，这种联系保证了由技术小组开发的教育课程的质量。这个组织的工作是建立在与工农业和商业部门合作的基础之上，因而对以前职业技术教育机构的课程进行了许多修改，它进一步重视技术并强调职业技术教育的最终目的。③

为了促进职业技术教育机构与工业、农业和商业之间的密切联系，

① United Nations Educational, Scientific, and Cultural Organization, *The Development of Technical and Vocational Education for the Islamic Republic of Iran—A Case Study in Quality Improvement*, Paris, 1994, P.11.

② United Nations Educational, Scientific, and Cultural Organization, *The Development of Technical and Vocational Education for the Islamic Republic of Iran—A Case Study in Quality Improvement*, Paris, 1994, p.12.

③ United Nations Educational, Scientific, and Cultural Organization, *The Development of Technical and Vocational Education for the Islamic Republic of Iran—A Case Study in Quality Improvement*, Paris, 1994, p.12.

国家最终决定设立技术大学联合会。设立这一机构的主要目标是推动教育和技术的发展、提出和拟订公立和私立机构之间进行全面合作的方案，以便为工业、农业和商业发展培养符合要求的人才。具体来说，包括提供和利用农业、工业、商业领域的基础教育设施，为职业技术教育发展提供便利，从而培养熟练技术人才。由于课程规划不仅是普通教育也是职业技术教育策略规划的重要组成部分，所以要在技术大学联合会所覆盖的所有大学和学院内，推广和应用标准的职业技术教育课程。此外，技术大学联合会还采用了模块化课程发展模式，这种模式被证明是最能适应科技变革的一种发展方式。在教师方面，由于既缺乏合格的教学人员，也缺乏具有相关工业或商业经验的教师，所以技术大学联合会决定利用工业领域的优秀工程师和硕士作为技术课程的教师和指导员。这些教师应具有相应的技术培训人员的资格并具有企业的工作经验。通过这种方式，技术大学联合会可以最大限度地利用所有符合条件的职工作为教师。职业技术院校与工业和商业的联系十分重要，这种联系可以为当前和未来的技术教师提供工业和商业实践经验，从而确保他们获得从事技术教育教学工作所需要的知识和技能。技术大学联合会将工业和教育联系起来，帮助提升职业技术教师的水平。例如，在农业方面，地区的合作项目包括附近农场的人员和技术大学联合会从事支农服务的工作人员，有与农业部有紧密联系的大型农场和农用机械。此外，还有一些林业和渔业等方面的设施，它们受到农村发展部的监管。这些政府组织管理的涉农产业、林业和渔业是农业技术领域教师培训的最佳之选。如：卡拉季农业研究所（Karadj Agricultural Institute）、米拉库卡渔业学院（MinaKouchak Khan Fisheries College）、沙里德·巴克里畜牧业学院（Shahid Baakeri College）。① 技术大学联合会还是国际组织向地区培训中心提供帮助的极佳方式。国际合作对于信息交流和教学指导至关重要，通过进行国际合作有利于培训教师水平的提升。迅

---

① United Nations Educational, Scientific, and Cultural Organization, *The Development of Technical and Vocational Education for the Islamic Republic of Iran—A Case Study in Quality Improvement*, Paris, 1994, P.13.

速发展的技术变革使教学和培训设备很快就过时。产业不能为教育及培训机构提供新的设备，进而与教师合作进行课程的开发。在这种情况下，需要通过技术大学联合会作为合作纽带，从而获得国际援助，这将比通过个体机构进行合作简单很多。由于技术变革首先在工业中进行，只有在技术得到一定的发展并且走向市场之后才会走向教学机构。因此，教学机构总是在技术上落后于工业。技术大学联合会是解决这一问题的良好方式，可以缩小职业技术供给与工业实践之间的差距。①

（三）职业技术教育的类型和特点

伊朗伊斯兰共和国建国初期，延续了巴列维王朝时期的职业技术教育体系。学生接受完三年的初中教育后，既可以选择进入普通高中学习，也可以开始接受中等职业技术教育，它不同于普通高中教育，学生需要完成两年的职业培训或是四年的技术培训，培训方向主要是工业、农业和服务业。学生达到所学科目的成绩要求后可以获得职业技术毕业证书，相当于普通高中毕业证书。毕业之后，学生也可以选择进入职业技术机构学习。

随着社会的不断变化，过去建立的职业技术教育体系已经不再适用，大多数学生拿到高中毕业证书后就不再继续接受教育，因而国家必须对教育体系进行变革。根据教育规划委员会1990年3月通过的修正案，在普通教育体系之外，又创立了新的职业技术教育体系。在职业技术教育领域也开始实行与普通教育一样的奖励制度。新的体系设有入学测试奖励、学业中期测评奖励或优秀毕业生奖励，奖励既针对艺术或科学学院的学术课程，也针对理工大学、农业或商业学院的工业、农业、商业课程，这种平等是为了确保那些接受过职业技术教育的人得到同等的社会认可。

新的职业技术教育体系下，除了原有的普通高中之外，职业技术学

---

① United Nations Educational, Scientific, and Cultural Organization, *The Development of Technical and Vocational Education for the Islamic Republic of Iran—A Case Study in Quality Improvement*, Paris, 1994, P.13.

校进一步分为职业技术类和工作＋学习类。学生可以依据个人兴趣、学习能力、学习成绩和水平在三类学校中随机进行选择。高中阶段的职业技术教育主要由农业、技术和职业三大类组成。"职业技术教育"一词在伊朗的含义不同于世界其他国家。① 其他国家职业教育、技术教育、工作＋学习类教育之间级别不同。工作＋学习类教育的主要目的是培养初级技术人员，如电工或管钳工，技术教育的目的是培养中层技术管理人员，职业教育的目的是培养高级专业技术人才。但在伊朗，职业技术教育各类之间水平一样，都属于同一级别。职业教育涉及会计、统计等科目，而技术教育涉及建筑、电子等科目。工作＋学习类学校培养技工人员（工匠），它是一个独立的分支，即卡尔—达内什（Kar-Danesh）。在新体系下，职业技术教育也是持续四年。在第一年，学生对学习方向的选择是暂时和可变更的。在一年级结束后，根据学生学习成绩以及相关规定最终决定学生选择哪种形式进行之后三年的学习。

职业技术类学校的目的是提高学生的文化水平和基础知识，发掘他们的兴趣和能力，为他们找到合适的工作做好准备或是为他们进入应用科学或技术大学奠定基础。这一类学校开设有以下课程：工业、农业、服务业（如电子、冶金、船舶科学、机械、土木工程、艺术、卫生、国民经济、财经管理），毕业生可以在毕业后继续深造。学生修毕 96 个学分后，具备了足够的能力从事工作，并取得相应的文凭。96 个学分中有 60 个学分是基础学分。② 如果毕业生未能被大学录取，可以继续修读大学预科课程。按照规定，职业技术类毕业生可以不用通过大学预科阶段，在毕业之后继续相关领域的学习。学生修毕 72 个学分后，即可取得毕业证书。③

① Colombo Plan Staff College for Technician Education, *Technical and Vocational Education* (*Islamic Republic of Iran*), Manila, 1993, p.20.

② Balous Efat, *A Comparative Study on Technical Vocational Education for Girls in I R Iran and India*, PhD Dissertation, Savitribai Phule Pune University, 2004, p.42.

③ Balous Efat, *A Comparative Study on Technical Vocational Education for Girls in I R Iran and India*, PhD Dissertation, Savitribai Phule Pune University, 2004, p.43.

工作＋学习类学校的目的是为工业、农业和服务业的不同部门培养半熟练技术人员、熟练技术人员、领班和总管。修满 49 个学分后，学员可获得一级技能证书。如果他们能够完成 96 个学分，就可以拿到毕业证，毕业学生可以继续学习大学预科课程并进入大学学习。①

这一职业技术教育体系的改革使得伊朗国内的学生和家长首次意识到学校可以为学生进入劳动力市场提供途径。也就是说，在改革之前，人们普遍认为学校只是为学生进入政府部门工作做准备，学校的主要作用在于培养行政人员，而新的工作＋学习类学校成为学校与社会各类部门之间的桥梁。

在高等职业技术教育方面，伊朗政府将职业教育包括进终身教育体系之中，在职业教育和高等教育之间建立联系，职业学校的学生如果有意愿同样能够考入高等学校接受教育。与此同此，在伊朗国内共有两类高等职业技术教育机构，一是技术学院或理工学院；二是职业技术教师培训机构或中心。这些院校从职业技术高中毕业生中择优录取学生，并最终向毕业生颁发毕业证书。其中技术学院的学生从一开始就接受专业化的课程，课程种类丰富，以工业实践类为主，包括机械、计算机、化学、纺织、冶金、采矿、建筑等。这类学校的学生经过 2.5 年的学习，可以拿到"高级技术人员"证书，他们与其他国家的技术人员水平相当，可以胜任工业或其他任何经济领域的工作。职业技术教师培训中心的老师通常都经历过专业培训且具有实践经验。学生在顺利毕业之后，可以被教育部招用为正式人员，在职业技术高中任教。②

---

① Balous Efat, *A Comparative Study on Technical Vocational Education for Girls in I R Iran and India*, PhD Dissertation, Savitribai Phule Pune University, 2004, p.43.

② Colombo Plan Staff College for Technician Education, *Technical and Vocational Education* (*Islamic Republic of Iran*), Manila, 1993, p.6.

三、伊朗职业技术教育的招生规模与保障体系

由于伊朗政府在职业技术教育方面投入了大量人力、物力和财力，组织、管理、鼓励措施得当，从而使职业教育取得了显著成就。总括起来，主要包括以下几个方面。

（一）职业技术学校数量和学生规模扩大

伊斯兰革命之后，伊朗职业技术学校的数量每年都在增加。1979 年全国新建 38 所职业学校，1980 年新建了 26 所，1981 年新建了 40 所，2002 年新建了 270 所，2017 年发展到 560 所，这在伊朗职业教育史上具有重要意义。①

职业学校根据学生入学前的入学考试成绩招录学生。1982 年，全国职业学校学生共有 26134 人，1983 年，这一数字增加到 40000 人。② 在1983—1984 学年，伊朗国内共有 13% 的中学生在职业技术中学接受教育。仅德黑兰的职业技术学校学生人数就达到 5704 人，涉及电力、汽车机械、电子、木材、建筑、五金、制图、供暖和空调等专业。三年后，接受职业技术教育的中学生人数占中学生总数的比例增长为 18%，职业技术中学学生总数为 214424 人。1986—1987 学年，全国学生总数为 1175369人，职业技术学校人数为 201159 人，占比为 17.1%。③

在 1990 年职业技术教育体系改革后，职业技术教育得到了大幅度的发展。愿意接受高等职业技术教育的学生数量增加，同时职业技术学校招生人数大幅增加。1992—1993 学年，技术中学学生总数为 150478 人，职

① Seyed-Alireza Mirzamostafa, *An Investigation of Present Vocational Technical Education in Iran*, PhD Dissertation, Iowa State University, 1987, p.7.

② Seyed-Alireza Mirzamostafa, *An Investigation of Present Vocational Technical Education in Iran*, PhD Dissertation, Iowa State University, 1987, p.8.

③ Colombo Plan Staff College for Technician Education, *Technical and Vocational Education (Islamic Republic of Iran)*, Manila, 1993, p.20.

业中学学生总数为 116411 人，另外还有 12792 名学生在农业中学学习，有 22655 名学生在技术学院学习。1993 年，全国技术学院数量达到 22 所，学生共有 30000 人。①1993—1999 年职业技术学校人数大幅度增加，各类正规职业技术学校的招生人数增长 3 倍多，毕业生人数增长 3 倍多，在校学生人数增长近 2 倍。1993—1994 学年，正规职业技术学校的招生人数为 13900 人，1994—1995 学年为 20461 人，1995—1996 学年为 28067 人，1996—1997 学年为 33084 人，1997—1998 学年为 39331 人，1998—1999 学年为 47181 人。这一期间正规职业技术学校的毕业生人数分别为 6434 人、12077 人、12077 人、14384 人、21152 人、26457 人，在校学生人数为 45276 人、67131 人、67131 人、83121 人、101821 人、120000 人。②

（二）建立较为完善的职业技术教育管理体系

伊朗对职业技术教育实施全国统一管理。伊朗对职业技术教育实施分层、分类管理，以教育部副部长为首的职业技术教育部门负责规划和管理全国所有的正规职业技术教育事宜。这一部门内设许多分支机构，如研究室、教材评审委员会、统计与信息中心、教育规划委员会、预算办公室、技术信息中心与教材编订中心，其中最主要的五个机构分别负责技术教育、职业教育、农业教育、高等教育和工作＋学习类教育。职业技术教育从管理层面来看，包括三大部分：首先是由劳动部负责的非正式职业技术培训，这种类型的培训通常仅进行几个月，经过这种类型的培训，可以使受训人员掌握如烘干、电焊等实用技术；其次是由教育部和文化与高等教育部管理的正式的职业技术教育，这类教育受学校教学计划的指导，时间在两年以上，主要培训工业和商业等领域的人才；最后一类是高等职业技术教育，它由文化与高等教育部负责，学生在接受完上面提到的两年期职业技术教育之后，再进行三年的职业技术学习，最终可以获得学士学位。

---

① Colombo Plan Staff College for Technician Education，*Technical and Vocational Education* (*Islamic Republic of Iran*)，Manila，2018，p.21.

② 曾子达：《伊朗职业技术教育的改革与发展》，《职教论坛》2005 年第 2 期。

　　伊朗职业技术教育政策的制定由国家职业技术教育委员会负责，这一委员会的成员除了高级职业技术教育专家，还包括教育部部长、文化与高等教育部部长、工业部部长、农业部部长、卫生部部长、预算与计划组织主任、总统第一助理等。国家的正规职业技术教育由教育部负责，而非正规职业技术教育与培训由劳动和社会福利部负责。伊朗教育部实行垂直管理，管理职责主要由省级教育部门及地区办事处履行，教育部及各省长任命省级教育部门的负责人。省级教育部门主要负责以下事宜：按照国家教育规划框架，对教育项目的设计和落实进行监管；对全省教师和行政人员培训方案进行监督；对私立学校进行监管，并为其给予必要的帮助；制订合理的方案，对省及区县级以下地区教育委员会进行管理；根据教育部核准的计划框架，为不同的地区制定相应的教育方案与课程。省教育部门任命地区办事处负责人，地区办事处对于推进各级机构参与教育管理意义重大。地区办事处负责任命学校校长，一切与教育、财务和行政有关的活动都由学校校长负责，校理事会、教师委员会、学生会和家长教师协会在学校决策中也发挥着重要作用。

　　伊朗职业技术培训组织是由该部职业培训指导中心、学徒协会合并而来。按照伊朗国家法律和五年发展规划的规定，短期的职教培训由职业技术培训组织负责，它也负责领导非正规职教培训特殊委员会。职业技术培训组织由各个部门、组织以及雇主或雇员协会的成员组成。职业技术培训组织除了在德黑兰设有中心办公室之外，还在各省设有分支机构，如地方办公室、卡拉季教师培训中心、地方私立培训学校。[①]

　　由此可见，伊朗职业技术教育由国家多个主体负责。各个责任主体都承担着不同的发展任务，分工明确，相互配合，由此形成了较为完善的职业技术教育管理体系。

---

① 罗欢、王冰峰：《伊朗职业教育的现状与发展趋势》，《深圳职业技术学院学报》2018年第3期。

（三）职业技术教育和培训形式多样化

伊朗职业技术教育的发展主要依赖于职业技术教育培训组织的推动。在这一组织成立之初，就制定了明确的目标，主要包括制定职业技术教育发展规划；建立职业技术教育中心；制定符合国家教育标准的课程等。从国际方面来讲，职业技术培训组织还负责学习和引进先进国家的职业技术培训经验，与同一水平的国家进行经验交流，向有需要的国家提供职业教育培训经验。在职业教育培训组织的领导下，非正规职业技术教育培训得到发展。在 2013 年，全国各省份都出现了数量不等的非正规培训中心。[1]2014 年，参加由职业技术培训组织负责的非正规职业技术培训的学员达到 116000 人。[2]

（四）职业技术教育的保障体系

为了适应国家《2005—2025 年教育发展愿景目标》和《国家综合科学技术发展路线图》的要求，伊朗政府决定在中等教育阶段，职教与普教在校生比例到 2025 年基本达到 1∶1。

1.建立三个职业技术教育的决策执行机构

一是教育规划委员会，负责课程开发及审批。二是技术教育最高委员会，专门对正规和非正规的职业技术教育进行决策。委员会成员包括教育部长、高教与文化部长、工业部长、农业部长、卫生部长、预算与规划委员会主任、劳动部长和技术大学联合会主席。该委员会由国家第一副总统主持。三是技术大学联合会，提供共同需要的教育设施，为企业与学校建立联系提供方便。

2.完善职业技术教育教师培训机构

（1）由劳动和社会事务部管辖的非正规职业技术教育教师资格培训

---

[1] Colombo Plan Staff College for Technician Education, *Technical and Vocational Education (Islamic Republic of Iran)*, Manila, 2013, p.22.

[2] United Nations Educational, Scientific, and Cultural Organization, *The Development of Technical and Vocational Education for the Islamic Republic of Iran—A Case Study in Quality Improvement*, Paris, 2014, P.6.

机构。

（2）由教育部和高教与文化部管辖的两所正规职业技术教育教师资格培训机构，它们是"安赫拉技术师范学院"和"巴勃教师技术师范学院"。

（3）由技术大学联合会附属的职业技术教师培训学院，为工业学院、农业学院和商业学院培养技术教师。

（4）在首都德黑兰每年举办一次"国际技术教育研讨会"。

3. 将职业技术教育纳入全国教育发展的计划中

将职业技术教育与高等教育相衔接，促使职业技术学校的毕业生经过努力可以进入高等学校。正规大学的职业技术专业同样为国家培养业界需要的职业技术人才，其经费来源主要是财政拨款。

四、职业技术教育在伊朗社会经济发展中的作用

伊朗伊斯兰共和国成立 40 年来，职业技术教育在伊朗经济社会中发挥了重要作用，主要包括以下三个方面。

（一）职业技术教育为伊朗经济社会发展提供了人才保障

与中东其他产油国相比，伊朗的突出特点就是在依赖石油资源的同时，更多强调经济多元化，以防石油经济的动荡对国家带来太大的消极影响。在实现经济多元化方面，伊朗的职业技术教育为经济多元化提供了人才保障。政府通过政策扶持，保护民族传统手工业。以地毯为例，为了保护伊朗传统的地毯业在新的世界市场经济的地位，伊朗政府除了制定对手织地毯生产与出口商给予更多的财政支持等政策外，还拨专款，培养相应的较高水平的技术人才，以保证伊朗的地毯在图案、色彩、质量等方面来满足不同市场需求。2018 年，伊朗在农业领域取得的最大成就就是经过不懈努力，实现了粮食的自给自足。

（二）职业技术教育促进了伊朗的技术出口

劳务输出是第三世界国家的普遍现象，与大多数第三世界国家不同，伊朗不是出口体力劳动，而是出口技术。比如在钢铁生产技术方面，由于伊朗拥有大量技术人才，其钢铁生产技术曾转让给意大利。由于伊朗重视职业技术教育，这为伊朗与其他国家的人才技术交流创造了条件，从而又促进了伊朗的科技发展。

（三）职业技术教育为高科技技术发展奠定了一定基础

由职业技术教育做支撑，伊朗在高科技领域取得了举世瞩目的成就。其核领域的成就最为引人注目，在生物学领域，2006 年伊朗科学家培育出第二只克隆羊，这项研究是为了培育基础细胞，完成脊椎移植手术，此次克隆羊培育成功使得伊朗在培育移植细胞方面又迈出了一大步；在医药学领域，目前，伊朗可以生产出自己所需药品的 90%，并可将核技术运用于医学领域，而且成为中东地区为数不多的拥有该技术的国家。

由此可见，伊朗的职业技术教育起步较早，但真正发挥重要作用则是在伊朗伊斯兰共和国成立后 40 年。它对伊朗经济、社会发展提供了人才保障，促进了伊朗的技术出口和对外技术交流，为伊朗高科技发展奠定了基础。

五、伊朗职业技术教育存在的问题

客观地讲，伊朗伊斯兰共和国成立 40 年以来，职业技术教育取得了一定的成就，但也积累和暴露了一系列问题。

（一）职业技术教育发展不平衡

职业技术教育发展的不平衡不仅表现为男女职业技术学生数量不平衡，还表现为国民学历教育与职业技术教育的不平衡及城乡区域职业教育不平衡。

吸引中学以上学历的毕业生到职业技术学校中学习，将减轻国家普通教育领域所承受的压力，从而提高普通学校毕业生的质量，所以发展职业技术教育将间接地提高普通教育的质量，职业技术教育应该具有和普通教育同样的社会地位。[1] 尽管伊朗政府采取多种举措发展职业技术教育，但职业技术教育学生与普通高中学生的数量仍然相差悬殊，二者的比例为1：9。目前全国只有15%的学生在工作＋学习类学校就读，5%的学生在职业技术类学校就读，而普通教育学校的学生却高达80%。

仅以1997—2000年为例，这一时期选择进入普通高中学习的男生人数不断下降，其占普通高中学生总数的比例从1997—1998年的46.3%降为1999—2000年的44.4%。与此相反，全国普通高中女生的占比却不断上升。1997—1998年，这一比例为53.7%；1998—1999年，这一比例增长为54.4%；1999—2000年，这一比例进一步增长为56%。其中，在城市地区普通高中就读的女生人数也呈上升趋势。1997—1998学年，其占城市地区普通高中学生总数的比例为54.1%，1998—1999学年占比为55.3%，1999—2000学年占比为57.6%。[2]

1997—2000年，全国职业技术学校女生人数呈稳定增长。1997—1998年，全国技术学校中女生的比例为29.1%。1998—1999年，这一比例为29.3%；1999—2000年，其占比增长到30.5%。但是，与普通高中相比，无论是在农村还是城市，其增长速度都较低。除了经济、社会和文化方面的因素之外，部分原因是技术学校课程的设置使得女生对进行技术学习并不是特别感兴趣。另外，虽然这一时期由于女生占比不断上升，导致男生比例有所下降，但是男生人数仍然大大超过女生，技术学校男生占技术学校学生总数的比例分别为70.9%、70.8%、69.5%。[3]

---

[1] United Nations Educational, Scientific, and Cultural Organization, *The Development of Technical and Vocational Education for the Islamic Republic of Iran—A Case Study in Quality Improvement*, Paris, 1994, P.10.

[2] Balous Efat, *A Comparative Study on Technical Vocational Education for Girls in I R Iran and India*, PhD Dissertation, Savitribai Phule Pune University, 2004, p.45.

[3] Balous Efat, *A Comparative Study on Technical Vocational Education for Girls in I R Iran and India*, PhD Dissertation, Savitribai Phule Pune University, 2004, p.48.

1997—2000 年，在城市地区技术学校就读的女生占技术学校学生总数的比例较低，且发展并不稳定，其占比分别为 28.6%、27.7%、28.9%。与城市地区相比，农村地区的女生更愿意选择进入职业技术学校接受教育，而不是进入普通高中学习。1997—2000 年，在农村普通高中就读的女生人数占农村普通高中学生总数的比例呈下降趋势。1997—1998 学年，在农村普通高中就读的女生人数占农村普通高中学生总数的比例为51.3%。1998—1999 年这一比例降为 48.3%，1999—2000 年进一步降为45.6%。而在相对应的年份，在农村技术学校就读的女生占农村技术学校学生总数的比例不断上升，分别为 37.5%、45.5%、48%。①

1997—2000 年，从全国总体情况来看，女生对进入工作＋学习类学校学习的意愿并不高，全国工作＋学习类学校女生总数占工作＋学习类学校学生总数的比例呈不稳定下降趋势。1997—1998 年，工作＋学习类学校女生人数占这类型学校学生总数的比例为 50%。1998—1999 年，工作＋学习类学校女生人数占这类学校学生总数的比例为 41.4%。1999—2000年，工作＋学习类学校女生人数占这类学校学生总数的比例为 42.1%。城市地区的女生不愿意进入工作＋学习类学校学习。1997—2000 年，在城市地区工作＋学习类学校就读的女生人数占城市工作＋学习类学校学生总数的比例呈不断下降趋势。1997—1998 年，其占比为 50.5%。1998—1999 年，其占比为 41.7%。1999—2000 年，其占比为 41.6%。而这一期间，在农村地区工作＋学习类学校就读的女生人数占农村同类学校学生总数的比例并不稳定。1997—1998 年其占比为 44.4%，1998—1999 年其占比为 38.5%，1999—2000 年其占比为 47%。与女生相比，男生对工作＋学习类学校更感兴趣。1997—2000 年，全国工作＋学习类学校中男生的比重却呈现不稳定增长趋势。1997—1998 年，其占工作＋学习类学校学生总数的比重为 50%，1998—1999 年其占比为 58.6%，1999—2000 年其

① Balous Efat, *A Comparative Study on Technical Vocational Education for Girls in I R Iran and India*, PhD Dissertation, Savitribai Phule Pune University, 2004, p.48.

比重增加到 57.9%。①

　　1997—2000 年，全国所有职业技术学校的女生人数占职业技术学校学生总数的比重在下降。1997—1998 年，全国职业技术学校女生人数占同期职业技术学校学生总数的比例为 38.2%。1998—1999 年全国职业技术学校女生人数占同期职业技术学校学生总数的比例为 35.6%。1999—2000 年全国职业技术学校女生人数占同期职业技术学校学生总数的比例为 36.7%。其中，城市地区职业技术学校女生人数占城市职业技术学校学生总数的比例也呈下降趋势，但总体稳定，分别为 38%、35.1%、35.8%。而同期农村地区职业技术学校女生人数占农村职业技术学校学生总数的比例与城市相反，呈增长趋势。其所占比例分别为 41.2%、41.7%、47.5%。由此可知，从 1997—2000 年，全国职业技术学校男生人数占职业技术学校学生总数的比例在增长，其占比分别为 61.8%、64.4%、63.2%。全国职业技术学校中有三分之二的学生是男生，而女生占比很小。②

　　1997—2000 年，全国女生人数占学生总数的比例，几乎和男生相同，且较为稳定。1997—1998 年，其占比为 50.7%。1998—1999 年，这一比例降为 49.8%。1999—2000 年，这一比例变为 50.6%。这一时期，城市地区女生人数占学生总数的比例超过一半，其占比分别为 50.8%、50.1%、51.3%。而农村地区女生情况却与之不同，呈不断下降趋势。1997—1998 年，农村女生人数占学生总数的比例为 50%。1998—1999 年，农村女生人数占学生总数的比例降为 47.2%。1999—2000 年，这一比例进一步降为 46%。③

---

① Balous Efat，*A Comparative Study on Technical Vocational Education for Girls in I R Iran and India*，PhD Dissertation，Savitribai Phule Pune University，2004，p.49.

② Balous Efat，*A Comparative Study on Technical Vocational Education for Girls in I R Iran and India*，PhD Dissertation，Savitribai Phule Pune University，2004，p.50.

③ Balous Efat，*A Comparative Study on Technical Vocational Education for Girls in I R Iran and India*，PhD Dissertation，Savitribai Phule Pune University，2004，p.51.

（二）职业技术教育质量需要提高

伊朗的教育制度借鉴于法国的旧教育制度，属于集中管理式，由中央政府统一负责政策制定和教育决策。1979 年伊朗伊斯兰共和国成立后，教育部增加了省级教育中心和地方教育机关下属部门的权力和职责。在职业技术领域，国家决定由教育部和文化与高等教育部负责正规的职业技术教育，由劳动和社会福利部下属的职业技术教育培训组织负责发展非正规职业技术教育。但是中央政府仍然享有制定统一教育决策的权力，对教育实行集中管理。这种集权式的管理模式，不利于各个地方职业技术教育主管机构根据地方实际情况制定相应的教育发展政策和策略，也不利于地方积极贯彻实施教育部新制定的职业技术教育发展举措，如改变传统的考核制度和使用现代的教学方法，最终影响了国家职业技术教育质量的提升。

（三）职业技术学校招生成绩低于普通学校的学生成绩

伊朗职业技术学校的学生总体质量较差，其成绩通常低于普通学校的学生，再加之不管是普通学校的学生还是职业技术学校的学生，他们在毕业之后都得进入人才市场自己选择职业，所以职业技术学校的学生大多数在接受完中等职业技术教育之后，就开始从事工作，几乎没有学生进入大学继续深造。另外，伊朗国内的大学录取标准较高，全国只有 20%—30% 的高中毕业生可以进入大学学习，这进一步加大了职业技术学校的毕业生继续接受高等教育的难度。[1] 如 1995—1996 学年国家教育招生管理机构原设想工作＋学习类学校的学生人数会超过学生总数的一半，其余的学生将在职业技术类学校或普通学校就读，但是最终的结果是工作＋学习类学校的学生比例仅仅为 15%，5% 的学生选择职业技术类学校，而有 80% 的学生选择普通学校。[2] 因此，这些原因就导致从职业技术学校毕

---

[1]　Hossein Godazgar, *The Impact of Religious Factors on Educational Change in Iran*, New York：The Edwin Mellen Press，2008，p.228.

[2]　Hossein Godazgar, *The Impact of Religious Factors on Educational Change in Iran*, New York：The Edwin Mellen Press，2008，p.229.

业的学生总体能力较差，水平较低，国家高水平高质量职业技术人才极其短缺。

（四）职业技术教育的课程设置与国家实际需要存在脱节

国家虽然对职业技术教育的课程高度重视，新的教育体系也力图在课程的理论部分和实践部分之间达成平衡，但是国家将职业技术教育课程的目标主要确定为推动农业、工业等领域科学技术的不断发展、培养愿意为国家的全面发展服务的职业技术人才、深化人们对职业技术教育重要性、职业技术教育理念及职业技术教育最终目标的认识，低估了职业技术课程计划的重要性，没有制定出合理的职业技术课程计划。如伊斯法罕职业技术学院，办学宗旨是培养传统手工艺技术人才，但课程设置中主要以伊朗历史、伊朗艺术理论课程为主，学生缺少必要的实际观摩和动手训练。[①] 显然，课程设置与实际脱节是导致职业技术教育发展质量较低的一个重要原因。

通过以上分析可以看出，伊朗的职业技术教育为国家现代化发展提供了人力资源保障。但是，在取得成绩的同时，也存在着不可忽视的问题，女性的职业技术教育发展水平仍然较低，教育发展不平衡的状况依旧存在。职业技术教育发展的程度与国家的政治、经济有着密切的关系，想要改变或提高职业技术教育不是一朝一夕就可以完成的事情，它不仅需要有国家强大的经济力量和政府的大力支持作为坚强的后盾，更需要国家注重保证教育机会的均等及职业技术教育发展质量的提高，从根本上解决职业技术教育问题，这对包括伊朗在内的发展中国家来说仍然任重而道远。

---

① 2018 年 11 月 2 日，笔者与伊斯法罕大学学者 Ali Afshar 的访谈。

第七章　伊朗师范教育

师范教育的质量和数量决定着一个国家人才发展的质量和数量，也体现着政府对于教育的态度。从伊朗师范教育的发展历程看，师范教育的规范化、科学化为伊朗人才培养奠定了基础。

一、伊朗师范教育制度的形成与发展

从历史上来看，伊朗师范教育始于任课教师亲笔写推荐信。教师在信中说明教授哪些课，并提到所著的书籍的名称、内容和要求。而教师的生活收入主要来源于到达官贵人家给孩子们教书，获得一些收入。

在 13 世纪 20 年代，伊朗建立了艺术宫以后，聘请教师来管理教育事务。从那时起，教师就像政府职员那样，有一定的社会地位和生活保障。当时受到欧洲国家的影响，教师根据自己的喜好来安排课程。新建立的学校一般由老学校的学生或者是在国外求学回国的学生担任，他们中的部分留学生和教师主要来自奥地利、法国、德国和意大利。在教学内容上，主要教授波斯文学、阿拉伯语、历史、地理等。但这一时期教师并未经过师范教育专业的培训来胜任自己的工作。针对这一问题，1911—1918 年，伊朗教育改革家和议会议员多次提出建立师范学校的议案，但是由于财政短缺，该议案没有被通过。直到 1919 年该议案获得通过，决定建立男子师范学校和女子师范学校。

建立男女师范学校是当时政府重要的决策。为了科学、客观地划分师范教育职能，将师范教育分为学前教育和基础教育。教育制度由当时的文化部长以及师范中心的校长、部分专家学者制定，内容包括入学条件、课程计划、考试纪律、学历种类、费用和贷款的标准等。设置文学系和科技系。文学系包括文学、历史、地理；科技系包括自然科学、数学、物理、化学。1929年，为了鼓励有潜力的青年继续接受高等师范教育，国家议会通过了聘用该中心毕业学生的议案。根据该议案的第三条，高等师范毕业生，拥有学士学位的可以不进行基本服务就进入师范当教师。当时的文化部将高等师范学校毕业的学生安排在政府、学校任教。

为了保障师范教育的教学，在1927年和1929年，通过立法，向欧洲名校派遣留学生，接受著名欧洲大学的教育。政府每年向国外派遣100名学生，其中35%的人要在师范教育专业求学，毕业后必须回国从事师范教育。这一规定在当时受到国家教育机构的重视。为了保障高中和大学的教育，1924年师范教育法获得通过，全国城市建立了25所师范女校。在1933—1939年，先后建立了7所农业学校、6所体育学校、6所部落学校。1948年，为了满足国家对师范教师的需求，尤其是边远山区和农村，两年制的师范教育改为一年制。1956年，为了满足国家对初中教师的需求，在德黑兰和其他城市建立了11所师范学校，到1963年增加到24所。1979年伊朗伊斯兰共和国成立前，师范教育包括幼教中心、基础师范学校、初中师范学校、农村师范教育中心。除了德黑兰的高等师范学校，部分学校在其他省份，肩负着师范教育的重任。1966年师范类专业接受7000名学生。1968年和1972年，先后建立了四年制和两年制师范教育中心。1999—2000年，为了满足贫困地区对教师的需求，国家在17个边远贫困省建立了许多职业师范教育中心。

二、伊朗师范教育的现状

目前伊朗有多所师范教育学校或中心。学生入校后主要学习基础教育、文学、历史学、卫生学、体育学、宗教学、语言学、工艺技术、社会学、实践学、数学、艺术学、特殊儿童学（智障儿童、盲童、聋哑儿童），他们经过两年的学习，获得职业教育证书，开始教书。

三、伊朗师范教育的要求和原则

伊朗师范教育对教育机构和学生的入学和毕业有严格要求。具体要求和原则如下：

原则一：师范学校的学生需身心健康，适合从事教师职业。

原则二：具有正确的信仰、道德和知识，热爱师范教育，有能力掌握所学的专业知识。

原则三：师范教育要让学生在精神、道德、情感、理性、身体健康等方面全面发展。

原则四：师范教育要培养学生研究和创新的能力，使毕业生能够完全掌握技术、科学知识。

原则五：教学课程中学生除了掌握专业知识外，还要掌握教学技术、教育学课程。

原则六：教育机构要为学生继续深造提供条件。

原则七：师范教育计划必须与教育制度、教育规定、教育机构、课程计划、执行章程、教育需求等相衔接。

原则八：师范教育的水平和计划、学生人数和入学方式必须与地区和民族的需要相结合。

值得关注的是近年来伊朗师范教育对教师的要求发生了一些变化。要求师范教师不仅对自己的专业熟知，还应对教育学前沿学术动态和心理学有非常深入的了解，特别是要求师范教师应具备较高的政治思想觉悟，掌握教育学、心理学方法论，文化自信，教学创新能力强，并具有引导学生树立正确人生观的能力。这在一定程度上要求教师应在教学过程中能够客观评价自身作为师范老师的综合能力。比如在语言表达、教学方式等方面能够适应本国文化和世界教育的发展趋势。

在高等师范教育改革过程中，伊朗传统的师范教育体系得以补充和完善。例如，在教学大纲的重新修订方面，增加了基础师范教育中教师专业化培养的教育心理学相关课程和大学波斯古典教育科目，在教学内容上，学校可参考世界发达国家的教育标准开设新的专业和学科，这些措施在一定程度上提高了教师的综合素质。

但是，目前伊朗师范教育还缺乏考虑各级教育的连续性，缺乏师范教育教学大纲与国家标准保持一致性原则，这就给师范教育评估质量造成一定困难。具体表现在（1）缺乏科学构建具有师范教育的国家标准和精品课程；（2）各类师范教育体系实施标准不够完善；（3）在专任教师中，几乎没有承担国家省部级科研项目和精品课程；（4）缺乏欠发达地区和农村幼师培训的师资力量；（5）师范教师的工资收入低、社会保障弱，教师老龄化现象严重。

四、伊朗师范教育的类型与目标

伊朗师范教育包括学前幼教中心、基础师范学校、初中师范学校、农村师范教育中心、高等师范学校、教师教学水平提升和继续教育培训等。

基础师范教育主要为学前教育、初级教育和普通教育阶段培养教师，学制为两年。教学大纲与高等师范教育课程相衔接，基础师范学校的毕业生成绩优秀者可以进入师范大学三年级继续学习。为此，学校从初中年级开始加强教师教育专业的职业指导，在使用新的教学法的基础上，引入师范教育创新模式。比如在基础师范学校、初中师范学校、农村师范教育中心开设教师班、开设教师教育选修课、教师教育竞赛等，帮助学生提前明确职业方向，使其进入侧重师范专科学习。

高等师范教育作为师范教育体系的主要组成部分，学制为4年。学生毕业后获教育学学士学位，学生毕业后可以以实习教师的身份在教育机构中工作。实习是师范大学毕业生的必须要求，获得优秀毕业生称号的学生可以直接继续进入本硕连读阶段学习。

教育学硕士学位一般为两年。教学内容侧重高等教育教学法、社会教育学、教育管理等方面的提升，成绩优良可获教育硕士学位。教育学博士研究生学习时间为 4 年，需要在完成博士学位课程学习后，方能参加博士论文答辩，通过者将被授予教育学专业博士学位。

教师教学水平的提升和继续教育培训，主要目的是帮助教师更新和提高已有的专业知识，提高教师的业务能力以适应国家的教育需求。伊朗师范继续教育的形式主要通过教育管理部门、科研院所、职业师范教育中心等机构组织进行。比如组织教师开展不同形式的学术研讨会、各类高级人才培训班、大学师范教师培训等。

（一）伊朗师范教育的类型

1. 师范学校；

2. 初等师范学院；

3. 高等师范学院；

4. 乡村师范学院；

5. 部族师范学院；

6. 初中师范学院；

7. 儿童教育中心；

8. 职业教师培训中心；

9. 教师培训学院；

10. 各大学心理学和教育学院；

11. 雷扎伊烈士大学；

12. 艺术学院；

13. 特殊儿童教师培训中心；

14. 伟大先知高等教育中心；

15. 师范大学。

（二）伊朗师范教育的目标

根据伊朗文化革命最高委员会通过的决议，师范大学的主要目标包括：

1. 为教育部所属各学校培养教师和员工，从学前班至大学，不同年级不同学历的教师（从高中到博士）。

2. 执行开放式教学计划，提高教育部在职教师的知识水平（从高中到博士）。

3. 为师范大学所属的学院培养教师。

五、伊朗师范教育保障机制

教育在培养人才方面起着非常重要的作用，教师是最主要的因素。教师必须德才兼备，根据《2005—2025 年伊朗国家教育发展愿景目标》，进一步明确了提升教师地位的必要性、重要性，主要采取提高教师地位和提升师范教育质量等举措。

提高师范教师工资待遇，主要体现在对职业生涯不同阶段的教师工资进行评估后，对教师职业生涯的薪资按类别分级，根据资格类别的不同增加薪资和教学奖金。

提高教师的社会保障水平，一是住房；二是教师除国家规定的节假日，有 30 天带薪假；三是保证学前教育机构教师有健康福利；四是保障农村或欠发达地区教育工作者增加 20% 的津贴；五是在学前教育和初级教育中为师范教师的子女提供必要的条件。师范教育保障资金主要是从国家财政和地方预算中支付。同时规定师范教育的教师必须拥有大学或相似的文凭，教育部通过以下方法来保障教育的需求：

第一，招收各个大学和高教中心的毕业生。

第二，招收大学或更高学历的学生，接受一年的教育方法和技巧的培训。

第三，在大学和高等教育中心建立师范教育硕士学位点，为教师的继续深造提供奖学金。

第四，在硕士学位阶段增加教师教育的份额，在师范专业增加招生人数。

第五，提升教育学专业人才的吸引力。长期以来，教育学专业在伊朗对青年人的吸引力低，年轻人更倾向医学、经济管理、信息技术、石油勘测、对外翻译、国际金融贸易等领域的专业。这些领域的特点是平均工资较高。因此，近年来伊朗政府倡导提升教育学专业的吸引力，促进更多优秀毕业生选择教育学专业，采取措施从根本上改变师范教育中的"逆向选择"，比如增加教育学专业的奖学金以提高教师的社会地位。以德黑兰高等师范大学为例，该大学教育学专业的奖学金高于其他专业。提高针对教育学专业申请人的要求是提高教师地位的另一项措施。例如在伊朗特殊儿童教师培训中心 2018 年开展了一项教育学专业倾向的特殊测试，以面试或者解决教学情境问题的形式确定职业适合性，引起社会各界的极大关注。

由此可见，《2005—2025 年伊朗国家教育发展愿景目标》的制定与落实将大大提高伊朗师范教育人才的可持续培养。

第八章　伊朗教育改革的基本趋势

伊朗伊斯兰共和国经过 40 年的发展历程，国民教育取得了一定成就。政府通过出台和实施指导学前教育、基础教育、高等教育、职业教育和师范教育改革的政策法规，解决教育发展中的资金短缺、管理方式落后、社会经济要求等问题。

从目前伊朗教育的实际情况来看，由于受宗教因素、性别因素、年龄因素、文化程度、社会矛盾、社会问题、国外伊斯兰思潮和运动的影响，这些因素的交互作用使得伊朗教育制度与政策呈现出不同的特点，未来的伊朗教育改革将会面临更大的内外压力和挑战。

一、伊朗教育改革的现状

历经 40 年的坎坷发展，伊朗针对教育方面制定了多部法律、法规和政策。其中一部分得到了执行，一部分正处于规划、落实阶段。1988年教育部起草教育制度总计划，1990 年制订了中等教育制度修改方案，2004 年伊朗国家最高教育委员会和教育部等机构针对教育发展中的突出问题和薄弱环节，立足基本国情，遵循教育规律，坚持改革创新，以培育人才、造福人民为目标。制定了《(2005—2025 年) 国家教育发展愿景目标》。

2009 年，伊朗教育部提出成立农村教育发展中心，主要目的是全面改善农村学校的办学条件，进一步提升育人质量。根据伊朗教育部公布的统计数据，在2010—2011学年共开设了约8000所农村教育中心，从而使农村义务教育的办学条件得到明显改善。但受历史、地理环境和经济等方面因素制约，乡村教育仍是国民教育中的短板，存在规划不合理、办学条件相对较差、师资保障不到位、校园建设相对滞后、教育制度在某些方面遇到的问题始终未得到解决等问题。

《(2005—2025年)国家教育发展愿景目标》，将抵制强权势力，实现民族复兴作为教育的重要使命，坚持教育为国家建设服务、为实现国家发展的奋斗目标提供有力支撑。提出了推进教育现代化要注重以德为先，注重全面发展，注重面向人人，注重终身学习，注重知行合一。明确了推进教育现代化的基本原则：将高等教育作为国家优先发展的方向。

国家教育发展愿景目标提出，到2025年，伊朗教育总体实力和国际影响力显著增强，农村劳动年龄人口平均受教育年限明显增加。在此基础上，为到21世纪中叶建成中东地区富强民主现代化强国奠定坚实基础。主要发展目标是：进一步普及和完善学前教育的质量、实现优质的义务教育、全面普及高中阶段教育、职业教育为经济和社会服务能力显著提升、高等教育在地区和国际社会明显提升、残疾儿童少年享有适合的教育、形成全社会共同参与的教育治理新格局。

一是强化学生实践动手能力、创新能力的培养。进一步完善教育质量标准体系，制定覆盖全学段、符合不同层次类型教育特点的教育质量标准，明确学生发展核心素养要求；完善学前教育保教质量标准；建立健全中小学各学科学业质量标准和体质健康标准；健全职业教育人才培养质量标准，制定紧跟时代发展的多样化高等教育人才培养质量标准；建立以师资配备、生均拨款、教学设施设备等资源要素为核心的标准体系和办学条件标准动态调整机制。加强课程教材体系建设，科学规划大中小学课程，分类制定课程标准，充分利用现代信息技术，丰富并创新课程形式。健全国家教材制度，统筹为主、统分结合、分类指导，增强教材的思想性、科学性、民族性、系统性，完善教材编写、修订、审查、选用机制。创新人才培养方式，推行启发式、探究式、参与式、合作式等教学方式以及走班制、选课制等教学组织模式，培养学生创新精神与实践能力。重视家庭教育、学校教育和社会教育。构建教育质量评估监测机制，建立全过程、全方位人才培养质量反馈监控体系。

二是提升各级教育普及率。以农村为重点提升学前教育普及水平，建立更为完善的学前教育管理体制，提升义务教育巩固水平和高中阶段教育普及水平；推进中等职业教育和普通高中教育协调发展，鼓励普通高中多样化有特色发展，提升全民族教育发展水平。

三是实现基本公共教育服务均等化，推进城乡义务教育均衡发展。在实现义务教育基本均衡基础上，办好特殊教育，推进适龄残疾儿童少年教育全覆盖。

四是建立全民终身学习的制度环境。强化职业学校和高等学校的继续教育与社会培训服务功能，开展多类型多形式的职工继续教育。

五是建立完善的高等学校分类发展政策体系，引导高等学校科学定位、特色发展。加快发展现代职业教育，不断优化职业教育结构与布局。推动职业教育与产业发展有机衔接、深度融合，在已有的基础上建成一批高水平职业院校和专业。引导高等学校和职业学校及时调整学科专业结构。加强创新人才特别是拔尖创新人才的培养，加大应用型、复合型、技术技能型人才培养比重。加强应用基础研究，全面提升高等学校创新能力，健全有利于激发创新活力和促进科技成果转化的科研体制。

六是加强教师队伍建设，切实解决教师结构性、阶段性、区域性短缺问题。健全教师职称、岗位和考核评价制度，培养高素质教师队伍，健全以师范院校为主体、高水平非师范院校参与、优质中小学（幼儿园）为实践基地的开放、协同、联动的教师教育体系。强化职前教师培养和职后教师发展的有机衔接，夯实教师专业发展体系，推动教师终身学习和专业自主发展。提高教师社会地位，完善教师待遇保障制度，健全中小学教师工资长效联动机制，加大教师表彰力度，努力提高教师政治地位、社会地位、职业地位。

七是利用现代技术加快推动人才培养模式改革，实现规模化教育与个性化培养的有机结合。创新教育服务业态，建立数字教育资源共建共享机制，完善利益分配机制、新型教育服务监管制度。推进教育治理方式变革，加快形成现代化的教育管理与监测体系，推进管理精准化和决策科学化。

八是全面提升国际交流合作水平，加强与联合国教科文组织等国际组织和多边组织的合作；积极参与国际教育规则、标准、评价体系的研究制定；推进与国际教育组织及其他国家专业机构的教育交流合作。

二、影响伊朗教育发展的相关因素

通过实地调查，我们发现目前影响伊朗教育发展的相关因素，主要表现在以下几个方面：

（一）宗教因素

伊朗是一个信仰伊斯兰教人口众多、教派支系成分复杂的国家，宗教信仰与国民教育紧密联系，宗教组织地区分异显著的国家。宗教对各民族人口的形成和教育发展始终产生着重要影响，尤其是伊朗人口从出生到死亡，包括婚嫁、服饰、饮食、卫生等各种生活习俗，都受宗教因素的影响。

（二）经济因素

经济因素是制约伊朗教育发展的一个重要因素。当前影响伊朗社会稳定的最主要的因素，不是伊斯兰教内部的教派、门宦矛盾，而是经济问题，是社会发展中两极分化、贫富差距过大、腐败问题严重等社会问题。这些社会问题引起社会秩序失衡，从而加剧社会矛盾和对教育的不满情绪。

（三）政策制度性因素

政策制度性因素对伊朗教育的发展也有一定影响。在伊朗国家经济社会体制改革和社会转型的过程中，伊朗伊斯兰共和国成立以来形成的教育政策、教育法律法规、各种工作措施等，面临着严重的挑战和受到不同程度的冲击。在调查中就发现，因有关部门管理教育事务的方式不得当，引发的突发性事件时有发生。

（四）文化因素

随着伊朗经济、政治、文化和教育的发展，各民族相互学习、相互影响、相互帮助，共同发展不断增强，但各民族的特点、民族文化差异还将长期存在。如果各民族的传统、语言、文化、风俗习惯、心理认同、宗教信仰等方面的差异，不能从法律、制度、政策和实践中得到充分尊重和理解，或者忽视它的存在，或者用强制的方式、行政命令加以改变，都会伤害民族感情，影响民族关系和教育政策的制定。

三、伊朗教育现存的主要问题

从上述伊朗教育政策和《（2005—2025 年）国家教育发展愿景目标》中可以看出，伊朗对于教育的关注度较高。然而，将其教育置于伊朗社会现实中，就会发现，伊朗教育还存在很多问题。

（一）师资力量和教学质量

伊朗教育从师资到学制，都体现出较多的教学质量问题。从师资来看，师资问题主要体现在教师的学历、素质和人数方面，尤其是高等教育以下的教师在学历上无法达到基本要求。

1998 年 10 月 20 日，伊朗计划最高委员会规定，根据师范教育中心计划的目的，其总的原则和总的目标被确定。该决议包括一个前言，九个原则。要求必须根据现有的标准，用正确的方法选择教师。然而，事实却并非如此。以初级中学为例，2001—2002 年，伊朗初级中学正式和非正式老师中有 30.17% 的老师拥有学士学位，有 66.10% 的老师拥有大专文凭，有 3.60% 的是高中文凭，0.13% 的低于高中文凭。初中教师的这种学历结构，能否提高教学质量是值得深思和质疑的。如果这一状况持续下去，将会面临课程计划的质量问题以及老师在了解孩子们的潜力方面的欠缺。以高等教育为例，很多选择去国外留学的大学生表现出对伊朗大学条件的不满。如伊朗谢里夫大学计算机学院计算机科学专业的学生 Bardia Sadri 说："我们学校是伊朗第一所计算机学校，但教师队伍中缺乏计算机方面的教授。在这样一个学校里，职业吸引力不强、科技资源配置较差、学生整体素质不高等问题突出。"该校前研究员莫斯塔沙里博士说："我们的图书馆甚至不能满足本科学习的需要。有许多人找不到他们专业研究领域的图书，所以他们选择离开了这个学校。"数学教授 Zangeneh 博士说："我国的教育在质量和公平上存在的问题很多，高等教育的普及率虽然较高，但质量有待进一步提高。中小学学生实践动手能力较强，但体质健康状况明显下降，心理健康状况令人担忧。"[1]

部分伊朗教育问题专家认为：教师的使命和教育的重要性要求教师应具备高学历，这就要求未来的教师，无论到哪里执教，都应该接受高等教育。为了实现这一目标，小学和初中的教师应是大学毕业生，而高中和大学预科的教师应具备硕士、博士学位。但现实的情况却是，有潜力的青年们不愿意或不重视教师职业。这一社会现象有不同的原因，教师职业吸引力低，社会地位、工资收入等问题是无法避免的事实，拥有学士、硕士、博士学位的人，都想从事收入高、社会地位高的职业，那些找不到高收入职业的学生最终只能选择教育工作。专业教师收入低是年轻人不愿当教师的重要原因之一。

---

[1]　译自 "http：//www.parstimes.com/education/" 的 "Higher Education" 之 "Educational System" 中 "Why Iranian Students Going Abroad For Higher Education，Refuse to Return Home?" 一文。

（二）高中教育的科学性和规范性有待进一步提高

伊朗的高中教育制度分为三部分：理论、科技艺术和职业教育。就伊朗高中教育本身而言，缺乏一定的科学性和规范性，这主要表现在授课内容和知识引导的专业倾向是否过早，课程设置是否科学，这些问题都会某种程度地影响到高中教育质量。

（三）博士专业覆盖面过于狭窄

伊朗博士学位授予专业主要有医学博士和专业博士。引发这种现状的原因很多，但缺乏教授、博士生导师等专业人才是最重要的原因。为此，从经济、人才和政策等方面对博士专业发展进行科学规划和调整迫在眉睫。

（四）基础教育内容庞杂繁多

从伊朗基础教育的内容来看，主要包括宗教学、语言学、社会风俗、法律、艺术、卫生、数学、理科、体育、实践科学、技术、历史、地理、外语、理论、科技艺术（包括工业、服务业和农业）、经济、军事、管理、执行等方面，其中科技艺术专业几乎包含了与日常生活相关的一切工业、服务行业和农业的技能和知识，例如金属工业、汽车修理、设计裁缝、手工印刷等。从中可以看出，伊朗基础教育内容庞杂，几乎无所不包。造成这种现状的主要原因是教育体制和制度问题。

四、未来伊朗教育改革的基本趋势

通过以上对伊朗教育制度改革现状和影响教育发展的相关因素分析，我们对伊朗未来教育发展的基本趋势，做了以下几点初步判断。

（一）未来伊朗接受高等教育的人口比例将会继续呈上升趋势

由于受人口发展惯性以及年龄结构的影响，未来伊朗接受学前教育、基础教育、职业教育、师范教育、高等教育的人口比例将会继续呈上升趋势，高等教育和科技创新将是伊朗优先发展的方向。

（二）城乡教育资源配置乃会有较大差距

国民教育均衡发展评介指标体系将会不断完善，但城乡教育资源配置仍有较大差距，城乡教育发展的政策环境还有待于进一步提高。

（三）教育的多元化现象将会呈现出增大趋势

宗教教育依然是伊朗国民教育重要组成部分，但教育的多元化现象将会呈现出增大趋势。

（四）职业技术教育水平难以满足社会经济发展需求将会进一步显现

自 1979 年伊朗伊斯兰共和国成立以来的 40 年，为了解决劳动力的供需矛盾，伊朗在职业技术教育已经取得一定成绩的基础上，又采取了形式多样化等举措来推动职业技术教育的发展。但是，在职业技术教育发展的过程中，也存在着许多不足之处，如教育发展不平衡的状况依旧存在，职业技术教育发展质量亟须提高。

（五）面对日益严重的经济制裁和就业压力，伊朗教育还将面临更多挑战

历经 40 年的变革和坎坷发展，伊朗高等教育和科技创新能力发生了显著变化，向世界一流大学迈进已成为伊朗高等教育的重要战略追求。《2005—2025 年伊朗国家教育发展愿景目标》和《国家综合科学技术发展路线图》的制定，对伊朗高等教育的可持续发展起到了重要的引领作用。但面对日益严重的经济制裁和激烈的社会就业压力，伊朗高等教育还面临着创新能力、育人机制和经费投入不足等诸多挑战。

（六）建立一支稳定的高素质教师队伍还存在一定的难度

从伊朗目前教育发展的政策环境来看，建立一支稳定高素质的教师

队伍还存在一定的难度。

（七）未来的伊朗宗教和教育问题将会呈现出比以往更加错综复杂的态势

外部政策的变化将给伊朗教育发展带来不确定性，未来的伊朗宗教和教育问题将会呈现出比以往更加错综复杂的态势。

（八）"一带一路"、人类命运共同体倡议将对伊朗教育的影响增大

"一带一路"、人类命运共同体倡议和发达国家的教育理念将对伊朗的影响增大，希望到中国留学的伊朗大学生将会呈上升趋势。

（九）伊朗未来对国际教育合作与交流的需求将会呈上升趋势

近年来在国际教育合作与交流领域，随着各种复杂问题的叠加和互动，使得伊朗在制定外交政策方面对国际教育的合作与交流需求不断上升，影响日趋显现。因此，研究伊朗教育制度和政策不仅有助于了解伊朗当前对外政策，还有助于了解伊朗国际教育和外交决策背后的内在机理。

五、对策和建议

（一）教育制度与经济社会发展相结合

伊朗的教育从传统的宗教教育到当代教育体系的逐渐完备，走过了一个从传统向现代化转型的历程。考察伊朗的教育历程，我们就会发现，有一个突出特点，即强化学生个人受教育的权利，表现在具体教育过程中，就是非常关照和注重发展学生的爱好、兴趣和志向。从教育的终极目标——促进人的全面现代化发展而言，教育本身确实在于开发学生的兴趣，保障学生个人受教育的权利。然而，从人的社会属性和终生实践而言，教育最终必定要通过社会效益和就业来体现。换言之，不能把教育的

本质——促进人的全面现代化发展架空，或凌驾于社会发展需求之上。虽然教育本质是促进人的全面现代化发展，但是人的全面现代化发展是以社会发展为依托的，这二者是紧密结合、互相推动、互相作用的状态。因此，对学生的教育必须与社会人才需求相结合，教育成果也只有最大化地输出、转化为社会效益，个人受教育的价值和意义才能够在社会实践中得以实现。伊朗现存的教育制度从社会人才需求及降低失业率、促进社会和谐发展的角度来说，存在一定的缺陷。完善和改革教育制度必须与伊朗经济社会发展相结合，具体需要从四方面着手。

1. 完善初中教育、高中教育和高等教育欠缺之处

伊朗初中教育的师资问题较多，具体表现为教师的学历和素质问题。高中教育的专业设置和课程规划是否具有科学性，关于教育内容的侧重点和核心的教学是否能够达到教育目标，考核体系是否公平客观，是否完善等问题。高等教育存在的问题，主要表现为博士专业覆盖面过窄，博导和专业教授等高水平人才资源稀缺；图书馆设备等硬性设备还有待完备等问题。因此，伊朗改革教育制度的第一步就是查缺补漏、完善现存教育制度，从制度上解决现存相关问题。

2. 推进精英教育和专业教育的科学发展

从伊朗教育现状来看，博导和专业教授等精英人才相对稀缺，在接受大学教育的比率相当高的情况下面临着社会失业率和人才外流现象严重。为此，应扩大博士专业覆盖面，推进精英教育和专业教育，培养更多的博导和专业权威的精英人才，改变博导等精英人才稀缺的现状；延缓就业、失业率过高的社会压力及其带来的一系列社会矛盾，促进社会的健康和谐发展。

3. 明晰不同水平和不同学历的人才层级

伊朗接受高等教育的学生比率同中东其他国家相比，还是很高的。伊朗现有教育人才绝大多数具有大学文凭，而到国外留学的博士及以上人才则大多不愿回国，有些甚至选择了移民。因此。需要大力改革现有用人机制，明晰不同水平和不同学历的人才的层级性。在改革过程中，既要注

意对学生的潜力和真才实学进行客观公正的考核，同时又要严格把关。

4.改革教学内容，突出重点，强化专业

伊朗教育包含的教学知识内容范围非常广，尤其是初中教育和高中教育，内容庞杂，几乎无所不包。然而，学生的时间精力有限，学习的内容过多，难免会出现博而不精、杂而不专的问题。因此，伊朗教育需要对教学内容进行科学的研究，突出重点，强化专业。

（二）教育目标与市场经济、社会、人才需求相适应

伊朗教育在整体上非常注重对学生个人受教育权利的保障，在教学实践中也相当注重对学生的兴趣和爱好的尊重和培养，然而，从经济社会发展和人才配置现状来看，伊朗教育存在与社会发展和经济需求脱节的问题。这就需要在制定教育目标时，强化学生对教育服务于社会的认知。让学生不仅知道自己想要什么、需要怎样的教育，更要知道自己受教育的目的是什么，以后要在社会实践中做什么。这有助于学生明确自己的人生目标，而不仅仅是个人学习目标。

（三）在与世界其他文明的交往、交流中融入前沿教育内容

伊朗的教育有很好的传统与经验，但是伊朗的传统和经验要融入新的时代，就必须关注和添加世界及时代前沿教育内容。当代世界前沿教育非常关注科学。除了关于世界四大科学难题——人体基因结构、宇宙中的黑暗物质、受控核聚变和生命起源的继续探索研究之外，现在世界其他地方"学习科学"正在兴起。"学习科学"作为一门主要由生物科学和教育科学交叉而形成的前沿学科，是建立心智、脑与教育之间的桥梁，是将生物科学的最新成果，如认知神经科学、情感神经科学、基因科学和生物分子学等应用于教育和学习过程。伊朗要跟随世界教育步伐，用先进的教育理念进行先进的科学研究是不可或缺的教育内容。

在教育理念方面，世界前沿的教育理念大多采用跨学科的教学模式，注重对学生的学习能力的挖掘，主张探究式学习，强调科学的探索精神，注重思维训练，以培养全能型人才为目标。在教育内容的调整过程中，伊朗需要结合本国人才需求和世界先进教育理念，对教育内容与开发学生能力进行科学评估。

第九章　中国与伊朗合作的
基础、经验和挑战

　　在这个多元文化、多语种文明共生共存的世界里，不同民族的语言各不相同，但心灵、情感和对美好生活的追求是相同的，为人类所传承。中国和伊朗，作为亚洲东部和西部的两个正在崛起的发展中国家，它们都有各自光辉而灿烂的古代文明，对人类的进步和发展、对人类文化都产生过重大的影响。本章从中华文明与波斯文明的交往交流、中国与伊朗在教学科研等领域合作的基础、国际教育合作的现状和面临的机遇和挑战等方面进行初步探讨。

一、中华文明与波斯文明的交往交流

　　中华文明是世界上最古老的文明之一，也是世界上持续时间最长的文明。中华文明以黄河文明和长江文明为主，是区域文明交往、交流、融合、升华的"命运共同体"。

（一）中华文明对波斯的影响

　　从人类文明的发展历史来看，中华文明对波斯文明的影响十分明显。汉代中国和波斯就开始有了文字记载的文化因缘。著名史学家司马迁在《史记·大宛列传》中，不仅以睿智卓识记下张骞通西域的创举，而且指出："安息在大月氏西可数千里。……其属大小数百城，地方数千里，最为大国"，其民善于经商，"民商贾用车及船，行旁国或数千里"。这为两国交往、交流作了文字上的铺垫。书中还记载了两国间文化与文学现象的联系。"条枝（西亚伊拉克一带古国名）在安息西数千里，临西海。……安息长老传闻条枝有弱水、西王母，而未尝见。"寥寥数语即将安息（波斯）长老的传说与中国上古神话联系起来。

众所周知，汉代开始的佛经翻译对中国文化的发展极有影响，而翻译佛经在中国信而有征的第一人都是安息（波斯）人。安息国王科斯老之子安清，字世高。他博学多识，笃信佛教，曾放弃继承王位的机会而离家事佛，云游西域各地。东汉桓帝建和二年（148）他抵洛阳。据《高僧传》载，"至止未久，即通华言"。他自桓帝元嘉数百万言，有 95 部之多，现存 54 部。其中《鳖喻经》（出《六度集经》）、《五阴譬喻经》（出《杂阿含》第十卷）、《道地经》《长者子制经》等佛经中的许多譬喻，如：犊母喻、雷雨喻、盲人坠火喻、持斧入山取直木喻等，都以其想象丰富的传说故事和新鲜生动的譬喻等文学形式，丰富了中国文学的表现内容。其后，安玄是祖籍安息的又一位佛经翻译家。他于汉灵帝光和四年（181 年）来洛阳经商，因功封为"骑都尉"。学会汉文后，他与临淮人严佛调合译过佛经两部，其一《杂譬喻经》也以其精当的譬喻广为流传。安清、安玄在翻译佛经的过程中，或多或少地将波斯的语言因素及表现方法融注其中，这样的译文必然会对当时的中国语言文学产生影响。

从东晋、十六国到隋、唐各朝均有波斯人从海上丝绸之路到中国的记载。公元 4—7 世纪初，中国的史籍习惯把非洲东海岸、阿拉伯、印度、锡兰等地的物品统称为"波斯货"，这无疑表明是波斯的船舶将其运往中国的。据《大唐西域求法高僧传》载，中国法师义净于 671 年去苏门答腊就是从广州乘波斯船出发的。在《贞元新订释教目录》中，金刚智约在 717 年从锡兰（今斯里兰卡）出发，有 35 只波斯船从行，驶向苏门答腊，然后前往中国。

唐代国势强盛，经济发达，中国实际上成为东方文化、文学交流的中心，中国和波斯文学的交流有了进一步发展。在《旧唐书·大食传》中，落笔极慎的史官写下波斯胡人另立阿拉伯国家的历史传说。"（隋）大业中（610），有波斯胡人牧驼于俱纷摩地那之山，胡人依言，果见穴中有石及鞘刀甚多，其众渐盛，遂割据波斯两境，自立为王。"书中所载之事及发生时间基本上符合伊斯兰教先知穆罕默德受命之事，但突出了波斯人的作用。

唐代由于波斯和中国的海上贸易极为发达，波斯人在中国南方沿海素有"舶主"之称。诗人元稹在《和乐天送客游岭南二十韵》一诗的自注中云："南方呼波斯为舶主"。这不仅说明来到中国交州、广州的外国商船大多属波斯人所有，也表明中国往来于印度洋的商船也有任用波斯人的船长的。在许多书籍中波斯人往往被描绘成带有传奇色彩的异域人物。《太平广记》中的《李勉》《径寸珠》《李灌》等篇中均有波斯商人在中国奇遇的传说故事。《集异记》《酉阳杂俎》《宣室志》和《广异记》等书中，还记载了波斯等西域胡人识宝的传说。基本情节雷同，都是某华人因某种机缘得一物，被"波斯胡"等识为至宝，高价收买，最后交代宝物的名称和超现实的用途，以便突出"波斯胡"的睿智与慧眼。在《太平广记》卷六引《纪闻》和卷三五行《集异记》等文中，还分别载有专门从事买药的胡商（即波斯商人）的故事。其中有人就是炼丹家，为炼丹的西传起了推波助澜的作用。

唐代不少文人墨客都描写过擅长歌舞、以波斯舞为主的舞姬。大诗人李白常常光顾波斯胡店，写有"五陵年少金市东，银鞍白马度春风，落花踏尽游何处，笑人胡姬酒肆中"的诗句（《少年行二首》之二），有时他甚至沉醉于"胡姬貌如花，当垆笑春风，笑春风，舞罗衣，君今不醉将安归"（《前有樽酒行二首》之二）中。白居易在《胡旋女》一诗中赞美了波斯舞姬为天子表演时的优美舞姿："胡旋女，胡旋女，心应弦，手庆鼓，弦鼓一声双袖举，回雪飘飘转蓬舞。左旋右转不知疲，千匝万周无已时。人间物类无可比，奔车库轮缓旋风迟。曲终再拜谢天子，天子为之微启齿。"元稹在《西凉伎》一诗中还写道："狮子摇光毛彩竖，胡腾醉舞筋骨柔。"把狮子舞等一些波斯为主的杂技艺术描绘得惟妙惟肖。他在《法曲》诗中还描写了波斯妇女服装备受长安等地妇女青睐的时尚："女为胡妇学胡妆，伎进胡音务胡乐……胡音胡骑与胡妆，五十年来竟纷泊。"

一些中国籍的波斯人后裔也以其在汉语言文学等方面的高深造诣，为两国文化交流史写下令人难忘的篇章。著名的唐代诗人李珣兄妹就是一例。李珣（约855—930）"土生波斯"，其父为波斯富商李苏沙。后定居在中国西南梓州（今四川台县附近）。他精通汉语言文学，"所吟诗句，往往动人"。著有《琼瑶集》，现已愧失。现存词54首，《全唐诗》中有收，其中《渔父》《酒泉子》《浣溪沙》《巫山一段云》《菩萨蛮》《渔歌子》《虞美人》等皆上乘佳作。其词风朴实，多写南海风光，具有浓郁的江南水乡气息。与中国诗词大家相比，无论格律用韵，还是寓意想象都无逊色。李珣之妹李舜弦也颇有诗才，被五代前蜀王衍纳为昭仪。她那清新隽永的诗作收入《全唐诗》中，足见其中国传统文化修养之深。

由此可见，两千多年前，"功不在禹下"的张骞以"筚路蓝缕，以启山林"的精神，向西方"凿空"，使中国和波斯两国得以互通信息。继后，横贯波斯境内的丝绸之路和穿越波斯湾的南海水道，进一步促进了两国之间在政治、经济和文化诸多方面的交流，从此，两国间的翰墨因缘也日益绵密，其文化交流在唐宋时期（618—1128）曾一度达到鼎盛。当时波斯商人、使者、僧人、传教士、艺术家和大批高级官员纷纷访问中国，文献记载5000多波斯人定居长安（西安），表明这种交流规模之大。迄今在我国的新疆、宁夏、西安、福建、广东等地和伊朗的伊斯法罕、大不里士等地均保留着大量的有关这种关系的遗迹。诸如绘画、音乐、木刻、铜雕、陶瓷、钱币以及其他手工艺品对两国文化有着非常大的影响，尤其是从中国西安开始经波斯连接地中海的丝绸之路则是两国关系友好和久远的标志。

在世界文明发展史上，中国的丝绸、漆器、瓷器、造纸法、印刷术、火药和冶铁、水利灌溉技术等由此经波斯传向西亚及欧洲；而西方的植物新品种、毛皮、珍禽异兽及音乐舞蹈、天文历法、文化等也源源不断地输入中国。

（二）波斯文明对中国的影响

伊朗早在一千多年前，古波斯就设有一种综合性教育中心，该中心有外国教师来授课，这是古代伊朗最早建立的一种国际教育。近年来在国际教育合作与交流领域，随着各种复杂问题的叠加和互动，使得伊朗在制定外交政策方面对国际教育的合作与交流需求不断上升，影响日趋显现。

从历史上看，波斯文明也是世界文明的重要组成部分。中国与伊朗的交往、交流和交融，始于两千多年前张骞出使西域。它的基本走向形成于公元前后的两汉时期。继后，穿越波斯湾的南海水道，进一步促进了两国之间在政治、经济和文化诸多方面的交流。两国间的文化交流在唐宋时期达到鼎盛时期。

大约在公元前4—前3世纪，波斯本土已出现原始文明，当地土居的狩猎、农耕部落与来自中亚细亚的游牧部落混合，得"雅利安人"之称。他们大概在公元前9—前8世纪时进入比较成熟的奴隶制。到阿契美尼德王朝时期，已成为一个征服了小亚细亚、巴比伦、中亚细亚和埃及与印度的部分领域的大帝国。之后波斯不断地遭到异族侵略或发生内乱，波斯人民在兵燹战火中艰难地建设自己的文明，为人类留下一笔宝贵的精神遗产。古代波斯的医学、天文学、数学和史学、地理学，还有建筑艺术、手工艺术和音乐都有突出的成就，但具有世界影响，为后世所称道的还是诗歌。

古代中国也有"诗国"之称，但中国诗歌不像波斯古典诗歌"身兼多职"。"诗言志"是中国诗歌创作的原则。波斯古诗不限于"言志"，诗人用它来记录历史（菲尔多西《王书》）、叙述生动的故事（内扎米《七美人》《莱伊丽与马季农》）、讨论宗教教义（鲁米《宗教双行哲理诗》）。然而更多的诗人是用诗歌形式探讨人生的哲理。被称为"波斯古典诗歌奠基人"的鲁达基，在清新、朴素的诗风中表述人生的哲理；科学家和诗人海亚姆以朴素的唯物主义观念写下他的人生哲理诗；"彼岸世界的喉舌"哈菲兹早期创作的世俗抒情诗，在对传统价值的怀疑和对自由的讴歌中探讨人生；苏菲诗人鲁米和贾米也在宗教的神秘氛围中不乏现实人生的曲折表现。尤其是被誉为"人生导师"的萨迪，其代表作《蔷薇园》和《果园》"是指导人们思想修养与规范言行举止的道德手册"。他们的人生哲理诗作，既扎根于波斯文化传统，又打上诗人生活时代的印记。波斯人不仅把他们的诗作当作艺术欣赏，还用来指导现实的人生实践，甚至用诗行来预卜人生道路上的吉凶祸福。现在的伊朗政府把他们的诗作用于各级学校的教材，伊朗人从小就受到这些古典诗人人生价值观的熏陶。古典诗人的一些哲理诗句，至今为人们所运用。

波斯古典诗人的人生哲理诗，从宽泛的意义上说也是"言志"。但与中国古典诗歌比较起来，更多理智因素，"以理入诗"是中国诗歌创作的一大忌讳。讲述人生哲理、人伦规范，在中国的另外的散文论著，其中最富传统性的是语录体，即由门生或后人对先贤哲人的言论加以摘录整理，分类汇编，供人们在生活实践中运用。一些文人士大夫为了把这些传统的价值观念普及于民，对这些语录加以改写，结合日常生活事例使之通俗化，运用简练通俗的语言，使之格言化，流行于民间，在潜移默化中指导着人们的人生行为。波斯古典诗人的哲理诗则对波斯人的价值观念、处世交往、为人准则等都有很大影响。

从历史上看，波斯地处亚、非、欧三大洲的交集处，既是三大洲往来的交通要道，也是古代东西文明的汇合点。这样的位置，形成了古波斯人的开放性心态。到中世纪时，由于东西贸易往来，波斯产生了一个势力甚大的工商业阶层，周边高度发达的古代文明影响了波斯本土文明。发源于幼发拉底河和底格里斯河流域的古巴比伦、亚述文明，成为波斯文化的重要基础，东方的中国、东南的印度、西南的埃及和后来强大的阿拉伯、西方的希腊罗马等高度发达文明都给波斯以不同程度的影响。其中影响最大的当数古希腊和阿拉伯，而从文化源流上看，古希腊的影响尤甚。希腊文化中的"人"的观念、理性、自由的思想，深深影响了波斯古代文化。

而中国古代文化是典型的农耕文化，波斯文化是农业与游牧文化的混成。中国文化发源于黄河、长江流域，有着肥沃的土地、充足的水源和适宜农耕的气候。这种农耕文明，在文化上的特征，由于收成依赖自然条件，产生顺从自然、"天人合一"的观念；农耕以土地为本，有一种执着乡土的观念和求静、求稳的普遍心态。

古代波斯的生活、生产方式不像中国单一。在两河流域早有高度发达的农业文明，但在民族发展的历史上屡为游牧部落统治，波斯的好几个王朝都是游牧部落开创，既有外邦的游牧部落入侵，也有波斯本土的游牧部落取得统治的时期。波斯历史上，游牧部落经常袭击定居的农民，破坏农业灌溉设施。游牧民族常被视为优于定居的农民，他们成为统治者依赖的军事力量。其结果，一方面农耕文化同化着游牧文化，另一方面游牧文化的剽悍勇敢、向往自由、缺乏统一意志、个性主义等特征又渗进波斯文化中。波斯文化就是在农耕与游牧两种文化类型的冲突、融合中发展。

同时，古代波斯的宗教生活对人们影响深远。波斯历史上兴起过马兹达教、琐罗亚斯德教、摩尼教，在伊斯兰教统治时期，又产生形成了独具特色的什叶派学说。在一个国家的历史上盛行这么多的宗教，在世界文化历史上并不多见。古波斯宗教以善恶二元论为基础，世界一切均由善恶构成，善恶二神一直在不停地斗争。人的向善、向恶都有可能；而善神最终战胜恶神，这中间人以各种仪式给善神以很大帮助。从中可以看到对人的自由意志和人的力量的肯定。摩尼教在琐罗亚斯德教的基础上与社会现实联系起来，把宇宙的纵向发展分为初际、中际和后际，初际善、恶二神各自拥有独立的王国，中际善恶相混，后际是善将恶赶离善的王国。摩尼教对中际（即现在）的解释，认为善恶混淆不清，在于人们怎么去看，如果以慈悲的眼光观察，则世间的一切都是光明和善良；若以残忍的眼光去看，则一切都变得黑暗和丑恶。这种善恶相对论，无疑从认识论上为人们开了自由之门。公元 5 世纪出现琐罗亚斯德教的异端派别——马兹达克派，把社会生活中的平等与善神、压迫与恶神联系起来，号召建立一个平等、自由、正义的社会，苏菲派作为伊斯兰教的一个派别，宣扬神秘的爱、泛神论和神智思想，奉行内心修炼，沉思入迷以至与安拉合一，实际上在神秘主义的外衣下，掩藏着自由思想的观点，这种"人类自由理想"在波斯宗教中表现得非常明显。

中国历史上没有产生严格意义的宗教，只有祖先崇拜。由于中国传统社会身、家、国三位一体的社会结构，对祖先的崇拜又转向对统治人物的崇拜，所以，中国的宗教情感与忠、孝、礼、义等伦理内容和自由宗法制引申的等级政治结合在一起，只有服从和膜拜。

公元9世纪，祖籍波斯，担任过古波斯伊拉克邮政总管的学者伊本·库达特所著《道里郡国志》一书，不仅详细描写了从巴士拉沿波斯海岸绕南亚大陆，过南海到达中国的水路交通，而且列举了中国丝绸、陶瓷、麝香、貂皮等贵重出口物资的细目。这是中国与波斯友好往来的最早记载之一。同期另一位生活在波斯的学者雅库比在他的名著《阿巴斯人史》中，对中国与之毗邻国家间的关系，对中国的丰富物产、广州贸易的盛况等均有描写。一位曾多次到过中国的商人苏莱曼用阿拉伯文写了一部文献游记《公元九世纪阿拉伯人及波斯人之印度中国游记》。他从位于波斯湾边缘法尔西斯坦繁华海港锡拉夫出发前来中国，不仅详细记载了航海路线，而且以生动的文笔描绘了他对中国民俗风情的真实了解。他认为中国人的文化修养高，懂得音乐和绘画，对待外国商人的买卖也公平合理。书中还描述了当时中国重要的南海港口广州停泊着的来自世界各地的货船，并记载了市内竹木结构的建筑的不足之处，一旦仓库起火会给各国商人带来经济损失等。

10世纪以后，波斯文化进入一个高度发展的鼎盛时期，先后涌现出一批震古烁今的大家，其作品在东西方产生过深远的影响。中国著名学者许地山在《梵剧体例及其在汉剧上底点点滴滴》（1925）一文中明确指出："我很怀疑中国小说受伊斯兰文学地影响比受印度地大。因为我从波斯文学中地短篇散文或小说找出些少与中国相似的。"许地山本意虽然说中国小说主要受印度的影响，但并未否认也受波斯的影响，虽然中国和波斯散文和小说相似处不多，但诗歌的内容和形式还是互有影响的。著名文学史家郑振铎论得更明确："波斯人民所创作的诗歌、小说和绘画，在亚洲和

非洲也还产生了很大影响。"（《中国和亚非各国友好关系史论丛》）在这种
影响中，中国自然首当其冲。

波斯著名诗人菲尔多西（940—1020）史诗《王书》共有5万余行，
其中的精华描写波斯民族英雄鲁斯坦姆等勇士的故事，约有28000行。其
核心故事，波斯英雄鲁斯坦姆与突朗英雄苏赫拉布的生死搏斗，主要反映
了属敌对双方的不相识的父子互相残杀的主题。它和中国世人皆知的薛仁
贵与薛丁山父子相残的故事颇多相似之处，这也从一个侧面说明早在菲尔
多西时代，中国在波斯人心目中就已有了重要的地位。

其后，波斯另一著名哲理诗人欧玛尔·海亚姆（1048—1122）运用
名为"柔巴依"的古典抒情诗形式进行创作，颇负盛名。这种出现于9、
10世纪波斯和塔吉克民间口头创作的诗体，在波斯古典文学奠基人鲁达
基（858—9418）时代定型，到11世纪中叶海亚姆时代达到繁荣。同时
在阿拉伯语以及包括维吾尔语在内的突厥语等东方语言文学中也有出现，
是深受人们喜爱的一种抒情诗形式。在古代波斯，"柔巴依"又称为"塔
兰涅"，意即"绝句"。据中国杨宪益等一些学者考证，这种可能来自中
亚突厥文化传统的诗体，与中国唐代的绝句同出一源，或者可能是唐代
绝句通过突厥文化传入波斯而形成。接踵而至的是波斯叙事大师内扎米
（1141—1209），他取材于《王书》的爱情抒情诗《霍斯鲁与西琳》流传
深广，早已越过波斯疆界在中国新疆地区开花结果。中国维吾尔族杰出的
古典诗人阿不都热依木·纳扎尔（1770—1848）受其影响而创作了爱情
长诗《帕尔哈德与西琳》。在另一部长诗《巴赫拉姆在土星宫的故事》中，
他甚至把一个美丽的中国城市描述成神秘故事的发生地，那里"清幽宁
静，像天堂伊甸园一样树木葱郁，人人面皮白皙"。可见作者内扎米对中
国是很向往的。

13世纪初，大批穆斯林东来中国，其中许多是波斯人，这无疑拓展
了两国文化交流的领域。当时一位名叫努尔·哈丁·穆罕默德·奥佛的学
者并游历家，在他的《轶事集》一书中收集了大量古代阿拉伯典籍中的故
事。其中谈及属什叶派的穆罕默德后裔中的色地斯族人曾流徙并寄居在中

国边境的史实。他们后来成了中西各方面交流的居间人。作者在书中解释了阿里教主的后人远奔异地的动机。在白衣大食王朝（即倭马亚王朝），一批色地斯人及阿里教主的后裔移居呼罗珊（即波斯），但白衣大食穷追不舍，色地斯人逃入东方，直到中国境内才停止。这些记载为大批阿拉伯人途经波斯陆路迁徙来中国提供了事实依据。

此期间波斯文学史上"四柱"之一，萨迪（1208—1292）的足迹也遍及中国新疆等地。他的叙事诗集《蔷薇园》和《果园》等诗作，以其优美的文笔和韵律以及适于中国读者所接受的哲理，几百年来一直得以在中国传播。《蔷薇园》早已成为中国穆斯林经堂道德教育的教材，而《果园》的波斯文本至今在新疆和田地区的维吾尔族中享有大量读者。他们把《果园》称为《布斯坦》（即《果园》的波斯文音译），有的阿訇甚至能背诵通本。14世纪初，萨迪刚刚逝世50余年之后，他的抒情诗就已流传到中国南方。有"伊斯兰世界的旅行家"美誉的伊本·白阁泰（1304—1377）曾由南海到中国，他在1355年底定稿的《游记》中，不仅记录了对中国文化的了解，对富有艺术才华的中国人民的热情赞扬，而且还珍贵地记录了他访问杭州时，听到中国歌手演唱的、曲调优美的波斯语歌曲。其中两句"胸中泛起柔情，心潮如波涛汹涌，祈祷时，壁龛中时时浮现你的面影"，恰是萨迪的一首抒情诗的一段。中国和波斯两国之间文化文学的交往在当时范围已经很广泛了。

14世纪波斯两位著名的诗人哈珠·克尔曼（1200—1352）和哈菲兹（1320—1389）都在自己的作品里表达了对中国文化的推崇。哈珠在长达4300行的叙事诗《霍马与胡马云》中，描写伊朗王子霍马因慕念中国公主胡马云而放弃王位，千里迢迢前去中国，经过千辛万苦霍马才实现了自己的心愿和中国公主结合。这个虚构的故事不仅反映了诗人对中国的向往之情，也说明中国在当时波斯人民心目中的地位。哈菲兹在自己的抒情诗里也多次提及中国的麝香和画工，虽然描写都不够详细，但诗人对中国的友好感情和善良愿望是值得珍视的。

这时期中国也不乏有关波斯的文献记载和进行文学描绘的作品。元代汪大渊因数度随商船去过波斯，因而在他撰写的《鸟夷志略》一书中专门介绍了波斯当时主要的通商口岸忽尔谟斯，作为东西方商旅的必经之途，它不仅是波斯货物的集散地，也是波斯文化东传中国的咽喉之地。元代耶律楚材所著《西游录》和周致中的《异域志》中也都有关于波斯地理交通等方面的记载。元代诗人马祖常系西域汪古部人。他在两首诗中对波斯商贾从陆、海两路来华贸易的详情有生动描绘："波斯老贾度流沙，夜听驼铃识路赊，采玉河边青石子，收来东国易桑麻。"（《河湟书事》）"翡翠明珠载画船，黄金腰带耳环穿，自言家住波斯国，只种珊瑚不种田。"（《绝句》）此外，元代华化的西域人溥博，侨居江南，父子兄弟都是世居中国的波斯人，他在嘉兴于元惠宗至正二十二年（1362）江浙乡闱一榜，正式入籍，精通诗毛氏笺等，颇多文才，深受中国传统文化礼欲的熏陶。

15 世纪初，明成祖朱棣竭力想恢复和加强两国的交通往来。吏部员外郎陈诚和户部主事李暹于 1413 年奉命出使波斯帖木儿王朝的哈烈（今赫拉特）。他每到一处，"辄图其山川城廓，志其风俗物产"，归国后写有《西域记》二卷。上卷《西域行程记》，下卷《西域番国志》，文笔生动地描述了波斯的风物。明代郑和七次出使西洋，明文记载的有五次到过波斯，其随行人员中归国后著书立说者大有人在。三次随郑和下西洋并任翻译的马欢，在《瀛涯胜览》中，详细地描写了今波斯境内的忽鲁谟斯国的地理物产和风俗民情。费信也在《星槎胜览》一书中介绍了自己两次访问该国的感想。巩珍在《西洋番国志》中对该国的各方面也有描写。这些记载是探索两国文化关系不可多得的史料。

16 世纪初，阿拉伯著名旅行家阿里·艾克伯雷曾于 1500 年前来中国旅游观光。归国后他曾以波斯文撰写游记一册，定名为《中国游记》，于 1516 年完成。书中对中国当时社会的政治、经济、文化、军事、法律以及生活的各方面情况进行了描写，迄今仍有重要的学术价值。

继元世祖忽必烈至元二十六年（1289）专门设立"回回国子学"教授波斯语，明代的四夷馆又培养出不少波斯语翻译人才。至清代，波斯语的教学在中国的穆斯林中更为广泛地开展。1660 年手抄本波斯语语法书

《学习门径》即在北京东四清真寺内被发现，同一书抄本在南京太平路清
真寺也有发现，这足以证明波斯语在中国的传播已相当广泛。近代波斯语
文学主要在中国的维吾尔族和乌兹别克等民族中有着更为普遍的影响。菲
尔多西的《王书》、萨迪的《蔷薇园》和《果园》，以及哈菲兹的抒情诗等
波斯文学名著已成为他们中家喻户晓的精神食粮。

　　进入 20 世纪初期，河北省迁安人李阿衡曾先后由波斯文译出《圣谕
详解》《战克录》两部书。1937—1947 年间，学者王静斋把萨迪的《蔷薇
园》全文译成汉语，题名为《真境花园》，上述几部书由北京牛街清真书
报社出版。1924 年，郭沫若翻译了海亚姆的四行诗《鲁拜集》，此诗曾受
到闻一多的高度评价。著名文学史学家郑振铎 1927 年完成的《文学大纲》
中，曾设专章评介了波斯文学中包括菲尔多西在内的 28 位著名诗人，为
介绍波斯文学做出了贡献。

二、影响世界文明的波斯著名诗人和经典著作

　　在波斯文学史上，菲尔多西、萨迪、莫拉维和哈菲兹被誉为伊朗文
坛的"四大支柱"。几百年来，他们的作品在世界广泛传播，丰富了世界
文学宝库，受到恩格斯、黑格尔、歌德、车尔尼雪夫斯基、尼采以及我国
著名学者郑振铎等人的高度赞誉。

（一）"东方的荷马"费尔多西和他的《王书》

　　费尔多西（940—1020）在国际学术界和联合国早已被公认为是"东
方的荷马""复活了伊朗文化与语言"的代言人，世界五大杰出诗人之一
（其他四位是荷马、但丁、莎士比亚与歌德）。费尔多西的英雄史诗《王
书》（一译《列王纪》），既是东方文化中最重要的古典作品之一，同时也
是世界文学宝库中的珍品，迄今已有多达 40 余种语言译本，千百年来在
东西方产生了深远的影响。

　　费尔多西生于 940 年马什哈德附近的图斯市菲尔多斯一个没落贵族家

庭，早年受过良好的宗教和文化教育，通晓古波斯语和阿拉伯语，曾对波斯历史和文学古籍进行深入研究，熟知波斯故事和民间传说。他花了 30 年时间完成《王书》。

《王书》是一部光照千秋的伊朗民族英雄史诗和巨著，主要叙述了波斯古代王朝的武功和民族英雄的丰功伟绩。许多故事和篇章可泣可歌，令人心灵震撼，至今在民间广为流传，经久不衰，成为世代鼓舞人们的巨大精神力量的源泉。全书共 6 万个联句，即 12 万行，卷帙浩繁，气势磅礴，塑造了卡维和鲁斯塔姆等栩栩如生、英勇不屈、反抗强暴的英雄形象，充满了爱国主义和英雄主义内涵。其核心故事，描写伊朗著名英雄鲁斯坦姆与突朗英雄苏赫拉布的生死搏斗，主要反映了属敌双方不相识的父子互相残杀的主题。因史诗中汇集了波斯历史上 4000 多年间流传在民间的神话、传说和故事，因而颇受人民的喜爱。它和中国世人皆知的薛仁贵与薛丁山父子相残的故事颇多相似之处，很有意趣。

《王书》分三个组成部分，即神话篇、勇士篇和历史故事篇。神话篇描述的是伊朗古代历史的发展，文明的轨迹，正义与邪恶的斗争，铁匠卡维率众起义反抗暴君佐哈克的故事。勇士篇则是描写伊朗与敌国土朗交战的故事，塑造了鲁斯塔姆这一光辉的英雄形象。历史故事篇主要是讲述公元 224 年至 651 年萨珊王朝的故事。诗人笔下所描写的事件和人物并非完全是历史的真实，但却展现了一个壮阔的历史画面。《王书》中核心的部分是四大悲剧故事，即伊拉治悲剧、苏赫拉布悲剧、希亚乌什悲剧和埃斯凡迪亚尔悲剧。

《王书》是现代波斯语的奠基之作，在波斯语言文学发展史上具有划时代的意义。书中大量优美生动、充满哲理的警句、格言已成为后人宝贵的精神财富。《王书》于 18 世纪以后逐渐被世界所认识，受到各国著名学者、诗人的高度赞赏和评价，并相继被译成英、德、法、俄、意、拉丁等多种语言文字。俄国杰出的民主主义者车尔尼雪夫斯基（1828—1889）称赞菲尔多西是与弥尔顿、莎士比亚、薄伽丘、但丁并列的"第一流诗人"。他说："在《王书》中有许多章节，它们的优美甚至在《伊里亚特》

和《奥德赛》里都找不到。"德国大诗人歌德也十分推崇菲尔多西，并在《西东诗集》中专门写有一首诗，题名为《菲尔多西》。俄国文学家茹科夫斯基（1783—1852）和英国著名诗人阿诺德（1822—1888）曾选取《王书》中英雄人物鲁斯塔姆的故事创作了各自语言的叙事长诗。1934 年纪念菲尔多西诞辰一千周年时，图斯市重新为诗人建立陵墓。

我国文学界早在 20 世纪 30 年代就开始认识菲尔多西，著名文学家郑振铎在 1927 年所写的《文学大纲》一书中对《王书》做了详细论述，并给予高度评价。他称菲尔多西"诗名极高"，"如希腊之荷马一样"，"许多情节是非常美丽的，其描写功力之伟大与韵律之和谐没有一个诗人比得上他"。1934 年，伊朗为菲尔多西千年祭曾召开国际学术研讨会，我国《文学》杂志发表伍实纪念文章，并从英文翻译了一篇《王书》中的故事。1936 年，我国诗人朱湘的译作《番石榴集》中就含有他从英文翻译的《王书》中勇士鲁斯塔姆和苏赫拉布的故事。1964 年我国上海文艺出版社出版了由潘庆舲从俄文翻译的《王书》中的《鲁斯塔姆与苏赫拉布》。1994 年，人民文学出版社出版了张鸿年由波斯文翻译的《列王纪选》，介绍了书中四大悲剧。1998 年，伊朗总统哈塔米在联合国大会发言中提到："伟大诗人菲尔多西描写了众多伊朗神话传说，从而展现了在历史进程中岿然不动的伟大的伊朗民族精神。"2001 年，由我国学者张鸿年和宋丕方翻译的《列王纪全集》由湖南文艺出版社出版。截至目前，菲尔多西《王书》各种外文译本约有 40 种。

（二）萨迪《果园》与《真境花园》

萨迪（1209—1291）蜚声世界的中世纪伊朗著名诗人。他一生著述 20 余种，保存下来的抒情诗约 600 多首。他的作品风格几百年来一直是波斯文学的典范，被誉为"波斯古典文坛最伟大的人物"，不仅在伊朗广泛传播，而且已被译成多种文字在国外流传。早在 20 世纪 50 年代他就被联合国教科文组织列为世界文化名人。其代表作《果园》（1257）和《真境花园》（一译《蔷薇园》）（1258），以其深刻的思想意蕴，成功的艺术形象塑造以及语言艺术的独特成就，成为当之无愧的世界古代文学艺术精品，是一部"智慧和力量的教科书"。伊朗当代学者拉兹姆米·托拉比等指出：《果园》与《真境花园》的不同在于《真境花园》是一幅现实世界的画图，其中充满了对人世间美与丑、光明与黑暗、堕落与灾难的描绘；而《果园》则是萨迪对理想世界向往的产物，是对善良、纯洁、正义和光明的礼赞与企盼，也是诗人丰富坎坷的人生经历和深刻感悟的升华。美国著名作家爱默生早在19世纪在评价萨迪时就指出："萨迪是在同世界所有民族的人们对话，他的作品像莎士比亚、塞万提斯、蒙田的作品一样永不过时，万古长青。"

如今伊朗政府将每年的4月21日命名为萨迪日。近年来，除了在萨迪的故乡设拉兹市外，还在德黑兰、伊斯法罕、马什哈德、大布里士以及世界其他国家如法国、意大利、日本等地，举行纪念伟大诗人萨迪的学术论坛。国内外专家、学者欢聚一堂，就伟大诗人萨迪的人格、思想、信仰和诗作的风格等进行全面的研究。

萨迪是继菲尔多西之后，波斯文坛上闪闪发光的一颗灿烂的明星。萨迪的诗作为社会、道德、政治文化开拓了更加广阔的天际。萨迪为后人绘制的幸福蓝图随着时间的推移变得更加明确和博大精深。随着人类社会的不断向前发展，萨迪所绘制的理想国蓝图一定能够得以实现。

对于萨迪，我们只有在他诗作的字里行间才能真正地寻找和认识。《果园》是一部哲理性的叙事长诗，共分10个篇章，160个故事，包括：序诗、正义与治世之道、行善、真正的爱情与激情、谦逊、乐天知命、知足常乐、论教育、感恩、忏悔与出道、向主祈祷与结束语。诗人在这部作品中灌注了对劳动人民的深厚同情和爱心，充满了对善良、纯洁和理想世界的企盼与追求，闪耀着人道主义光辉。"亚当子孙皆兄弟，兄弟犹如手足亲"是诗人崇高的仁慈心灵的体现和期待。《蔷薇园》是一部散文韵文诗集，共分8章：记帝王言行、记僧侣美德、论知足常乐、论寡言、论青春与爱情、论年老衰败、论教育之功效、论交往之道，共含171个故事。每个篇章多以韵文开始，中间夹有短诗。在这两部著作中，从帝王僧侣到平民百姓都成为诗人描写的对象，揭示了社会的种种阴暗和不公，弘扬与歌颂了人间的真善美。其所体现的深刻思想内涵和大量格言、警句是为后人留下的一份宝贵精神财富，是波斯文学的精品和文苑的奇葩。

在《果园》和《蔷薇园》这两部诗作中，萨迪以一个倡导自由的哲人和社会改良家的形象展现在人们面前。他教导人们起来反对社会不公正现象，并遵从人性价值。

> 我遍游了世界的远方
> 我见识了各种各样的人
> 从每个角落和粮仓
> 我吸收了宝贵的滋养。
> 对祖国纯洁大地的爱情和友谊
> 使我不能在这里待长
> 即使是在罗马和叙利亚
> 我也经常怀念起远方的故乡。

萨迪是一位饱经沧桑的人，他的脚步曾遍布中国的长城之外和直布罗陀海峡沿岸。萨迪游历了世界许多名山大川，获得了丰富的人生阅历，这为他的诗歌创作提供了无数宝贵的素材。萨迪的《蔷薇园》讲述了许多妙趣横生的精彩故事和他周游四方的所见所闻。在萨迪看来，他的《蔷薇园》是不会因风吹雨打四季变化而或时而枯萎的园圃，而是一个四季常青的真境花园。

《蔷薇园》是每一个时代人们世俗生活的典型写照，《蔷薇园》将人类世俗生活中的善恶、美丑描述得淋漓尽致，栩栩如生。萨迪将一个原本的人和世界完全展示在人们的面前。

萨迪在他的诗歌创作中并没有只反映他的那个时代的黑暗和人们的不幸，而是作为一个社会改良家和具有丰富阅历、饱经沧桑的哲人阐述和揭露了人世间的痛苦与黑暗，并指引人们正确的生活道路。《蔷薇园》问世 700 多年以来，它不但保留了在文学和历史方面的价值，成为人们喜爱的不朽之作，而且成为世界文学宝库不朽的珍品，也使萨迪具有了世界性的荣誉。早在萨迪生前，《蔷薇园》就被译为阿拉伯语，并从阿拉伯语转译成了土耳其语、乌尔都语及蒙古语。从 17 世纪中叶开始，先后被译成法文、德文、拉丁文、荷兰文、英文、俄文等各种不同文字，从而成为欧洲翻译最早的东方文学名著之一。《蔷薇园》伊朗原文传入我国最早时间可追溯到元代。译为汉文最早版本是 1947 年王静斋译本。译者评价萨迪的作品"笔调新颖、亦庄亦谐"，称其为波斯"四大文豪之一"。1957 年《译文》8 月号介绍了萨迪小传，选载了《玫瑰园》中的 15 节故事。1958 年世界和平理事会隆重纪念萨迪等四大文化名人，同年人民文学出版社出版了水建馥从英文本转译的这部名著。同年，我国文学界召开了纪念大会，著名学者郑振铎作主题发言。他指出："萨迪是一位伟大的人道主义思想的传播者。"1984 年，我国翻译家水建馥和张鸿年教授应邀参加伊朗政府和联合国教科文组织联合举办的纪念萨迪诞辰 800 周年国际学术研讨会，向大会提交了论文《萨迪在中国》，探讨了萨迪与孔子思想相似之处，引起了与会者的关注。进入 21 世纪，萨迪的《蔷薇园》被宁夏学者杨万宝译为《真境花园》，由宁夏人民出版社 2000 年 1 月正式出版发行。继之，北京大学著名学者张鸿年教授将《蔷薇园》和《果园》由波斯文译成中文，由湖南文艺出版社出版。2007 年 4 月著名波斯语专家张晖首次将《果园》中的诗歌翻译为散文形式，由宁夏人民出版社正式出版发行。张鸿年教授在评价诗人时指出，萨迪的政治理想与孔子的社会观点有许多相似之处，这两位东方文化代表人物虽生活在不同时代和不同国度，但他们都有一颗热爱人民的心，都强调人的价值与尊严，提倡仁政、仁爱，反对暴政、压迫，都强调知识的重要意义，都提倡"己所不欲勿施于人"的原则。

由此可见，《蔷薇园》在我国的传播，历史悠久，其影响远远超过了伊朗的国界。它对世界人民精神上的陶冶、道义上的阐扬、哲理上的启迪无疑会起到积极作用。

（三）鲁米《玛斯那维》与《爱的盛宴》

波斯苏菲学派莫拉维教派奠基人、集诗人和神秘主义者于一身的莫拉维·贾拉鲁丁·鲁米（1207—1273，Molana Jalaluddin Rumi）离开人世已8个世纪，然而，对于当今那些对真理、自由和爱仍怀有真诚信念的人来说，他无疑仍具有强烈的吸引力和永恒的魅力。鲁米的思想和诗歌已深深凝固在人类精神的活的雕塑（mobile）上，成为现代伊朗文化的精神支柱之一。黑格尔、柯勒律支、歌德、伦伯朗、教皇约翰二十二世等人都熟读过鲁米的著作，或者接受了鲁米诗歌思想的深刻影响，曾对鲁米给予了高度的赞誉和评价。随着20世纪60年代在美国兴起的新时代运动（the Newage Movement）盛兴，西方人重新又把目光投向古代、投向东方，寻求一切可能满足他们心灵渴望和精神追求的歇息地。鲁米令人难以置信地成为当代美国最受欢迎的心灵诗人，鲁米的代表作《玛斯那维》英译诗集在美国销量达到50万册。他的诗歌被重新谱曲并演唱，成为进入音乐排行榜的畅销音乐。甚至苏菲们的旋转舞，也被吸收成为现代舞的舞蹈语言。一位西方读者写道："我很奇怪，为何数百年前的鲁米能够直指我今天的生活，他在我的精神之旅上与我对谈。"

鲁米是伊朗一位在民众中有着广泛影响的诗人，这与人们的宗教感情密切相关。中世纪的伊朗几乎一直处于异族的统治之下，可谓命运多舛。连年的战乱，统治阶级的骄奢淫逸，使伊朗人民深切感受到现实的痛苦和无比的愤懑，这便是浓厚的带有出世色彩的神秘主义思潮流行的历史背景。他的作品语言朴实优美，想象丰富，哲理性强，被誉为伊朗文学史上四大支柱之一。其主要作品是长篇叙事诗《玛斯纳维》，共分6卷，诗人用十几年的时间创作而成。在这部长篇叙事诗中汇集了大量流行的民间故事和神话传说，凝聚了诗人深厚的知识积累和智慧，借以阐明人生的哲理，被喻为"知识的海洋"，尤其被穆斯林和苏菲主义教派奉为经典。鲁米在神学和文学方面均有较深的造诣，他是从一名虔诚的教徒和宗教领袖成为一名苏菲主义诗人的。他的诗带有较浓厚的神秘主义色彩，提倡以宗教思想为指导，净化心灵，返璞归真，劝诫人们与人为善，和睦相处，摒弃任何贪婪、虚伪和奸诈。他的名言是"共同语言体现共同心声，同心同德又胜过共同语言"。可见诗人追求的是人类崇高的和谐境界。

作为与菲尔多西、萨迪、哈菲兹齐名，有波斯"诗坛四柱"之称的鲁米，这位 13 世纪的苏菲诗人的诗歌为什么依然能够唤起现代人的巨大共鸣？笔者认为主要原因是由于：在鲁米苏菲哲学精神和诗歌中，既囊括了他那个时代人类在日益丰富的社会生活实践中所取得的优秀成果，也凝聚了波斯伊斯兰文化自发轫而来的一切理智生活的智慧结晶。在鲁米这里，既有将他引入神秘主义之门的大不里士的沙姆士（Shamsi of Tabriz）的思想启迪，更有被称为"教中之教"的伊斯兰教神秘教派苏菲学派思想的深层熏陶。用鲁米自己的话来说："我从人类身上看到了从前认为只有在真主身上才有的东西。"然而，历史和文化的氛围仅仅是一种条件，鲁米诗歌的诞生同时也是一次伟大天才的聪慧闪光，它本身经历了一个长期孕育、艰难生长以至瓜熟蒂落的发展过程，最终形成了以世界的知识为基础的，以人的自由、发展和仁爱为主旨的人类永恒不变的主题：爱情、生命、死亡；对真主的爱，以及与真主合一是鲁米诗歌尤具特色的主题。它浑然一体，又自成章法，经天纬地，又通明透亮。集真善美体系之大成，驰骛于外在宇宙而返回于内在宇宙，既呈现了一幅壮观的自然之图，也贡献了一帧深邃的心灵之画。

我们也可以从鲁米诗歌本身来看，他的早期抒情诗集《沙姆士·大不里士诗歌集》收录了 3230 首抒情诗，共计 35000 诗行。诗中运用隐喻、暗示和象征等艺术手法，通过对"心上人""朋友"的思念、爱恋和追求，表达修道者对真主的虔诚和信仰，阐发了"人神合一"的苏菲之道。诗歌巨作——叙事诗集《玛斯那维》，共 6 卷，51000 余行，被誉为"波斯语的《古兰经》"。诗集取材广泛，内容异常丰富，以寓言、传奇和故事的形式传达了神秘的苏菲教派的哲学和宗教思想，被誉为"知识的海洋"。他的《讲道集》和《书信集》即使对于一个无神论者，也能触发和唤起他内心的某种情感体验。鲁米，不仅是一个伟大的诗人，更是一个伟大的精神大师。他的诗歌、音乐、美酒、让人眩晕的舞蹈、爱者和被爱者，当所有这一切相聚，这注定会是一场爱的盛宴！

1927年，中国著名文学家郑振铎在其巨著《文学大纲》①第2册第15章"中世纪的波斯诗人"中，用50页的篇幅首次向中国读者系统介绍了一大批波斯古典诗人，其中关于"路来"（即鲁米）的介绍首次出现。1958年，人民文学出版社出版了宋兆霖根据苏联学者夫拉基米尔．杰尔若文的俄译本转译的《鲁米诗选》，这是鲁米作品第一次被系统地翻译成汉语介绍到中国。该《诗选》选译的诗歌全部来自《玛斯纳维》。1992年，何乃英编著的《伊朗古今名诗选评》②一书中收录了张鸿年翻译的"国王与宫女"的故事片段，这是鲁米的作品第一次直接从波斯语翻译为汉语在中国正式出版。1993年张鸿年出版了《波斯文学史》③一书，该书的第八章专门介绍了波斯苏菲文学，其中对鲁米的生平和作品进行了简要的介绍，同时还根据波斯文原文翻译了几段《玛斯纳维》中的诗歌。而对《玛斯纳维》一书全部翻译成汉语的工作，目前已由穆宏燕、元文琪、张晖、王一丹和宋丕方几位学者完成，与18卷本的《波斯经典文库》一并由中国湖南文艺出版社于2002年正式出版。该文库获得了东方文学研究界的广泛好评，2003年荣获中国第六届全国优秀外国文学图书一等奖，第六届中国国家图书奖荣誉奖，以及2003年伊朗第十届国家图书奖。

这里值得注意的是：在中国《玛斯纳维》的波斯文手抄本很早就在民间流传。新疆还将《玛斯纳维》的选段作为念迪克尔（zikr）的内容④。《玛斯纳维》"是中国苏非派经堂教育中最流行的教本，是塔利格中的哈里发、阿訇和苏非们的必修之书"⑤。除了学者和翻译家以外，著名回族作家张承志在其《波斯的礼物》一文中说"对巨著《玛斯纳维》的民间翻译，

---

① 郑振铎：《文学大纲》（第2册），商务印书馆1927年版，第245页。
② 何乃英编著：《伊朗古今名诗选评》，北京师范大学出版社1992年版，第236—243页。
③ 张鸿年：《波斯文学史》，北京大学出版社1993年版，第109—111页。
④ 转引自《中国伊斯兰百科全书》"玛斯祎维"条，四川辞书出版社1996年版，第352—353页。
⑤ 王建平：《波斯苏菲与中国塔利格的历史联系》，《回族研究》1999年第4期。

也在不止一所清真寺里进行"：①

> 一切的被爱者，俘走了恋人的心，
> 所有的恋人，都是情人的猎物。

> 失魂丧魄，是因为爱恋者的无心，
> 所有的被恋者，是恋人的猎物。

　　译文采用自由诗的形式，自然清新，优美流畅，尤其值得称道的是其中洋溢的盎然诗意，读起来朗朗上口，毫无译诗的生涩和隔膜之感。

　　目前中国对鲁米及其作品的研究基本还处于起步阶段，所取得的成果大都处于对作品介绍和评述的层面上，代表性的成果主要有穆宏燕《西方出现鲁米热》（《外国文学评论》2002 年第 3 期）、《穆拉维与〈玛斯纳维〉》（《回族研究》2005 年第 2 期），元文琪《穆拉维和他的〈玛斯纳维〉》（《中华读书报》2003 年 4 月 23 日"国际文化版"）。在介绍和评述以外，近年来对鲁米的宗教哲学和苏非哲理思想研究取得了一定的突破，代表性成果主要有王家瑛的《伊斯兰宗教哲学史》②。在这部三卷本的著作中，作者用两章的篇幅对鲁米的宗教哲学思想进行了研究。该书第 42 章"贾拉勒丁·鲁米"中，分析了鲁米苏非哲理中"流溢说"的特点，指出了"爱（对真主的爱）"在鲁米思想中的重要地位，并对其思想体系中"灵魂""自我"要素的实质做出了阐释，最后得出结论："鲁米以对真主的爱代替对真主的畏怖感，使爱居于伊斯兰宗教道德德行之首，这是他对伊斯兰教义学和宗教哲学的突出贡献。"该书第 43 章"麦施奈维"中，作者以鲁米叙事诗中几则有代表性的故事为例，对鲁米宗教哲理的几个不同特点进行了具体分析。作者所引用的诗句均直接翻译自波斯文原著。与此同

---

① 张承志：《波斯的礼物》，转引自张承志著《文明的入门》，北京十月文艺出版社 2004 年版，第 328 页。

② 王家瑛：《伊斯兰宗教哲学史》中册，民族出版社 2003 年版，第 670 页。

时，中国社会科学院元文琪研究员从 2001 年就开始了有关波斯苏菲诗歌的专门研究，并以"真在完人灵魂：苏菲'诗经'《玛斯纳维》研究"为课题，获得中国社会科学院科研基金的支持，届时鲁米研究将迎来一项具有里程碑性质的成果。

近年来，伊朗、美国、法国、英国、意大利等国对鲁米的研究，无论在规模上和质量上都有显著的提高和发展。美国对鲁米的兴趣似乎还处于高潮，鲁米研究一直高涨不衰。显然，鲁米诗歌已经突破了国界，走向了世界。这种情况仿佛显示出：在东方和西方对鲁米的研究，虽经过几个世纪的沉寂、猜疑和惊愕之后，今天旋即掀起了一股飓风。2007 年是鲁米诞辰 800 周年，世界各国波斯文学界陆续举办纪念性的学术研究讨论会和文化活动。2006 年 8 月初在英国伦敦大学召开的"第六届国际伊朗学年会"上，就专门设有一个关于鲁米及其作品的主题 "The World of Jalal al—Din Rumi"。来自不同国家的学者们共同探讨了鲁米研究领域中的各种问题。他们的发言题目有 "Time and Narrative in the Masnavi of Jalalal—Din Rumi" "The Philosophical Fundamentals of Belief in the Mystical Poetry ofDonne and Rumi" "Some Hitherto Unknown or lesser Known nMss of the Commentaries of Maulana Rumi's Masnawi Ma'navi" 等[1]，内容涉及《玛斯纳维》的叙事手法、对鲁米作品与意大利诗人但丁神秘主义诗歌比较、关于《玛斯纳维》的各种注解本的研究，其中的一些论文研究角度非常富有新意。与此同时，2007 年 9 月 13—15 日，伦敦的大英博物馆和伊朗遗产基金会也联合举办了一个纪念鲁米诞辰 800 周年的国际学术研讨会，会议的题目是 "Wondrous Words：The Poetic Mastery of Jalalal—Din Rumi"。2006 年 10 月笔者应北京大学的邀请，参加了"莫拉维·贾拉鲁丁·鲁米研究在中国国际研讨会"，并作了题为《世界的鲁米　鲁米的世界》的主题发言。这种情况也仿佛显示，在对鲁米学说进行研究和重建的时代即将来临。因此，今天无论是时代的历史现状，还是鲁米诗歌本身，都向我们

---

[1]　王一丹：《莫拉维在中国：研究概述》，《东方文学研究通讯》（北京大学）2007 年第 1 期。

提出了鲁米的世界、世界的鲁米研究任务，这就是在对鲁米进行分析研究的同时，还要进行前瞻性的综合研究，向新的更广阔领域寻找包括文本和非文本形成的史料，全面整理有关史料，在重新考证、综合整理文献典籍和史料的基础上，重构历史的真实。

从这个意义讲，我们研究鲁米，无论过去、现在和将来，无疑是对于增进人类的团结和友谊，对于促进世界和平、稳定和发展，都有着不可忽视的现实意义。如果把鲁米诗歌比喻成人类"诗歌王冠上的最璀璨的明珠"的话，那么《玛斯纳维》则是波斯诗歌王冠上的一颗最璀璨的明珠。它像人类头上灿烂的星空一样，发出理性与智慧的思想光芒，令人心中永远充满赞叹和敬畏！

（四）被誉为"抒情诗大师"的哈菲兹

哈菲兹（1327—1390）即"熟背《古兰经》的人"。本名沙穆斯丁·穆罕默德。是伊朗 14 世纪最著名的诗人，被誉为"抒情诗大师"。在波斯文学史上，他的诗歌被认为是抒情诗发展的一个前无古人的高峰。他的《哈菲兹诗集》于 1791 年第一次正式出版，共包括 570 余首抒情诗及部分颂诗、鲁拜诗和短诗，并被译为多种文字在国外出版。在我国清真寺经堂教育中亦有流传和讲授。目前《哈菲兹诗集》是伊朗再版次数最多、发行量最大的一部文学作品。为纪念这位享誉世界文坛的大诗人，伊朗政府将每年 10 月 12 日定为"哈菲兹日"，并举行纪念或学术研讨活动。

哈菲兹的诗寓意深刻、感情炽热、格调明快、比兴新奇，充满浪漫主义色彩。他的诗没有连贯的情节，但却犹如串串晶莹的珍珠。爱情的主题贯穿着诗人大部分诗章，而他的爱情诗具有更加广泛深刻的含义，无论现实人间的爱，还是神秘虚幻的爱，都是表达诗人对生活和自由追求的一种手段，是对人性解放的呼唤。诗人写道："我不曾听到过比爱的语言更加美好悦耳的声音，它是留给这大千世界的最为美好珍贵的纪念品。"他对鲜花、美酒、恋人、美女和爱情的描写和赞美常常笔下生花，兴趣盎然，多给人一种美的享受。如：恋人啊，你走过的地方，／弥漫着华夏麝香的芳香；／你帽檐下的一角，／是太阳下乘凉的地方。／月亮骑着苍天这匹骏马，／在万里碧空得意扬扬；／心上人啊，快跨上你的骏马，／让它羞惭得坠落在大地上。

公元 14 世纪的伊朗，正是异族统治时期，内忧外患使伊朗经济文化都遭到严重破坏和摧残，诗人对当时的社会状况表示了强烈的愤懑：从南到北，由西到东，／一片黑暗，鬼魅横行；／但从太古到永恒，／托钵僧啊法力无穷。／快把酒杯斟满，／我要主宰苍天；／要像雄狮一样，／把这老狼的套锁挣断。哈菲兹站在社会底层人民一边，对他们寄予深切的同情。他诅咒那些封建权贵的"座座金山，堆堆银币"，"都不会青山常在"。诗人在描写自己改天换地的激情时，表现出了惊人的语言威力和浪漫主义色彩：我胸中埋藏着一座火山，／那火山已把苍天点燃；／太阳射出的万道金光，／仅仅是这火势的一闪。／来吧，让我们把鲜花抛撒，／用酒杯把甘露斟满；／把这苍天的穹顶掀开，／绘出一幅崭新的图案。诗人相信一切邪恶的势力终将被战胜，任何叱咤风云、骄横一世的人物只能得势于一时，花开花落，斗转星移，最终将被历史抛弃，成为过眼云烟。诗人写道："人世间的沧桑变幻，总是沿着正义的轨道旋转；来吧，尽情欢乐吧，暴君们永不会一切如愿。"

哈菲兹追求真善美，痛恨假恶丑，爱憎分明。许多诗篇告诫人们为人之道，不乏真知灼见，给后人留下珍贵启迪：欲知虔诚的路在何方，／去问问玉洁冰清的心灵；／你要领教什么是正直和自由，／请去问问草原上的雪松。诗人还告诫人们，世上的一切事物都是相对的，是相互依存转化的。"世上没有无刺的蔷薇"，"有光明就有黑暗"，"有欢乐就有痛苦"，"有相聚就有分离"，"有宝藏就有蟒蛇"，也就是"福兮祸兮相依"的辩证思想。

在哈菲兹诗中，充满对社会上某些虚伪行径的抨击和鞭挞，有直言的揭露，也有隐晦的嘲讽。在诗人眼中，真主是纯洁、仁慈、善良的，而某些披着宗教外衣的伪君子则是长袖里"裹藏着污秽"。在许多诗篇中频频出现的那些"浪子""放荡汉""乞丐""流浪者""行路人""酒徒""疯子""狂恋者",都成了洁身自好、安贫乐道、心地善良、追求人间真善美的化身,而诗人也把自己列入这样一个被人鄙视的群体。对于这类人,诗人常常极尽溢美之词,如"栖息在酒肆门前的人们,都是些自由的放荡汉;他们既为国王加冕,又能摘掉君主的皇冠"。

从那时迄今,哈菲兹的名字早已超越国界,他的抒情诗已被译成世界数十种文字,赢得了广泛的世界声誉。恩格斯说:"放荡不羁的老哈菲兹的音调优美的诗作是十分令人快意的。"黑格尔称哈菲兹的诗"显示出精神的自由和最优美的风趣"。德国大诗人歌德则由衷地赞许哈菲兹:"你是一艘鼓满了风帆的劈波斩浪的大船,而我不过是在海浪中上下颠簸的小舟。"他又写道:"哈菲兹啊,我的愿望乃是做你信徒中唯一的信徒";"如果有朝一日世界走到尽头,啊!天上的哈菲兹,我希望单独同你在一起,在你的身边。陪你畅饮,像你一样抒发爱情,因为这是我生活的骄傲,生命的源泉。"德国著名哲学家尼采更是推崇备至,他写道:"啊,哈菲兹,你为何谈论那么多美酒和醉意?美酒和醉意是什么?你自己就是美酒,令世界陶醉,世界由于你的存在而陶醉。"哈菲兹的抒情诗也受到俄国诗人普希金、叶赛宁的喜爱。鲁迅先生临终前爱不释手的一幅画,就是俄罗斯版画家米哈依尔·比克夫为哈菲兹诗集俄文版画的一幅充满诗情画意的插图。

哈菲兹的诗歌以手抄本和民间艺人吟唱的方式,广为流传。其诗集于1791年首次出版,从18世纪起,又相继被译成多种外国文字。在我国,新中国成立前就有零星介绍,1981年外国文学出版社出版了翻译邢秉顺的《哈菲兹抒情诗选》,后于1991年和1998年又两次再版,受到中国读者的喜爱。如今,《哈菲兹抒情诗全集》(上、下卷)已由湖南文艺出版社正式出版发行。收入《哈菲兹诗集》这些诗歌珍品在艺术和内容上都堪称是波斯抒情诗的巅峰之作。

(五)《古代波斯诸帝国》

本书讲述了阿契美尼德王朝的波斯帝国、帕提亚人的波斯帝国和萨珊人的波斯帝国的历史、社会与文化生活。书中展示了波斯人在建筑和艺术上的天分，探讨了波斯琐罗亚斯德教的理念对犹太教、基督教和伊斯兰教的影响。从中可以发现，波斯人建立了世界上第一个波斯帝国。波斯人推动了国际象棋在欧亚大陆的流行。英国演说家使用的词汇，有许多源自波斯语的词根，诸如巴扎（bazaar）、柑橘（orange）、柠檬（lemon）和睡裤（pajama）。

（六）波斯古代社会的百科全书《卡布斯教诲录》

这是一部波斯古代的百科全书，一部"伊斯兰文明的百科全书"。

"一个人是否值得结交，人们都看两件事：其一便是当朋友贫困拮据时，他能慷慨解囊相助，而且他的接济不受时间的局限。其二，对待朋友要热情适度。虽然我有许多朋友，却并不期待从他们那里得到什么。说话应当分别四种不同的情况：一种是不会被人接受，也不该谈论的；一种是可以被人理解，也可以谈论的；一种是即使不被人理解也可以谈论的；一种是虽然可被人理解，但不宜说出的。"

"痛苦却蕴含着欢欣。假如你同情人刚一会见，随即别离，还不如不会见的好。"

本书是波斯中世纪时的一部脍炙人口的散文名著，以睿智深邃的思想、诱导劝诫的口气、言简意赅的语言，论述了波斯中世纪的宗教信仰、伦理道德、社会生活、风俗习惯、科学文化、国家管理、经济、军事、哲学思想等各方面的问题。其书寓理于文、警策隽永，议论中夹有许多有趣的故事和格言诗句，颇引人入胜、寓意深刻。

（七）《波斯和中国：帖木儿及其后裔》

该书有丝绸之路上五段涉及波斯和中国交往的轶事。

与其在人们的眼皮下忍受贫困与屈辱，还不如走，能走多远就多远。走到哪儿去呢？我打算去中国，决定立即就走。我从孩提

时代起就希望去中国……现在，我已不是国君……我不再有旅行的
障碍……

——莫卧儿王朝的开国君主巴布尔

对中世纪的波斯乃至整个伊斯兰世界而言，中国是一块很特殊的地
域。人们对它怀有各种复杂的感情——好奇、艳羡、渴慕，来自中国的一
切事物都令人向往，中国是一个谜。

帖木儿王朝对波斯文化有一定影响，这段历史在中亚、伊朗以及印
度至关重要。

（八）伊朗最早的诗文总集《阿维斯塔》

《阿维斯塔》是伊朗最古老的文献，最早的诗文总集，在世界为数不
多的上古文献中占有重要的地位。

《阿维斯塔》是古代伊朗琐罗亚斯德教的圣书，成书年代可以追溯至
公元前 10 世纪以前。琐罗亚斯德被称为人类的第一位先知，早于中国的
老子、孔子，也早于印度的释迦牟尼。琐罗亚斯德教至今仍有信徒。从内
容看，是伊朗古代宗教神话、哲学、传说、史诗、法律、历史等的汇集。

琐罗亚斯德的千古绝唱，令我这个写诗的人着迷，情不自禁地
聆听他来自天国的美妙歌声。

——泰戈尔

古波斯人认为，每月的 30 天各自都有庇护神，他们为每天都按上一
位大天神或神祇的名字。他们还给每年的 12 个月分别冠以 6 位大天神和
6 位神祇的名字。这样一来，日名和月名就可能相重合，每当这一天人们
便过节庆祝。

（九）《治国策》

没有任何一位国君、帝王能够担负起没有本书、不读本书的后果，尤其是在当今的时代。

他知道得越多，在教俗事务上他就越开明，辨别敌友的性质就越透彻；正确行为的方式和有效政府的途径就会向他敞开；对朝廷、觐见厅、政府、皇宫和阅兵场的管理规则，对税收、对交易的管理，以及对民政和军政事务的处理，他都会一清二楚；在王国内，无论远近大小之事，无一会逃过他的眼睛。

国王们总是有两个金库，资金库和消费库。收上来的税通常是入资金库，很少入消费库。除非急需，资金库是不允许动用的。任何钱，例如从各省收上来的税收，都将入库，而不能被兑换或兑现。

在各个时代，开明的君主和聪明的大臣们从不把两个职务给予一个人，或者是把一个职务给予两个人。当两个职务由一个人来承担时，其中一项总是完成得不充分和有缺陷。

本书作者尼扎姆·莫尔克是塞尔柱帝国的宰相，他的宰相任期长达近30年。该书是尼扎姆·莫尔克的一部名著，也是中东一带最早的行政学著作。反映了9—11世纪西亚、中亚和北非的经济、政治、司法、宗教、文化和意识诸多方面的情况，是11世纪末留下来的著名文学作品和珍贵的史学著作。

（十）《四类英才》与《史集》

《四类英才》是古代波斯有关文翰、诗歌、天文学和医学的重要著作，成书最早和具有高度史料价值的文论著作。

此书乃是继《贝哈基历史》《卡布斯教诲录》和《治国策》之后古代作家文学名著的压卷之作。造句达意，用词精当，为一时之绝唱。

————巴哈尔

从行文流畅、语言风格和造句严谨上看,《四类英才》乃是第一流的作品,是波斯散文的典范。

————萨迪克·列扎扎德·沙法格

本书是一部文人笔记,是作者根据其亲身经历和查访所得的记述文翰、诗歌、天文和医学四个方面的杰出人物(包括作者本人)的事迹和成就的资料集。记述了 12 世纪以前伊斯兰世界文化发展的状况,反映了伊斯兰文明的一个重要侧面和伊朗的文化成就。

《史集》为中世纪波斯著名政治家、史学家拉施特主编的一部久享盛名的世界史名著,"历史百科全书""中世纪最重要的文献之一"。本书是研究中世纪亚欧各国的历史,特别是蒙古史、元史和我国古代北方少数民族史,以及研究古代游牧民族社会制度、族源、民族学的重要文献。

三、中国与伊朗在教学科研等领域的合作基础

新中国成立后,北京大学外国语学院波斯语专业成立于 1957 年,是中国最早成立波斯语教学和科研的高校,当时北大开设了波斯语班,由经苏联来华的伊朗专家担任外教,俄语作为辅助语言进行教学,担任俄语翻译的就是后来我国波斯语学术界著名的张鸿年教授,包括后来派往伊朗、阿富汗学成归国的叶奕良教授和曾延生教授等。招收波斯语言文学和伊朗历史文化的本科、硕士和博士生。1972 年两国几所名牌大学和体育代表团进行互访,伊朗外交部首次向中国派遣两名留学生到北京学习汉语,继之两国政府都向对方互派了留学生,后来在医学、考古学、手工艺等领域的合作交流也不断扩大。1975 年伊朗在德里兰大学文学院设立了汉语奖学金,同年伊朗学者开始被派往中国,向中国师生讲授波斯语。在伊朗贝

赫希提大学，阿拉梅塔巴塔巴依大学专门设立了中文系，此活动一直延传至今。中国伊朗文化研究中心在北京大学成立（1989）；伊朗中国文化研究所在德里兰成立（1995），同年伊朗学者开始被派往中国向中国师生讲授波斯语。

目前中国开设波斯语专业高校有：北京大学、洛阳解放军外国语学院、上海外国语大学、北京外国语大学、西安外国语大学、对外经贸大学、新疆石河子大学、北京第二外国语大学、广东外语外贸大学。此外，天津外国语大学、广州大学、河北外国语学院等高校的波斯语专业也在筹备中。

上述高校开设波斯语专业的主要课程有：基础／高级波斯语、口译与写作、视听说、翻译理论与实践、波斯语报刊选读、波斯文学选读、伊朗通史、伊朗法律文选、波斯文学史、伊朗电影鉴赏等，主要为国家培养在外交、经贸、文化、新闻、军事、教育、学术等部门从事翻译、研究、教学、管理工作的波斯语言专业人才。如北京大学已招收 12 届本科生，开办培训班 5 届，为国家培养波斯语专业人才 200 余人，为其他高校波斯语专业建立提供师资来源；为全国波斯语专业学生编纂教材和工具书，北京大学波斯语教学及伊朗学研究也得到中伊两国政府的支持和认可。

除中国国内高校招收波斯语专业学生外，还有自行到伊朗的中国留学生，主要在德黑兰大学、德胡达语言中心、加兹温霍梅尼国际大学、库姆学院、马什哈德大学等。

在文化方面，近年来两国的文化合作保持着全面发展的势态，两国的电影组织、国家图书馆、国家档案馆、国家博物馆开展了卓有成效的合作，双方举办文化艺术节、文化艺术展，拓展出版领域的合作呈上升趋势。如两国文化部、科技部签订了长期友好合作议定书。中国历史文化名城西安与伊朗历史文化名城伊斯法罕、新疆与马什哈德结成友好城市。两国文化代表团频繁互访和定期举办文化艺术展，均表明两国文化关系正在向纵深发展。尤其近年来，中国一些专家和学者陆续将伊朗许多诗人和著名文化人士介绍到国内，许多波斯古典名著被全部或部分译介。特别是东方文学列入外国文学教学大纲之后，全国许多高等院校开设了东方文学课程，由北京大学东方语言文学系主编的《波斯语汉语词典》多次再版，由叶奕良教授主译经济日报社出版《伊朗通史》；由张鸿年教授主编、北京大学出版社出版的《波斯文学史》，商务印书馆 1997 年出版的由北京大学伊朗文化研究所和德里兰大学合编的《汉语波斯语词典》（曾延生任总编）、《波斯语基础教程》（李湘、滕慧珠），王锋著《走进伊朗》《解读波斯》《波斯文明》，以及伊朗德黑兰大学出版的《中国古代记载中的波斯》《中国古代记载中的伊朗》等一些学术专著和论文，在中伊文化交流史上具有一定的重要意义。

在旅游合作方面，2005 年 7 月，中国宣布伊朗为中国公民自费旅游目的地国。2006 年 12 月 27 日中国驻伊朗大使刘振堂与伊朗文化遗产、手工艺和旅游组织副主席阿不来提马拉扎德在德黑兰签署了《中华人民共和国国家旅游局和伊朗伊斯兰共和国文化遗产、手工艺和旅游组织关于中国旅游团队赴伊朗旅游实施方案的谅解备忘录》。在谅解备忘录中，还指明伊朗文化遗产、手工艺和旅游组织将为有兴趣前往伊朗旅游的中国公民提供适当的旅行团标准和规格的建议。与此同时，为向中国旅游者提供赴伊朗旅游便利，2019 年伊朗特为中国游客推出了 21 天勉予签证优惠政策，这是伊朗首次对外国入境者实行勉予签证政策。

在对外贸易方面，中国一直是伊朗的第一贸易伙伴国，是伊朗石油和非石油产品出口的重要国家，也是在伊朗重大项目的最大投资国，两国 2018 年的贸易额达 370 亿美元。

四、中国和伊朗国际教育合作的现状

近年来，中国和伊朗高校之间的交流日益频繁。在国际教育合作交流方面，中方主要包括北京大学、北京外国语大学、中国社会科学院、上海社会科学院、上海外国语大学中东研究所、西南大学伊朗学研究中心、安徽大学伊朗学研究中心、厦门大学、西北大学中东研究所等，伊方主要有德黑兰大学、阿拉梅大学、白赫西提大学、菲尔多西大学、马什哈德大学等高校的教学和科研机构对中国教育的关注度逐年提高。

（一）伊朗汉语教育情况

近年来，伊朗加大了对本国汉语人才的培养工作。目前中国高校与伊朗高校在伊朗已联合创办了两所孔子学院，伊朗有三所高校开设了中国语言文学专业。

1. 贝赫西提大学中文系

贝赫西提大学与上海外国语学院于1998年签订合作协议，双方决定在贝赫西提大学成立中文系，设立中文专业，填补了伊朗高等院校无汉语教育的空白。2002年上海外国语大学第一次派出汉语老师到贝赫西提大学任教。从2002年开始每两年招生一次，截至2018年6月该专业的毕业生已达100余人。

贝赫西提大学现有4名汉语老师，其中两名中国汉语老师，两名伊朗汉语老师。开设的主要课程有综合课、听力课、口语课、汉语语法、中国文化、中国思想史、古代汉语、中国文学商务汉语、现代汉语、论文指导等课程。根据伊朗大学的培养要求，论文不是取得学位的必备要求，因此伊朗学生在写作方面，尤其是汉语写作能力方面比较弱。

大学第一学年基础课程较多，大学第二学年每周11课时，大学第三学年每周不少于8课时，大学第四学年基本没有课程安排。教师和部分学生反映课程体系不科学，但校方表示这个课程体系制定是1998年双方签订合作协议规定的。因伊朗高等教育体系比较严谨，要求教师做好充分的教学计划，定期对教师进行教学评估，在保证教学质量通过的基础上，上报文化和高等教育部审批。

值得关注的是贝赫西提大学现有近千册汉语藏书，但利用率不高。在教学方面，由于师资力量单薄，教学设备简陋，办学条件差，重视力度不够，资金投入严重不足，师资队伍流动性较大，因此在中文专业的教学中师资一直是薄弱的环节。

2. 菲尔多西大学

2002 年 6 月菲尔多西大学与云南大学签订了两校互派大学生和共同从事文化研究协议。目前已有 10 余名中国留学生在该校攻读硕士学位。该校计划成立中文班，正在积极筹备之中。

3. 德黑兰大学孔子学院

德黑兰大学孔子学院成立于 2009 年 1 月 12 日，由云南大学和德黑兰大学共同创办的伊朗第一所孔子学院。德黑兰大学汉语成人班共招收学生 234 人次，授课 310 学时，同期英语、法语和日语的学生可以达到 600 人次，2018 年春季班共招收本科学生 65 人，预计 2020 年全年可突破 100 人。2019 年德黑兰大学孔子学院为外国语学院的学生开设了两个班的中文第二外语课程，共有 40 名学生在读。

由于德黑兰大学对学生政治思想教育工作的要求，一般不允许学生跨专业、跨学院选修外国语课程。也就是说，德黑兰大学孔子学院设在外国语学院，因此德黑兰大学其他学院的学生无法选修汉语课程。为此，笔者选择德黑兰大学孔子学院学生进行了调查。调查结果显示：在年龄结构上 20—29 岁的年龄段学习汉语人数最多。学习汉语目的排序如下：

（1）为了方便了解中国和做生意的占 50.5%；

（2）希望学习汉语言将来从事伊朗中国文化研究工作占 24.5%；

（3）希望将来从事旅游专业的占 25%。

学习汉语的最大难点在于写作、听力、口语和阅读。在被调查者中，绝大部分学生希望能够开设商务英语、商务汉语、旅游汉语课程，这与他们的学习目的非常吻合。部分同学表示，如果开设此类课程他们愿意参加学习。此外他们希望老师在教学时使用多媒体，通过音乐、电影等形式，更多地了解中国。如 2019 年 7 月 13 日，德黑兰大学孔子学院在伊朗举办了 HSK、HSKK 考试，并成功举办了伊朗第一届中小学生汉语考试（YCT）。参加本次 HSK、HSKK 和 YCT 考试的考生共计 42 人。2019 年是德黑兰大学孔子学院在伊朗第二次举办 HSK、HSKK 考试，也是在伊朗第一次成功举办 YCT 考试，扩大了中小学生汉语学习和考试在伊朗的影响，在伊朗学习汉语的人越来越多，参加汉语考试的积极性也越来越高。参加 YCT 考试的两名考生是一对 12 岁的双胞胎姐妹花，从考试报名到考试当天都是由她们的妈妈陪同。在考点报名处，两名双胞胎姐妹的妈妈告诉老师，说两姐妹对中国的文化，尤其是汉字和书法十分感兴趣，姐妹俩已经学习汉语两年了。得知此次德黑兰大学孔子学院考点开设 YCT 考试后，第一时间到考点进行报名，并希望有一天两姐妹能到中国学习、生活。在 HSK 一级考场，有一名特殊考生让监考老师为之感动：一名怀孕 8 个月的考生，冒着 40 多度的高温酷暑，在行动不方便的情况下，依然参加考试并提前一小时到候考室候考。每一位考生严肃、认真、积极的态度，让伊朗汉语老师感受到了汉语学习以及中华文化在伊朗传播影响意义深远，更增添了使命感和责任感。来自德黑兰大学孔子学院、阿拉梅·塔巴塔巴伊两所学校的 6 位中国汉语老师担任了监考。

设置 RST 奖学金项目。德黑兰大学孔子学院负责国家奖学金申请的管理，伊朗人到中国留学有一定的限制，比如只有已经毕业或者已经结婚等条件满足才能申请签证。学生可以根据自己的实际情况，申请学习时间长短不同的课程。但是目前这种奖学金只能申请到中国学习汉语，不能申请其他专业。同时还受到校际交流学生名额的限制，国内高校可以接收留学生数量较少。开设 RST 考试服务后，将为伊朗人到中国留学开辟一条新的途径，可以为更多的伊朗学生提供到中国留学的选择机会。

德黑兰大学孔子学院现有 3 名汉语老师，1 名汉语志愿者老师，其中 1 人精通波斯语。3 名汉语老师均来自云南大学。与德黑兰大学其他语言相比，汉语师资力量相对薄弱。比如英语和法语均为伊朗老师，日语教师 8 人，其中两人为日本老师。

德黑兰大学孔子学院汉语成人班一年共有四期，每期 10 周，每周一次课，每次课为 3 个小时。目前使用的教材为初级《汉语会话 301 句》，中级《新使用汉语教程》。以综合课为主，由于汉语言文字学习难度大，教师根据实际情况进行教学，学生一般 5—6 个学期才能达到中级水平。

第二外语班每学期开始汉语选修课，每周 4 个课时。教材为《汉语会话 301 句》）。由于学生基本为德黑兰大学日语系学生，授课进度较成人班稍快，但教学效果与成人班情况基本相同。

作为伊朗的最高学府，德黑兰大学先后成立了中文系和中国研究中心，主要招收中国语言、中国文学、汉语翻译和中国研究四个方向的硕士研究生，进行汉语和中国研究高层次人才的联合培养工作。

值得关注的是 2019 年 6 月 30 日，浓情的盛夏，热情洋溢的毕业季，德黑兰大学外语学院与孔子学院汉语言专业同学迎来他们大学阶段最后一次盛会——毕业典礼。德黑兰大学汉语言专业成立以来，这是第一届汉语言专业毕业生的毕业典礼，热烈而隆重。上午 9 点，典礼开始，全体肃静，播放了伊朗国歌，德黑兰大学校歌。毕业生代表穆波同学组织并主持典礼，他用真挚的话语回顾了自己四年的学习生活，表达了对母校的依恋，对老师的感激。随后，孔子学院伊方院长巴阿明博士致辞，巴阿明博士话语寄托了对学生们的殷切期望：继往开来，从这里出发，扬帆起航。汉语言专业教师好麦特博士致辞，期望同学在新的求学路上，为自己开辟一条新的人生之路。同学们通过微电影向老师、家长展示了大学四年学习、生活剪影。微电影里，同学们还对老师和母校说出了自己的心声，自己的感恩，自己的不舍。典礼同时进行了孔子学院章宗鋆老师离任欢送会，同学们深情回顾了两年来和章老师之间的深厚情谊，用微电影展现了和章老师一个个真实感人的活动瞬间和一幅幅成长照片，同学们和章老师间的真情故事像一杯杯浓香的美茶飘香久远，体现了同学们对章老师深深的眷恋与不舍。学生会主席穆圣裔同学代表所有同学赠送给章老师一个精美的手工艺品。章老师表达了对同学们的感谢，与同学们告别，和同学们热情相拥，淡淡的离别情绪在心头弥漫，每个人的心中都涌动着不舍之情。毕业典礼虽是短暂的，但留给同学们的记忆却别样温馨。整个活动不舍与幸福交织，惜别与希冀同在，留下了一个永恒、难忘的瞬间。

为了解决师资力量不足问题，德黑兰大学加强与中国高校的国际交流与合作，从中国邀请更多的访问学者和汉学专家，通过输送博士研究生到中国学习再回国任教的方式，解决师资短缺问题。

德黑兰大学孔子学院中文图书室现有中文图书5000余册，多为中国汉办捐赠。在各层次班级中使用的教材主要有康玉华、来思平编《汉语会话301句》（北京语言大学出版社2007年版）、刘珣《新实用汉语课本》（北京语言大学出版社2006年版），伊朗学生对该教材的认可程度大于《汉语会话301句》。但是值得注意的是，除了该套教材自身的优点以外，缺点在于该教材主要用于中介语言为英语的学生，也就是在伊朗该教材只能面向与教育程度较高的学生。李立、丁安琪编《公司汉语》（北京大学出版社2008年版），该书适合具有初、中级水平留学生使用。冯友兰《中国哲学史》（华东师范大学出版社2009年版），该书用于伊朗贝赫西提大学中文系四年级本科生《中国古代思想史》的教学，此课程作为学生了解中国古代思想史有一定的作用，但由于教材本身的深度，课堂所讲述的内容学生一般很难理解。林庚《中国文学简史》（北京大学出版社2007年版）作为中国文学史的经典教材，该书主要用于伊朗德黑兰大学中文系四年级本科生教学。

（二）举办国际图书展和学术交流活动明显增强

1. 双方联合举办国际图书展

2016年1月22日，中国国家主席习近平对伊朗进行国事访问，期间两国元首达成多项重要共识，主要包括建立中伊全面战略伙伴关系，扩大高层交往和各层级交流，推动智库、高校、青年学术交流，共同办好孔子学院，深化新闻和旅游合作等。此后，双方围绕中伊关系、"一带一路"倡议、中伊在地区和国际事务中的合作、中东地区形势、国际交流与合作等议题进行了多次广泛而深入的交流。在交流过程中，双方就"一带一路"倡议达成一定共识，认为伊朗是"一带一路"的天然合作伙伴，中伊可以此为契机深入开展合作。2019年4月23日至5月6日，中国作为主宾国参加了第32届德黑兰国际书展。中国国务院新闻办副主任郭卫民、伊朗文化部部长阿巴斯·萨利希在开幕式上致辞。阿巴斯·萨利希在致辞中表示，中国在世界上的影响力与日俱增，选择一批中国优秀文化作品在本届德黑兰国际书展上展出,能够进一步增进伊朗读者对中国的了解。中国国务院新闻办公室副主任郭卫民介绍说,中方精心准备了多种中国精品图书参展,不仅有《习近平谈治国理政》等一批全面介绍中国共产党治国理政实践经验和生动记录新时代中国改革发展伟大进程的图书,也有《大中华文库》等生动介绍中华优秀传统文化当代价值、世界意义,展现东方哲学、东方文化独特魅力和深厚内涵的图书。

中国高度重视第 32 届德黑兰国际书展中国主宾国活动,精心准备了《习近平谈治国理政》《习近平讲故事》《大中华文库》等 4000 余种、1.5 万余册精品图书参展,其中包括宁夏大学王锋教授在内的 20 多位知名中国作家、插画家、学者应邀专程来到德黑兰,以"阅读中国"为主题与各国读者亲密接触。4 月 24 日郭卫民在中国主宾国开幕式上致辞时表示,本届德黑兰国际书展中国主宾国活动是落实中伊两国领导人加强人文交流共识的重要举措,是推动中伊两国文明交流互鉴的重大盛事。中国驻伊朗大使庞森表示,此次中国主宾国活动,内容丰富生动,将进一步推动中伊文化、出版、学术、艺术界的交流与互鉴,必将拉近两国人民心灵的距离。中国主宾国活动的成功举办对于深化中伊文化出版交流合作、巩固和发展传统友谊都将起到积极而重要的作用。

第 32 届德黑兰国际书展,是中国首次作为主宾国参展。新书首发、合作签约、座谈交流等各类活动亮点纷呈,备受瞩目。德黑兰国际书展创办于 1987 年,是伊朗一年一度的重大文化盛会。此次中国以主宾国身份亮相德黑兰书展,旨在落实两国签署的约定在对方国家书展上互办主宾国的合作备忘录。2017 年,伊朗以主宾国身份参加了北京图书博览会。此次德黑兰国际书展中国共有 94 家出版单位约 200 名代表参加此次书展。书展期间,中伊双方共同举办了 50 多场文化交流活动。

据不完全统计,书展期间,中国主宾国展区累计接待参观者 5 万人次以上。伊朗读者尤其对曹文轩、麦家、徐则臣、王锋、姚继德等中国作家、学者的作品比较关注,开展不到一周就全部售罄。在书展结束前,大多数中国参展图书被当地读者抢购一空。

中国知名儿童作家、国际安徒生奖获得者曹文轩在接受新华社记者采访时表示，他很看好伊朗的儿童读物市场。近年他已有两部图书翻译成波斯语在伊朗出版，还有两部作品已和伊朗合作方签约，处于筹备出版中。宁夏大学王锋教授新著——教育部人文社会科学重点研究基地重大项目子课题《波斯文明——高原上的蔷薇》（"十三五"国家重点出版物出版规划项目），受到当地专家学者的赞誉和民众欢迎。中国知名作家作品和学者的著作开始出现在伊朗波斯语读物市场，是近年来两国版权合作交流日益增多的一个缩影。据中宣部进出口管理局副局长赵海云介绍，近年来，中伊版权合作快速起步，标志着中国出版业在"一带一路"沿线国家正在结出累累硕果。

除中国图书之外，"一带一路"与民心相通论坛、时代的记忆——中国人的故事演讲会和图片展、伊朗启动中国图书角、中伊作家交流会、中国好书推介会等主宾国文化交流活动也受到高度关注。

郭卫民在出席"一带一路"与民心相通论坛时表示，推进"一带一路"建设、促进民心相通，需要搭建更多坦诚交流的平台，此类论坛为各国学术思想碰撞和多元文明交流交融提供了一个平台。作为该论坛主要成果，中伊两国多家出版社共同签署了《全球治理的中国担当》和《看好中国》两部中文书的波斯语版权转让协议，并承诺在"一带一路"倡议下加强出版领域的文化合作，为构建人类命运共同体注入人文内涵。

除图书展示和学术交流外，中国展区古色古香的印鉴陈列和独具特色的典籍插画展，也吸引了很多当地中华文化爱好者驻足观看。来自中国的民间艺术家还分时段现场演示灯花剪纸、杨柳青绘画制作，向伊朗民众展现中国文化艺术的原创精神与独特魅力。

此次中国主宾国活动为伊朗人民通过书籍了解中国提供了通畅渠道，而书籍的交流必将促进两国民心相通和文明互鉴。

2.学术交流活动明显增强

近年来，中国对伊朗研究的重视度逐步提升，包括北京大学、中国社会科学院西亚非洲研究所、中国国际问题研究院、中国现代国际关系研究院、上海社会科学院、上海外国语大学中东研究所、云南大学伊朗研究中心和西南大学伊朗研究中心、安徽大学伊朗学研究中心在内的科研机构，针对伊朗政治、外交、经济、文化、社会、能源、安全、宗教等问题，承担完成了一些研究项目，出版了相关著作，发表了多篇学术论文。上述机构的研究人员大多由卸任资深外交官、专职研究员和高校波斯语或国际关系专业教师组成。如 2019 年 4 月，云南大学代表团赴伊朗德黑兰大学进行国际教育合作调研工作。代表团与德黑兰大学等相关学术机构的专家学者就相关问题进行了深入的交流，达成多项教育合作备忘录。同年 4 月 17 日，伊朗德黑兰大学举办"首届孔子学院联席会议暨学术交流研讨会"，云南大学代表团及云南大学合作的德黑兰大学孔子学院，孟加拉国达卡大学孔子学院、南北大学孔子学院，缅甸福庆孔子课堂四所孔子学院代表参会。与会人员还有中国驻伊朗大使馆政务参赞兼管文化教育的王清军参赞、德黑兰大学国际关系事务副校长盖哈赫拉马尼教授、外事办公室主任伊斯坎德瑞，校长办公室主任扎马尼，伊朗人文学科教材研究与编写组织（SAMT）集团负责人等。德黑兰大学副校长盖哈赫拉马尼教授在会上致欢迎辞，他说德黑兰大学是伊朗领先的现代化综合大学，学校的发展目标是更加国际化、注重对学生创新与创业精神、道德与社会责任感的培养；德大的强势学科如地质地震预测、农业小麦研究、环境保护、化学、物理、生物、数学、文化艺术等方面，并希望与中国云南大学扩大交流与合作。云南大学代表团团长杨林教授代表中方致辞，他说德黑兰大学是伊朗乃至西亚地区最著名的高等学府，德黑兰大学孔子学院也是目前伊朗唯一一所孔子学院，德黑兰大学孔子学院以高质量的汉语教学为伊朗乃至全球的汉语教学树立了典范，希望四所孔子学院进一步拓展和提升彼此之间学术交流合作的领域和水平，为各国政府共同推进"一带一路"建设提供务实有效的决策咨询和参考。中国驻伊朗大使馆政务参赞王清军指出，中国驻伊朗使馆一贯鼓励中伊文化交流。近年来，德黑兰大学孔子学院在德黑兰大学和云南大学的大力支持下，取得了显著的成绩和进步。除了中文教学，孔院还积极通过举办各类相关文化活动、引入 HSK

考试等，成为伊朗首屈一指的学习汉语的平台，是中伊文化交流和文明互鉴的重要渠道和桥梁，也为两国经贸往来与合作提供了人才支持。伊朗SAMT集团国际科学合作管理部门主任肖荷热·鲁咯尼介绍了SAMT集团基金会的发展和运行情况，希望基金会和中方能有良好的合作。联席会议第一环节，孟加拉国达卡大学孔院孟方院长西西尔·布哈塔查尔加作了"聚力合作两校优势学科，推动孔子学院拓展与转型"的发言。孟加拉国南北大学孔院孟方院长马哈穆德·瑞赫门·布胡央作了"以文化活动与宣传提升孔院形象"的发言。缅甸福庆孔子课堂缅方主任吕子态介绍了"本土造血"的汉语师资队伍本土化建设的发言。德黑兰大学孔院伊方院长巴阿明博士介绍了德黑兰大学的现状和发展。孟加拉国南北大学校长介绍了南北大学。云南大学地球系统科学研究中心主任郑洪波教授介绍了地球科学研究是"双一流高校建设"项目支持的学科之一，重点关注能源需求、气候变化、油气管道建设等领域的问题。

同年6月8日至9日，伊朗第一届"中国学"研讨会在德黑兰大学世界研究院召开。世界研究院院长赛义德·雷扎·阿梅利教授在致辞中说："'中国学'研究的重要性不仅限于语言的研究，自然环境的研究，更重要的是人文背景和文化内涵的研究。"世界研究院科学委员会主任贝扎德·沙汉德教授说：第一届"中国学"研讨会的召开是对"中国学"深层研究的开始，也是在"中国学"研究领域迈出的一个大步伐。德黑兰大学孔子学院伊方院长巴阿明博士作了中国语言政策的演讲。研讨会上，与会学者就"一带一路倡议——双赢的机会""中国解决边界争端的战略""中伊的共同利益和共同挑战""'一带一路'倡议下的中伊关系""一带一路"的启动及其对中伊关系的启示""如何加强中国阿尔及利亚贸易关系""国际跨文化对话与中国视角""从'一带一路'看亚洲基础设施投资的重要性""中国的和平发展及其与国际法的和谐""基于罗伯特·科汉合作理论的'一带一路'沿线国家跨文化合作研究""国有企业在'一带一路'倡议中的作用""中国作为贸易典范的区域性和系统性""脱贫致富——习近平的经济发展观""外企投资在中国银行业中的最新趋势""中国语言和语言文化"等主题展开了讨论和交流。研讨会的参会者主要来自中国、伊朗、德国，日本、澳大利亚、土耳其、阿尔及利亚等国的专家学者，大会收到 7 个国家的 160 余篇论文。

继之，中国厦门大学副校长杨斌一行应邀访问德黑兰大学孔子学院，双方就厦门大学与德黑兰大学孔子学院的合作交流举行了座谈。座谈会上，杨斌教授阐述了厦门大学的"汉语国际推广工作提升计划"（简称"汉推十条"）。他说，未来的汉语推广事业应该更注重双向互动，提升汉语推广效率和文化交流传播效果；要改进汉语教学的方式，提高汉语的教学质量，提升文化推广层次，将中国的传统文化和现代文化有力结合起来，让世界了解一个更加美好、更加多元的中国。要让世界知道中国不止有儒家的孔子，还有道家的老子、庄子等诸子百家的思想，他们的思想同样能从不同的角度带给人们很多有益的启迪。孔子学院中伊方院长马艳教授、巴阿明博士就邀请厦门大学专家学者共同举办学术研讨会、教师培训等方面的交流合作进行了讨论。双方还就地区孔院联盟、地区大学联盟和资源共享展开了讨论。与会者还有厦门大学汉语国际推广南方基地的毛通文主任、德黑兰大学汉语专业的穆斯塔法博士、郝麦特博士等人参加了座谈。

五、中国和伊朗国际教育合作存在的主要问题

近年来，中国与伊朗国际合作与交流日趋频繁，但语言障碍成为制约中国与伊朗交流、研究与合作的重要瓶颈，中伊双方对彼此教育制度与政策的研究成果甚少。在国际教育合作领域存在的问题，主要有以下几个方面：

（一）伊朗社会意识形态对汉语推广的制约影响

伊朗在意识形态领域，抵制外来文化对本国文化、教育的影响，这就为汉语推广带来很多困难。比如在德黑兰一些大学汉语学习缺乏语言环

境，相关大学的资源校外人员无法使用，即使在校内组织与汉语相关的文化活动，也必须向有关部门申报，由此导致推广汉语难度大。伊朗教育机构与中国教育机构的合作与沟通的渠道也存在很大的障碍，主要原因在于伊朗人对外界了解不够，致使汉语教学规模始终徘徊在起步阶段。与此同时，由于目前伊朗汉语教育机构内在的体制问题，不愿与孔子学院合作开设相关课程的现象依然存在。中小学更是汉语教育推广的盲区，如何将汉语推广到伊朗中小学成为目前值得研究的一个问题。

为此，我们建议国家相关部门加快汉语推广地域的战略布局。由于伊朗是"一带一路"沿线的重要国家，在伊朗推广汉语，有助于促进波斯湾地区汉语的战略布局和推广。就伊朗当前而言，高等院校的教育资源主要集中在德黑兰。因此，目前的教育战略布局重点放在德黑兰，将推广汉语做得更加扎实再考虑推广到伊朗其他城市。同时根据国家相关政策规定在同一城市不建第二所孔子学院，如果在其他城市建立孔子学院，也必须是当地最好的大学才有资格申请成立孔子学院，依据伊朗的情况而言，无论在哪个方面都缺乏将汉语推广到德黑兰以外的城市的条件。

（二）汉语教育机构课程体系不够完善

从目前的情况来看，伊朗民众对学习汉语的兴趣呈上升趋势。授课老师基本是按照实际情况决定课程的安排，导致没有统一的课程体系。高校汉语专业本科课程设计虽然经过多年的发展，但伊朗相关教育部门也没有认真调查目前社会的需求，以至于课程计划仍然停留在初级阶段。硕士研究生课程的设计，德黑兰大学、贝赫西提大学都处在探索阶段。学生使用的教材大都是在伊朗翻印的，中国国内还没有编印出对伊朗汉语波斯语精品教材和常用工具书。尽管中国国内目前现有教材已经成熟，但针对零起点的学生，需要用波斯语注释，尤其是语法，因为汉语和波斯语在语言结构上差别非常大，如果以英语为中介进行教学，将为教学带来很大的困难。因此，需要通过双方教育界高层和教育主管部门进一步疏通和建立长效机制，切实解决教材和辅导用书问题。

从对汉语学习者的需求调查来看，学习汉语的目的是为了了解中国文化和方便与中国人做生意，说明目前中资企业在伊朗具有很强的影响力，才有了比较明显的学习汉语需求。此外，由于西方国家对伊朗的经济制裁，使得伊朗人到西方变得更加困难，如果此时适当地进行对中国介绍和宣传，将会进一步促进伊朗人汉语学习的热情。

（三）从实际出发设计汉语课程体系

根据贝赫西提大学汉语本科教学课程设置存在的问题，汉语专业的本科教学体系应从实际出发，定位为应用汉语意义大于汉语言文学。而且只有确定具体方向后，才能将课程安排细化，针对性较强。适时编辑出版波斯语版商务汉语和旅游汉语的教材和手册，有利于汉语的推广和应用。目前很多小语种国家的孔子学院已经开发出了小语种的汉语教材，比如亚美尼亚。中国开设波斯语专业的院校主要有北京大学、北京外国语大学、上海外国语大学和中国传媒大学，已经培养出很多波斯语专业人才，完全具备开发波斯语教材的能力。同时，经过实地调查，在汉语学习的需求中波斯语版《商务汉语》和《旅游汉语》这两种教材和课程需求量最大，尤其是旅游汉语对伊朗到中国旅行者具有很强的实用性。为此建议国家汉办编写一些小手册，放置在德黑兰国际机场或相关高校国际合作交流处，以便更多地了解人们对该类教材的需求情况，为中国树立良好的文化旅游形象。

（四）进一步加强汉语教师适应能力的培训和心理测试

伊朗国情特殊，是世界上要求外国女性在公众场合必须按本国传统穿着服饰的国家之一，因而女性到伊朗后感受到的异国文化和不适明显，尤其不懂语言带来的沟通不便更容易产生心理上的障碍。建议在汉语教师派往伊朗之前，进行一些特殊的培训，包括对该国国情、民俗、宗教、政治、经济、文化的了解，以适应汉语老师融入当地的社会环境中，减少因环境不适应带来的心理压力。

六、中国与伊朗国际教育合作面临的机遇和挑战

考察中国与伊朗国际交流合作的历史与现状表明，21 世纪以来双方取得成就无疑是巨大的。而且，在历史的任何一个时期，都没有像今天这样重视两国间的国际交流合作，研究成果赢得了两国学术界的高度关注。但是，我们不应沉浸在热烈的赞歌之中，必须冷静地分析中国与伊朗国际教育合作面临的机遇、挑战与未来走向，充分运用"一带一路"倡议为两国发展提供的新机遇，系统地研究两国文化传统、教育制度和最新教育政策，为两国制定和落实"一带一路"倡议中扩大开放政策，进一步加强人文交流，促成民心相通提供必要的理论支撑。

目前从整体上看，中国对伊朗研究的重视度逐步提升，包括北京大学、中国社会科学院西亚非洲研究所、中国国际问题研究院、中国现代国际关系研究院、上海社会科学院、上海外国语大学中东研究所、云南大学伊朗研究中心和西南大学伊朗研究中心、安徽大学伊朗学研究中心在内的科研机构，针对伊朗政治、外交、经济、文化、社会、能源、安全、宗教等问题，承担完成了一些研究项目，出版了相关著作，发表了一系列学术论文。上述机构的研究人员大多由卸任资深外交官、专职研究员和高校波斯语或国际关系专业教师组成。从伊朗现有的情况看，伊朗学术界愈发重视对中国的国别研究，通过出版著作、发表学术论文、召开研讨会等形式，对中国政治、经济、外交、教育，"一带一路"倡议等多个领域进行了深入研究，涌现出一批从事中国问题研究的专家学者，其中既有从事中国问题研究的学者，也有政府卸任官员。

目前，中国与伊朗国际教育合作面临的机遇和挑战，关键在于能否建立两国国际教育合作的常态化机制、在于能否就两国共同关心的核心问题开展合作研究，充分发挥教育在政策沟通和公共外交的优势。

（一）合作的前提是合作双方要彼此了解

合作的前提是合作双方要彼此了解，了解对方是不是合适的合作对象，然后才能决定是否与之合作，合作到什么程度，个人与个人之间合作需要了解，团体与团体之间合作需要了解，国家与国家之间合作更需要了解。虽然中国与伊朗有着数千年的交往史，新中国成立后 1971 年 8 月与伊朗建立了外交关系，在一些领域长期有着经贸合作，在国际事务上相互支持，但中国民众对伊朗国家的现状，包括政治、经济、文化和社会发展现状知道甚少，交流与合作还不够深入。同样，伊朗民众对中国的了解也极为有限。伊朗青少年最熟悉的中国电影明星也就是李小龙，说明他们对中国传统文化知道甚少。在教育方面，中国和伊朗一直互派留学生，高校之间互派教师在对方高校任教，但在专业领域还缺少交流合作。包括伊朗学者中的部分中国问题专家尚不具备熟练使用中文的能力，中国学者还缺乏对伊朗历史、文化、宗教和国情深层次的了解。

（二）教育合作的重点和难点

尽管伊朗政界、学界在公开场合普遍表示"一带一路"倡议对发展区域经济和推动中伊友好往来具有积极意义，对于共建"一带一路"也抱有期待。然而，伊朗教育界有些学者在接受当地媒体采访或撰文时仍表达了对"一带一路"的疑惑。这就需要中伊双方建立更加持续、稳定和有效的合作机制，以知识共享、思想交流为基础，以共同发展为目标，为双方在政策沟通和民心相通等领域的合作提供平台。为实现上述目标，我们建议中伊教育可在以下几个方面深化合作：

1. 建立两国国际教育合作的常态化机制

当前，中伊双方尚未建立起国际教育合作的常态化机制，中国对伊朗教育制度与政策的研究也刚刚起步。为了进一步贯彻落实两国元首达成的共识，建立中国和伊朗国际教育间的合作常态化机制，有利于深化中伊战略合作的内涵。对中方而言，应突出中国视角、国际表达，注重推出更多让伊朗读者喜欢看的精品图书，以"讲好中国故事，传播好中国声音，增强在国际上的话语权"为宗旨，在图书内容上以"传统文化的当代阐释"和"中国道路的学术表达"为重点。在优秀图书品牌带动国际业务基础上，进一步与伊朗教育出版机构建立稳定的合作关系，着力推动"三进"：一是进伊朗著名高校，二是进相关研究机构，三是进汉语课堂。如将《汉语图解词典》《汉语图解小词典》引入德黑兰大学、贝赫西提大学、塔巴伊大学、菲尔多西大学汉语课堂教学。

2. 就两国共同关心的核心问题开展合作研究

伊朗学研究涵盖政治学、教育学、语言学、文学、历史学、宗教学、人类学、国际关系学、社会学和民族学等多个学科，未来中伊两国可开展合作研究，探讨基于中华文明和波斯文明的共同价值观，以"人类命运共同体"和世界文明价值共同体理念夯实中伊两国互信。中方可通过翻译出版经典论著，结合伊朗历史和文化背景，运用对方接受的话语进行政策阐释，减少伊朗方面对中国政策的误解和误读。同时，中方需关注伊朗对"一带一路"的看法，以及"一带一路"在伊朗推进过程中面临的政策障碍、法律制约等因素。中伊高等院校和科研机构可就两国共同关心的问题联合开展研究，以研究项目为依托，逐步开放学术资源共享。

3. 通过共建"一带一路"，为两国开展国际教育合作提供参考借鉴依据

近年来两国高校之间的互访频繁，双方专家学者考察结束后会经适当渠道向决策部门呈报有关情况和提交建议。就伊朗而言，伊朗政府对中国提出的"一带一路"倡议持积极态度，但在两国对接问题上始终持谨慎和观望态度。伊朗的思维定式和教育理念决定了要弄清中国推进"一带一路"建设的真实意图，以及伊朗参与共建"一带一路"是否符合本国利益。这些问题如果仅依靠政府间的交流，渠道似嫌过窄，且存在诸多制约因素。因此，通过国际教育交流与合作，对双方增信释疑具有重要的现实意义。

4. 联合培养高端人才

当前，中伊双方从事对方国家研究的学者主要依据英语文献史料，

使得研究难免受到西方话语的影响和干扰。不可否认的是，一些中伊专家学者提出的学术见解因语言障碍而科学性、客观性十分有限。随着中伊交往的日益密切，两国都加大了对通语言、懂国情人才的培养力度。联合培养高端人才有助于中伊两国更加快速、准确、直接地了解对方国家的发展和方针政策，双方政府也要为研究人员入驻对方开展研究、进入对方国家进行访问研究和田野调查提供必要的政策支持和经费保障。

5. 充分发挥教育在政策沟通和公共外交方面的优势

通过了解和掌握对方国家的教育制度和政策，增进彼此间信任。双方应充分利用学术界、媒体界的各种平台，积极开展宣传教育，通过联合举办学术研讨会、共同拍摄专题片等方式，加强政策阐释的力度，达到增信释疑的效果。

6. 建立教育学术资源的供给、传播、分享与应用机制

中伊两国教育部门应进一步加强各种层次、各种方式的交流和沟通机制，定期召开多种形式的研讨会，在客观现实、内外结合、开放互补的视域中将教育智库资源建设作为两国哲学社会科学研究的重中之重。因为数据库资源建设已成为哲学社会科学研究的重中之重，拥有学科数据库平台，就能站在学科研究的前沿。建立学术研究和学术传播的大数据库平台，有利于提升中国学、伊朗学研究的学术资源供给、传播、分享与应用能力。

（三）"一带一路"倡议为两国发展提供了新的机遇

2013年9月和10月，中国国家主席习近平在出访中亚和东南亚国家期间，先后提出了"丝绸之路经济带"和"21世纪海上丝绸之路"重大倡议，得到国际社会和伊朗政府的高度关注。2015年3月，中国政府制定和发布《推动共建丝绸之路经济带和"21世纪海上丝绸之路"的愿景与行动》，"一带一路"倡议正式开始启动。2016年1月22日，习近平主席对伊朗进行国事访问期间，两国元首达成多项重要共识。1月23日，习近平主席在会见伊朗最高领袖哈梅内伊时指出：中伊友好情谊既源于两

国人民友好交往的悠久历史，源于两国人民困难时刻的相互扶持，也源于两国互利双赢的务实合作，弥足珍贵。当前，中伊关系发展面临新的契机。中方始终是伊朗可以信赖的合作伙伴，愿同伊方深化各领域合作。中伊是共建"一带一路"的天然伙伴。中方愿同伊方对接发展规划，在"一带一路"框架内不断推进基础设施、互联互通、产能、能源等领域合作，让中伊合作惠及两国人民，中伊友好更加深入人心。当前，国际形势正在经历深刻复杂变化。中国和伊朗都是发展中国家，两国人民经过长期探索和实践，选择了符合本国国情的发展道路。中国始终不渝走和平发展道路，奉行独立自主的和平外交政策。中方愿同伊方在国际地区事务中相互支持，共同维护世界和地区和平、稳定、发展。哈梅内伊表示，伊朗高度赞赏中国取得的发展成就，感谢中方长期以来给予的支持，愿同中方将全面战略伙伴关系落到实处，推动两国务实合作迈上新台阶。中方提出的"一带一路"倡议恰逢其时。伊朗是"一带一路"沿线重要国家，愿在共建"一带一路"过程中发挥更大作用。中国是具有重要国际影响力的国家，伊方愿同中方加强沟通协调，共同维护地区安全、和平、稳定。[①]

今天，面对两国元首提出的共创中伊关系的美好愿景，新的发展路径是什么？这就是共商、共建、共享的原则。而要达到这一目标，系统地研究两国文化传统、教育制度和最新教育政策，为两国制定和落实、参与"一带一路"倡议中扩大开放政策，进一步加强人文交流，促成民心相通提供必要的理论支撑。

因为"一带一路"倡议不仅有助于中国在世界经济体系中地位的提升，而且有助于推动两国人民友好交往、和平共处，促进两国不同种族、不同信仰、不同文化传统之间和谐相处，而且对于提高两国在国际社会、政治舞台上的话语权同样十分重要。据不完全统计，截至2016年全球已建1200多个自由贸易区，其中有425个自由贸易区是由15个发达国家

---

① 人民网德黑兰 2016 年 1 月 23 日电（记者杜尚泽、赵明昊）：《国家主席习近平在德黑兰会见伊朗最高领袖哈梅内伊》。参见《人民日报》（2016 年 1 月 24 日 1 版）。

设立的，占到所有贸易区比重的 35.4%；此外，还有 775 个自由贸易区是由 67 个发展中国家建立的，占到所有贸易区比重的 65.6%。中国已与世界 30 多个国家建立了 12 个自由贸易区。同样，对于刚刚返回国际经济市场的伊朗来说，顺应全球区域经济一体化和政治多极化的历史潮流更加迫切。

"一带一路"倡议恪守联合国宪章的宗旨同时秉承着共商、共建、共享的原则，坚持开放合作，坚持和谐包容，坚持市场运作，坚持互利共赢。① 2015 年，"一带一路"沿线国家与中国进出口总额占到中国全部贸易额的 25%；投资合作方面，中国在沿线投资建设了 50 多个境外经贸合作区，承包工程项目突破 3000 个，投资总额同比增长 18.2%，合同总额达到 178.3 亿美元，同比增长 42.6%。

在"一带一路"建设合作方式选择上，中国将"自由贸易区"与之结合起来。伊朗作为丝绸之路经济带上的重要节点和海上丝绸之路波斯湾段的重要枢纽，在"一带一路"建设过程中，德黑兰至马什哈德高铁是中伊合作的重大项目，预计在 2020 年正式竣工投入运行。除此之外，政策沟通、设施联通、贸易畅通、资金融通、民心相通（"五通"）将在"一带一路"建设过程中不断推进发展，伊朗也正在积极参与。政策沟通方面，伊朗总统鲁哈尼多次在不同的场合与中国国家主席习近平进行会晤，希望能够进一步加深两国政治、经济交往。设施联通和贸易畅通方面，中国在通往德黑兰的基础设施建设上已经进入实质性阶段，而且两国贸易额也在持续攀升。资金融通上，伊朗已经积极加入由中国主导创建的亚洲基础设施投资银行，中国作为伊朗油气贸易的重要进口国，中国与伊朗的原油贸易业务也会随着伊朗国内石油产业的恢复增加更多的发展合作机会。同时，中伊自由贸易区建设也必将有力推动"一带一路"倡议的最终实现。

两国合作的领域涉及能源、交通、机械、建材、采矿、煤炭、化工、

---

① 张军：《我国西南地区在"一带一路"开放战略中的优势及定位》，《经济纵横》2014 年第 11 期。

有色金属等行业。主要项目有：德黑兰地铁、多用途船只、油轮建造、水泥厂生产线、阿拉克 4X32.5 万千瓦火力电机组、水力发电设备等。与此同时，双方在科学、通信、农业和采矿等领域的合作也得到全方位的拓展。

在中国石油进口主要来源国中，从伊朗进口数量为 2462 万吨，占到全部石油进口量的 8.91%，位居第六位，因此发展中伊经贸关系对保障我国能源安全具有重要意义。据统计，2014 年中伊双边贸易额创历史最高水平达到 518.5 亿美元，比 2013 年增长 31.1%。由于各自资源禀赋和经济发展阶段差异，中国向伊朗主要出口工业制品，从伊朗主要进口初级产品。其中超过三分之二的双边贸易往来发生在化工领域，2014 年化工行业的进口增幅更是高达 102.7%。我国对伊朗出口的主要商品为轻工业产品、机械电子产品、钢铁制品、卫生陶瓷、阀门等；中国从伊朗主要进口商品为石油、化工产品、铁矿石、铜矿砂、建筑石材等，这些都是影响两国国计民生的重要产品。[①] 投资方面，2014 年当年中国对伊朗直接投资流量 5.93 亿美元，直接投资存量 34.84 亿美元。[②] 正是由于中伊两国存在着较强的经济互补性，从而使两国经济贸易合作空间和潜力巨大。[③]

由此可见，世界文明、"一带一路"、"构建人类命运共同体"已成为全人类和学术界共同关注的永恒话题。"一带一路""构建人类命运共同体"的倡议，着眼于各国人民追求和平与发展的共同愿望和时代要求，本着共商、共建、共享的原则，坚持以和平合作、开放包容、互学互鉴、互利共赢的精神为指导，以打造人类命运共同体和利益共同体为目标，为世界提供一个充满东方智慧的共同繁荣发展方案。正如习近平主席指出的那样："当今世界，人类生活在不同文化、种族、肤色、宗教和不同社会

①　温艺晗：《"一带一路"中伊筹谋深远合作》，《中国联合商报》2016 年 1 月 4 日，第 B01 版。

②　中国商务部：《对外投资合作国别（地区）指南：伊朗》，2016 年 10 月 20 日，见 http://fec.mofcom.gov.cn/article/gbdqzn/upload/yilang.pdf。

③　李伟、杨兴礼：《简论中国——伊朗双边贸易特点及发展趋势》，《世界地理研究》2006 年第 15 卷（1），第 39—43 页。

制度所组成的世界里，各国人民形成了你中有我、我中有你的命运共同体。"① "不同文明没有优劣之分，只有特色之别。要促进不同文明不同发展模式交流对话，在竞争比较中取长补短，在交流互鉴中共同发展，让文明交流互鉴成为增进各国人民友谊的桥梁、推动人类社会进步的动力、维护世界和平的纽带。"②

---

① 《习近平谈治国理政》，外文出版社 2014 年版，第 261 页。

② 习近平主席 2015 年 3 月 23 日在博鳌亚洲论坛 2015 年年会上的主旨演讲：《迈向命运共同体　开创亚洲新未来》（新华网海南博鳌 3 月 28 日电，记者兰红光）。

附录一：伊朗（2005—2025）发展前景文件摘要

伊朗（2005—2025）发展前景文件，明确了人民群众在实现理想和宪法原则的道路上保持坚定信仰的决心，进一步阐明在国家现代化总体规划框架下，科学设计和进一步细化不同发展阶段、不同规划周期内的发展目标和重点任务，有计划、有步骤地推进教育现代化，形成充满活力、富有效率、更加开放、有利于高质量发展的教育体制机制。文件指出：伊朗在地区是一个比较发达的，具有经济和科技地位的国家，是对国际关系产生积极影响的国家，伊朗社会在这样的发展前景中正在逐步实现以下目标：

1.适应地理位置、悠久的历史、文化需求，在道德原则、伊斯兰教、民族和革命价值观的基础之上，强调宗教民主、社会公正、合法自由，维护人民尊严和权利，享有社会安全和司法安全。

2.拥有先进技术、科学生产能力、在国内生产方面具有雄厚的人力资源和社会资本。

3.使人民拥有安宁、祥和、独立的安全保障，构建基于全面威慑力的国防体系。

4.人民拥有健康、幸福、食品安全、社会保障、平等就业、牢固的家庭和睦基础，远离贫穷和歧视、拥有良好的生态环境。

5.公民肩负责任、奉献、信仰虔诚、满足、讲良知、守纪律、互助合作的精神，社会和谐、拥护伊斯兰革命和体制，国家繁荣昌盛、具有民族自豪感。

6.争取在西南亚地区（包括中亚、高加索、中东和邻国）范围内，使经济、科学和技术方面占据首位，重视软件革命、科学生产，使经济快速持续增长、人均收入水平相对提高、实现充分就业。

7.巩固宗教民主模式，不断扩大影响力，使伊玛目霍梅尼思想在伊斯兰世界产生巨大影响。

8.本着尊严、智慧、共同分享利益原则与世界各国展开政治、经济、文化、教育等领域的合作。

到 2025 年，要在科学、经济、技术、人均收入水平、就业状况等方面保持优势地位。通过积极有效的教育制度实现社会人力资源的发展，在与国家经济社会和文化发展以及就业指导制度保持衔接的情况下，起草和执行有关普通、高等、职业教育制度的多项计划，并为实现上述远景目标创造条件。

附录二：伊朗国家教育发展基本方针摘要

（一）提高教育质量，实现依靠人力资源、拥有高素质人口，遵纪守法、遵守个人和公众权利、责任和义务，具有社会良知的社会。

（二）在教育领域大力发展职业教育，以实现具有先进科技，在国民生产中依赖于优质人力资源，在工作中广泛进行职业教育的社会。

（三）推进教师的科研工作，为发展国家软件革命、科技生产创造条件。

（四）改革国家教育制度，培养各领域人才，以实现国家长远目标。

（五）重视科技创新，培养优秀的科技人才。

（六）营造健康的文化气氛，使学生拥有优良道德、坚定信仰和奉献精神。

（七）加强学生的思想政治教育工作，树立以德为先的意识。

（八）教育和引导学生，巩固宗教民主基础，在社会中建立合法的自由。

（九）提高、深化和扩大学生对本国历史、文化、艺术的认知和洞察力，强化他们的伊斯兰教意识和民族价值观。

（十）让学生认识自我，养成自觉的习惯，鼓励他们积极参与社会实践活动，勇当志愿者，与社会建立良好的关系。

（十一）让50岁以下接受过高等教育的人在社会中发挥更大的作用。

（十二）建立全面的教育公平，为受教育者创造平等机会，从学前班至大学预科结束应一视同仁。

（十三）对国内所有学生实行卫生检查全面覆盖，提高他们的健康和教育水平。

（十四）将学前教师的文凭至少提高到学士学位，通过教授新的方式提高教师的能力和专业水平。

（十五）教学应当向学以致用的方向转型，取消循规蹈矩的教学方式。

（十六）为人民和社会各界更多参与教育事业创造条件。

附录三：伊朗国家科学发展路线图

伊朗国家科学与教育总体规划（NMPSE），又称"国家科学发展路线图"，是指导国家科技进步政策和目标的重要依据，也是伊朗教育制度非常重要的一项内容，它对不同学制的教育进程及其目标产生了重要影响。该文件在 2011 年年初获得文化革命最高委员会通过并公之于众。

一，该文件前言中指出：该路线图是为实现 2025 年远景目标而制定的。

二，该文件第一章提到了国家科学发展路线图的基本价值；第二章提到了科技状况；第三章提到了国家科技的重要性；第四章提到了国家战略、采取的措施以及技术；第五章提到了科技和科技创新的基本框架。

三，该文件第一章中关于国家科学发展路线图在教育、科研、技术培训方面所具有的基本价值指出：由于理论和实践是国家全面持久发展的动力，目前的科技制度的分离模式应当转变为联合模式，这种联合模式从初级教育开始，并在所有学制中持续下去。在高等教育制度中主要科研方向应得到加强。

四，该文件在第二章中提到了科技状况，国家在科技创新制度中的作用和目标是：

1. 达到全民普及教育水平，扫除文盲。

2. 公共教育全面普及。

3. 在以下各方面引导学生：

（1）追求美德、认识对真主、对自己、对社会、对家庭肩负的责任和义务。

（2）加强学生思考问题和解决问题的能力。

（3）积极参与国家建设。

（4）为工作岗位培养人才、为解决社会需求创造就业机会。

（5）培养科技人才和专业人员。

4. 为满足社会需求以及国内、国际人才市场的需求，根据世界标准提高国民的技术水平。

5. 在伊斯兰世界大学排名榜首，向世界一流大学迈进。2025年，初小和初中的普及率将达到约百分之百，2025年中等教育的普及率达到95%。

6. 在第四章和第五章中关于学前、小学、初中和高中提出了以下要求：

（1）修改和完善教育制度包括普通教育和高等教育制度，实现路线图目标。

（2）教育和加强人力资源，并强调根据伊斯兰价值观和社会需求在科技生产方面培养虔诚、自信、创业、创造、创新的人才。

（3）在公立和公共各学制制定政策和计划中，提供专业培训和高等教育机制，开展继续教育的工作。

（4）协调国家公立和非公立教育制度，缩小它们之间的差距。

（5）对教育产生影响的媒体、机构和中心制定共同的、非教育专项政策和计划，旨在与官方教育制度保持一致。

（6）提高教师、教授、科研人员和技术人员的地位、专业水平及学术和社会权威。

（7）在教授方式中使用具有创造性的科技成果，尤其在教学中编撰创新性的授课内容，从儿童时期开始宣传科学思想。

（8）加强精神和物质鼓励，将社会精英吸引到教育和科研岗位上。

（9）解决教师和科研人员在社会和生活中遇到的困难，为科学活动创造必要的条件。

（10）在科学和科研领域制定执行机制、确定负责人、宣传和监督职业道德、行为准则和纪律。

（11）遵纪守法、履行义务、信守承诺、主持公道，在教师和教授的参与下，在学生当中弘扬社会公正、幸福和健康。

（12）提高效率、增加教育财政投入。

（13）根据世界观和伊斯兰教的价值观点、方式以及教学内容，提高中学生和大学生分析问题、解决问题的探索精神和创新能力。

（14）提升人力资源的管理能力，提高教师的知识和专业能力、社会地位和生活水平。

（15）改革和加强学校管理机制，提高学校的教学质量。

（16）提高家庭在教育中所起的作用和地位。

（17）在高等教育和普通教育领域提倡电子教学、通信技术。

（18）建立审核和评估制度，确保国家公立和公共教育的质量。

（19）提高幼儿园和学前班幼教老师的地位。

（20）加强对学生人文学科和伊斯兰知识教育，通过提高教学内容和方式引导他们努力学习。

（21）提高学习《古兰经》的兴趣，改革教授宗教和阿拉伯语的方式。

（22）在公共教育方面重视人才选用，重新审视和制定教学和科研内容与方式。

（23）加强清真寺与学校的联系，提高它们在对教师进行宗教教育中所起的作用。

（24）完善教师资质考核制度，为教师职业选拔和吸收可靠专业人才制定计划，不断提高他们的学术水平。

（25）制定和健全教师培养制度。

（26）提高教师的生活水平、社会地位、理论和实践能力，为他们将精力集中到教课、把自己的一部分时间用于研究方面制定必要的机制。

（27）增加校长的义务和责任。

（28）优化调配制度的人才结构，旨在实现教育机构的发展计划。

（29）制定和建立全面的协商、人才选用和引导制度，将学生引向适用于国家优先发展的专业方向。

附录四：伊朗初等教育国家课程计划

　　伊朗最高教育委员会在 2011 年 2 月做出规定：教育部教学研究和计划机构应使用专家和权威人士的研究成果和教材，制定初等教育国家教学课程。该计划制定了国家课程的目的、原则、机制、教学内容、课程评估、课程改革等内容。

　　1. 学前班为期两年，从 4 岁开始。

　　2. 公立和公共学制由初小（6 年）、初中（3 年）、中专或高中（3 年）组成。初小和初中学校教育时间为 40 个周 200 天，而高中的教育时间为 40 个周 220 天。因伊朗各省气候存在不同，学校开课时间也存在一些不同。

附录五：伊朗最高文化革命委员会

最高革命委员会（SCCR）成立于1984年，是各阶段基础教育和学术教育的最高的决策和立法机构，它的决议不需要议会的批准而自动成为法律。该委员会的成员主要有教育部部长，科技研究部部长卫生和医学教育部部长，文化专家、教育部负责各阶段基础教育专家组成。

委员会的责任范围包括全国所有与文化和科学有关的领域。负责审批原则、目标、政策和项目有关的科学和文化问题，制定国家文化、科学的规划图和教育体系规划，在宏观管理上为文化、教育研究和媒体等领域提供政策支持。

附录六：伊朗最高教育委员会
决策文本摘要

2007 年 5 月，最高教育委员会根据政府内阁通过的决议同意制定和执行国家研究计划，旨在对教育状况进行评估，描绘国家发展计划中的未来前景。为此，最高教育委员会组建了三个委员会：基础研究委员会、环境研究委员会、教育监督委员会。主要目的是分析和评估教育制度的现状，制定国家未来 20 年发展前景中的目标，确定教育制度改革的方向。

附录七：实地访谈讨论的相关问题

1. 历经 40 年的变革和坎坷发展，伊朗高等教育和科技创新能力发生了显著变化，请问未来伊朗高等教育还将面临哪些困难和挑战？

2. 请就伊朗教育改革和未来发展趋势谈谈您的看法。

3. 请简要介绍一下伊朗高等教育的组织架构与运行管理方式。

4. 根据伊朗伊斯兰共和国前景文件，2021 年伊朗教育的状况将是怎样的？

5. 请就伊朗基础教育、职业教育、师范教育的形成与变化情况谈谈您的看法。

6. 请问伊朗国家科学发展路线图确定的目标、原则和政策是什么？

7. 请就伊朗教育制度变化情况、国家课程计划主要特点谈谈您的认识和看法。

8. 请问职业技术教育在伊朗经济发展中的主要作用是什么？

9. 请介绍一下伊朗师范大学的办学方向和具体情况。

10. 农村教育中心的特点是什么？

11. 您是怎样认识小学教育对儿童的培育的？

12. 请介绍伊朗教育的形成和历史概况。

13. 小学教师在对小学生进行教育时，应当了解学生们的哪些特点？

14. 伊朗小学学期与世界其他国家的小学学期有什么区别？

15. 小学的主要目标有哪些？与其他国家的小学目标存在哪些不同？

16. 请简要介绍一下小学生在认知、情感和心理方面的情况。

17. 在对小学儿童进行教育中，哪些原则应当引起小学教职人员和家庭的注意？

18. 请问哪些政策可对伊朗高等教育产生影响？

19. 伊朗与中国国际教育合作面临的机遇和挑战是什么？

20. 您对中国政府提出的"一带一路"倡议是怎样理解的？

主要参考文献

一、中文

（一）著作类

1.《习近平谈治国理政》，外文出版社 2014 年版。

2. [美] 戴尔布朗主编：《波斯人：帝国的主人》，王淑芳译，华夏出版社 2002 年版。

3. 大学人文科学研究和图书编辑组织人文科学研究和发展中心编纂：《伊朗初级中等教育》，伊朗文化出版社 2011 年版。

4. 福禄贝尔：《福禄培尔幼儿教育著作精选》，华东师范大学出版社 2009 年版。

5. 哈全安：《伊朗史》，天津人民出版社 2016 年版。

6. 何乃英编著：《伊朗古今名诗选评》，北京师范大学出版社 1992 年版。

7. 冀开运：《伊朗现代化历程》，人民出版社 2015 年版。

8. [苏] B.r. 加富罗夫：《中亚塔吉克史》，肖之兴译，中国社会科学出版社 1985 年版。

9. 刘文鹏主编：《古代西亚北非文明》，中国社会科学出版社 1999 年版。

10. 李铁匠选译：《古代伊朗史料选辑》（上古史部分），商务印书馆 1992 年版。

11. [法] 卢梭：《爱弥儿》，商务印书馆 1982 年版。

12. 陆瑾、张立明：《伊朗：东西方文化的汇合点》，香港城市大学出版社 2011

年版。

13. ［美］威廉·麦克高希：《世界文明史——观察世界的新视角》，董建中、王大庆译，新华出版社 2003 年版。

14. ［苏］谢·亚·托卡列夫：《世界各民族历史上的宗教》，魏庆征译，中国社会科学出版社 1985 年版。

15. 王锋：《解读波斯》，宁夏人民出版社 2008 年版。

16. 王锋：《波斯文明》，云南大学出版社 2018 年版。

17. 王锋：《波斯历史文化与伊朗穆斯林风情礼仪》，民族出版社 2002 年版。

18. 王家瑛：《伊斯兰宗教哲学史》（中册），民族出版社 2003 年版。

19. 邢秉顺：《伊朗文化》，文化艺术出版社 2003 年版。

20. ［苏］米·谢·伊凡诺夫：《伊朗史纲》，李希泌等译，三联书店 1973 年版。

21. 于伟青：《波斯帝国》，三秦出版社 2001 年版。

22. 姚继德主编：《中国伊朗学论集》，宁夏人民出版社 2008 年版。

23. 郑振铎：《文学大纲》（第 2 册），商务印书馆 1927 年版。

24. 张鸿年：《波斯文学史》，北京大学出版社 1993 年版。

25. 王新中、冀开运：《中东国家通史·伊朗卷》，商务印书馆 2002 年版。

26. 范鸿达：《美国与伊朗：曾经的亲密》，社会科学文献出版社 2006 年版。

27. 孟娜：《波斯人笔下的中国》，花木兰文化出版社 2015 年版。

（二）论文类

1. 李立国：《展示"一带一路"教育发展与合作的新图景》，《比较教育研究》2018 年第 9 期。

2. 罗欢、王冰峰：《伊朗职业教育的现状与发展趋势》，《深圳职业技术学院学报》2018 年第 3 期。

3. 孟香云：《关于促进城乡幼儿教育均衡发展的思考》，《教育导刊》2010 年第 11 期。

4. 王一丹：《莫拉维在中国：研究概述》，《东方文学研究通讯》（北京大学）

2007 年第 1 期。

　　5. 王建平：《波斯苏菲与中国塔利格的历史联系》，《回族研究》1999 年第 4 期。

　　6. 吴成：《职业技术教育在伊朗社会发展中的作用》，《河南职业技术师范学院学报》（职业教育版）2007 年第 2 期。

　　7. 温艺晗：《"一带一路"中伊筹谋深远合作》，《中国联合商报》2016 年 1 月 4 日。

　　8. 邬大光：《揭开伊朗社会和高等教育的神秘面纱》，《现代大学教育》2010 年第 1 期。

　　9. 王锋：《德黑兰的感悟》，《民族文学》2001 年第 4 期。

　　10. 王锋：《伊朗人的宗教礼仪与饮食习俗》，《民族艺林》2002 年第 2 期。

　　11. 王锋：《试论伊朗人的生活习俗》，《世界宗教文化》2002 年第 2 期。

　　12. 王锋：《伊朗穆斯林婚俗礼俗》，《世界民族》2003 年第 2 期。

　　13. 王锋：《伊朗清真寺概述》，《中国穆斯林》2003 年第 5 期。

　　14. 王锋：《从文化人类学的视角看德黑兰与伊斯法罕述》，《中国宗教》2004 年第 5 期。

　　15. 王锋：《21 世纪中国与伊朗双边关系走向研究述》，《丝绸之路文论》2004 年第 7 期。

　　16. 王锋：《从海上丝绸之路极盛时期看郑和下西洋的时代意义》，《郑和研究》2005 年第 2 期。

　　17. 王锋：《张骞通西域与丝绸之路中国境内的自然生态环境保护》，《宁夏大学学报》2005 年第 5 期。

　　18. 王锋：《风起云涌论伊朗》，《中国民族》2007 年第 10 期。

　　19. 王锋：《感悟波斯》，《民族文学》2008 年第 2 期。

　　20. 王锋：《阿拉伯波斯伊斯兰文明对回族科技文化的影响》，《海上丝绸之路与伊斯兰文化》2008 年第 6 期。

　　21. 王锋：《中国与伊朗之间的古代丝绸之路研究》，《丝绸之路文论》2008 年第 6 期。

　　22. 张军：《我国西南地区在"一带一路"开放战略中的优势及定位》，《经济纵横》2014 年第 11 期。

23. 曾子达:《伊朗职业技术教育的改革与发展》,《职教论坛》2005 年第 2 期。

24. 李伟、杨兴礼:《简论中国——伊朗双边贸易特点及发展趋势》,《世界地理研究》2006 年第 15 卷（1）。

二、波斯文

1. مجدة دکتر نصرت فصی ابنی و امـلا ، تدوین دبیرخانه یونسکو ، آموزش عالـی در جهان.1370
داویدان،رشد اساطیر، سال.

2. راهنمای دانشگاه‌ها و مؤسسات آموزش عالـی (جلد دوم حوزه معاونت دانشجویی.1375
وزارت فرهنگ و آموزش عالـی سال.

3. دکتر یعقوب ، قندی برد تأمین و تخصیص منابع مالی در صنعت آموزش عالـی ایران
انتظاری،مؤسسه پژوهش و برنامه ریزی آموزش عالـی.

4. مؤسسه پژوهش و برنامه ، جلد اول و دوم ، گزیده مقالات دایره المعارف آموزش
عالـی1378و1376 ریزی آموزش عالـی، سال.

5. مؤسسه پژوهش و برنامه ریزی آموزش ، عبدالحسین نفیسی ، تحلیل نظام آموزش
عالـی1380، سال.

6. سرگذشت و چندی دوری پاشور،سینعلی محتمن،رشد دانشگاه چندی دوری پاشور. .

7. مؤسسه ، ابوالقاسم ذاکری ، تـوان مالی دولت و سیر رار ها‌ی تأمین مالی آموزش
عالـی1380پژوهش و برنامه ریزی آموزش عالـی،پاییز.

8. دفتر پژوهش‌های فرهنگی سال، دکتر نصر ذاکر کمیل هامیون، دانشگاه چندی دوری پاشور.1384.

9. افسانه ، محمد حسین مشرف جوادی ، برسی نظام آموزش عالـی کشورهای جهان و
ایران1387کورنگ مشهدی،نفیس محمدی اصفهانی، پرتال جامع علوم انسانی، سال.

10. بخزاری اسیا،انسی مهر برهر، وبگاه نیایان،وبگاه طرفه.

11. مؤسسه دکتر یعقوب انتظاری، شصت سال آموزش عالـی تحقیقات و فناوری در ایران 1388
پژوهش و برنامه ریزی آموزش عالـی، سال.

三、英文

1. Boyee, *Textual Sources for the Study of Zoroastrianism*, PP.1984.

2. Stphanie Cron, *IRAN (History)*, The Middle East and North Africa, 2004.

3. Colombo Plan Staff College for Technician Education, *Technical and Vocational Education (Islamic Republic of Iran)*, Manila, 1993.

4. Colombo Plan Staff College for Technician Education, *Technical and Vocational Education (Islamic Republic of Iran)*, Manila, 2013.

5. Colombo Plan Staff College for Technician Education, *Technical and Vocational Education (Islamic Republic of Iran)*, Manila, 2018.

6. Dissertation, Iowa State University, 1987.

7. Dissertation, Savitribai Phule Pune University, 2004.

8. Balous Efat, *A Comparative Study on Technical Vocational Education for Girls in I R Iran and India*, PhD.

9. *Education for ALL (EFA) National Document*, Ministry of Education with cooperation of Management and Planning Organization, 2001.

10. *Educational Evaluation Indicators and Standards*, Document Approved by Supreme Council of Education, 2013.

11. *Education in Iran*, WENR, 2017.02.07

12. *Education for All 2015 National Review*, Islamic Republic of Iran, Tehran: Office of Research on World Education Systems.

13. R.N.Frye (ed.), The Cambridge History of Iran, v, 4, *The Period from the Arabs Invasion to the Saljuqs*, Cambridge University Press, 1975, p.309.

14. W. B. FISHER, *IRAN (Physical and Social Geography)*, The Middle East and North Africa, 2004: 361.

15. *Fundamental Reform Document of Education (FRDE) in the Islamic Republic of Iran*, Supreme Council of Education, Ministry of Education, 2011.

16. Hossein Godazgar, *The Impact of Religious Factors on Educational Change in Iran*, New York: The Edwin Mellen Press, 2008.

17. *Higher Education Geographic Expansion Strategic Model in Iran: A Qualitative Study*, Shahram Yazdani, Maryam Akbari Lakeh, RDME, 2016, May.

18. *Iran's Over education Crisis: Causes and Ramifications*, Nader Habibi, Crown Center for Middle East Studies No. 89, Brandeis University, 2015.

19. Khosrow Lotfipour, *A Study of Vocational Technical Education in Iran* (*Tehran*), PhD Dissertation, Iowa State University, 1977.

20. Khosrow Lotfipour, *A Study of Vocational Technical Education in Iran* (*Tehran*), PhD Dissertation, Iowa State University, 1987.

21. *Literacy Policies in Islamic Republic of Iran approved by Supreme Council of Education*, 2006.

22. Sukumar Sen, M. A.: *Old Persian Inscriptios of the Achaemenian Emperors*, University of Calcutta, India, pp.81-116, 1941.

23. Mei Jiangiun and Colin Shell, *The existence of Andronovo cultural influence in.*

24. Ministry of Education, *Research Organization and Education planning*, Education system of the Islamic Republic of Iran, *Tehran: Office of Research on World Education Systems*, 1983.

25. *Ministry of Education's Statistics yearbooks* (*2000-2013*), Ministry of Education, Centre for Educational Statistics.

26. Ministry of Education, Tehran: 1993.

27. *Mid-decade Assessment Report*, Ministry of Education with cooperation of Management and Planning Organization, 2007.

28. *National economical, social and cultural development plans.* Management and Planning Organization, 2000-2011.

29. *National Census Results* (*2006 and 2011*), Iran Statistics Centre, 2007 and 2012.

30. *National Master Plan for Science and Education*（*NMPSE*），Supreme Council of Education，Ministry of Education，2011.

31. Seyed-Alireza Mirzamostafa，*An Investigation of Present Vocational Technical Education in Iran*，PhD Dissertation，Iowa State University，1987.

32. *The Future Outlook of the Islamic Republic of Iran in the Horizon of the Next Two Decades*，Management and Planning Organization，2003

33. United Nations Educational，Scientific，and Cultural Organization，*The Development of Technical and Vocational Education for the Islamic Republic of Iran-A Case Study in Quality Improvement*，Paris，1994.

34. *Vision 2025 Document*：*20-year Vision Plan*，Economic Development Committees，2005.

35. Seyed-Alireza Mirzamostafa，*An Investigation of Present Vocational Technical Education in Iran*，PhD.

后　记

　　本书为教育部人文社科重点研究基地 2017—2020 年重大项目"'一带一路'不同类型国家教育制度与政策研究"阶段性成果（项目编号：17JJD880006）；教育部"一带一路"教育国际合作 2019 年度专项研究课题"中国与伊朗教育国际合作的路径选择及其政策对接研究"（项目批准号：19YDYL13）阶段性成果之一。

　　我记得 2017 年金秋季节，那是一个雨后初霁的傍晚，接到我国著名教育学家北京师范大学教授顾明远先生来电，由他主持的教育部人文社科重点研究基地 2017—2020 年重大项目"'一带一路'不同类型国家教育制度与政策研究"请我承担"伊朗教育制度和政策研究"子课题的研究任务。在寂静的夜晚，我漫步在宁夏大学宽阔的十字路口，蒙蒙天空中仍然飘着细细的雨丝，与天边黛红的晚霞及大道中流线般疾驰的轿车所映照的灯光相交织，混合成一团彩色的迷雾。我望着校园内外呈浑圆曲线的层层树林，通过隐约的树杈，我似乎拨开了岁月的迷雾，依稀看见了那亘古明亮的星月。我一直往远处看，直到看见那绵延万里，从中国开始途径伊朗的伟大而美好的古丝绸之路。一切伟大、美好的事物都源出于人的内心深处的一种思想、一种感受。当我来到银川阅海会议中心拿着顾先生赠给我的他的新著《中国教育路在何方?》，在这部睿智的著作中，我找到了世界上最适于自己的那个位置。我的心中涌起一股柔情，那是一种从辛勤耕耘走向成熟收获、宁静的心境。我想，我之所以比那些生长在国内的同龄人幸运，不仅是因为我的一生总是在耕耘、在奋斗，在不断的机遇和挑战面前改变自己的命运，而且是由于我自记事起就养成了一种勤奋与开拓进取的性格。我抬起头。一瞬间，在贺兰山高阔的天空下，在西夏古都的每一幢楼宇间，都回荡着一个振聋发聩的声音：每个人都创造自身的价值，唯有勤奋，才会带来幸福和收获。

就我自己而言，学术是一种生命的表征，生命是为学术而存在的。从离开德黑兰大学已 20 多年，离开北京大学已整整 30 载，期间尽管多次应邀赴这两所大学访学，但回首学术历程，从 1988 年 8 月我在《新疆回族文学》发表《回族作家文学的研究领域亟待开拓》一文开始，到 1993 年春发表在《宁夏大学学报》第 2 期《伊朗杰出的穆斯林诗人萨迪和他的〈真境花园〉》，也已过去几十个春秋。我寻找、摸索、希望、成功、失败、痛苦，也欢乐，其结果就是我越来越迷上了文学与学术。我无法弃它而去。离开它，我就会饥渴难忍，神魂不安。

我究竟找到了多少矿藏呢？三十几番春秋的跋涉，付出的和得到的，到底哪样居多呢？我常常这么问自己。学术研究的成果难以用尺度来衡量，其中的酸甜苦辣，也无法用语言文字诉说。我只知道，学术对我是心灵的追求，我时时刻刻感觉到它的萦怀。我有时想摆脱它，轻轻松松过日子。但每当坐在桌前，面对着稿纸的时候，我灵魂中的一切就赤裸裸地袒露出来了。我无法隐瞒自己的什么，那会使我感觉十分痛苦。实际上，每个人都不可能把自己包裹得天衣无缝，总要寻找自己喜欢的东西。有的人喜欢书画、有的人喜欢健身、有的人喜欢娱乐……而我喜欢的就是科研与教学。写的多了，有时候感到很累，忽然就觉得自己有些傻气。每天 8 小时上班，下班以后我何不散散步呢？我们宁夏大学和德黑兰大学的林荫小道都那么漂亮。于是我下决心不再写作了，这样的决心不知下过多少次，但终归还是没有做到。

我深知，一个人是很渺小的。但芸芸众生如若都只感渺小而放弃捍卫理想的职责，这世界还有什么意义和价值？生命的价值、生存的意义并不是以占有物质的多寡来作为唯一衡量的标准。不忘初心、牢记使命，始终是照耀心灵空间的太阳。我也时时地感到从事学术研究之艰难和清贫。"难"在各种观念蜂拥而来之际，要有自己的学术创见性；"贫"在评论和研究失去读者，思维成果受到冷落，无法产生沟通和对话的灵魂愉悦，也"贫"在评论和研究无法转化为生产力，带来生存需要的基本物质条件。因此，我时刻警觉自己、反省自己，力图以文学和学术的高尚、健康、美的精神力量来净化自己的心灵。我也深感做一个学者确实是太难了，社会的、个人的、经济的、政治的、学术的、生活的压力，足以使许多人离开这片清贫之地。

然而，我依然选择了学术，学术也选择了我。北京大学和德黑兰大学的确重新塑造了我的生命和思想。这些年，我的学术旨趣的变化，实际上是对自己知识结构、学术视野的内在调整。用我首次跨出国门的词汇来形容：我踏上了旅途，为人生，亦为民族地区经济社会之繁荣和发展。

无疑，从向往北大到走进北大，从童年时代起对波斯的向往，到多次客居德黑兰。当我把文学与艺术、文化与经济、学问与知识，这些概念推溯到它们的初衷，当我苦苦求索它的原初含义时，我坚守了学术，学术也成全了我。北大和德黑兰的大学精神塑造了我的性格和思想，使我告别昨日之我，而成为今日之我。北大成了我生命中一种挥之不去的情结，德黑兰大学成为我生命的一部分。它们作为我生命的一个坐标，已经彻底改变了我的命运。

写到这里，诚挚地感谢我国著名教育学家、北京师范大学资深教授顾明远先生和腾珺教授，伊朗驻华大使阿里·爱斯卡·哈吉，文化参赞阿部沃兹尔·欧拉马埃先生，伊朗德黑兰大学孟娜教授，波斯语专家张玉飞、阿米娜、侯赛因、马晓燕等学者。参与本课题研究的主要有王丽莹、王泽壮、孟娜、郑晓婷、张玉飞、罗进贵等学者。我的博士生郑晓婷、孟美玲、郭芳，硕士生胡晓丽同学不辞辛劳，做了很多具体细致的工作。在此，一并记述，以志辛劳。本书还参阅和引用了曾延生、叶奕良、张鸿年、李湘、何乃英、邢秉顺、腾慧珠、王一丹等专家学者的学术观点，谨向他们表示由衷的谢忱。囿于本人水平所限，对于书中不可避免而自己不能发现的欠妥和不当之处，诚请同行专家批评指正，以利于今后进一步修改、补充。

我凝视着贺兰山蔚蓝天空中片片白云，仿佛又看到了"一带一路"、人类命运共同体给予我的人生启示。如果我们的读者和青少年能够从本书中得到一点启发，认识到命运通过勤奋学习可以得到改变，那么对我来说便是极大的安慰。

王　锋

2020 年 7 月 12 日黎明前

于宁夏银川市北京中路森林公园幸福岛

责任编辑：宫　共

封面设计：源　源

图书在版编目(CIP)数据

伊朗教育制度与政策研究/王锋，王丽莹 著. —北京：人民出版社，2020.11

("一带一路"不同类型国家教育制度与政策研究/顾明远主编)

ISBN 978-7-01-022483-1

Ⅰ.①伊…　Ⅱ.①王…②王…　Ⅲ.①教育制度-研究-伊朗②教育政策-研究-伊朗　Ⅳ.①G531.3

中国版本图书馆 CIP 数据核字(2020)第 179531 号

伊朗教育制度与政策研究

YILANG JIAOYU ZHIDU YU ZHENGCE YANJIU

王　锋　王丽莹　著

人民出版社 出版发行

(100706　北京市东城区隆福寺街 99 号)

北京佳未印刷科技有限公司印刷　新华书店经销

2020 年 11 月第 1 版　2020 年 11 月北京第 1 次印刷

开本：710 毫米×1000 毫米 1/16　印张：16.25　字数：240 千字

ISBN 978-7-01-022483-1　定价：49.00 元

邮购地址 100706　北京市东城区隆福寺街 99 号

人民东方图书销售中心　电话 (010)65250042　65289539